내 안의 여성 콤플렉스 7

일러두기

• 본문에 나오는 '2012년 조사'는 다음과 같이 이루어졌다. '여성 콤플렉스'를 분석하기 위한 표집은 20~50대 여성들을 대상으로 했고, 사회경제적 지위, 연령 및 지역 등을 고려하여 서울 및 전국 대도시를 중심으로 할당 표집했다. 자료 수집 방법은 자기기입식 설문지법과 면접을 통한 사례조사법을 사용했다. 조사 대상자의 표집을 위해 1차적으로 2011년 12월 1일~12월 15일까지 예비 조사를 실시했고, 이를 통해 용어, 문법, 표현 등 조사 대상자들이 이해할 수 있도록 설문지를 수정·보완했다. 본 조사는 2012년 1~3월 동안 1000명을 대상으로 구조화된 설문지를 가지고 시행했으며 설문지에 대한 이해도가 필요한 집단에 대해서는 저자들이 개별 면접을 실시했다. 1000부의 설문지 중 895부(89.5%)가 회수되었으며 적합하지 않는 것으로 판정된 171부를 제외한 724부가 최종적으로 분석대상이 되었다. 본문에서는 무응답을 결측값으로 처리하고 소수점 둘째 자리에서 반올림했다. 전체 평균 총합이 100을 기준으로 다소 차이가 있을 수 있다. 면접 조사의 경우, 2012년 5, 6월 동안 20~50대 여성 100명(각 콤플렉스별 10~20명)을 대상으로 저자들이 직접 면접을 실시했다. 출처가 표기되지 않은 인터뷰는 2012년 면접 조사에서 얻은 것이다.
• 본문에 나오는 '1992년 조사'는 저자들이 1992년 9, 10월 동안 228명을 대상으로 설문지와 면접 조사한 것을 말하며, 《일곱 가지 여성 콤플렉스》(1992)에서 자세히 다룬 바 있다.

지난 20년간 변화한

한국 여성의 내면을 밝히는

젠더 정치학 보고서

Woman Complex in My Mind

내 안의 여성 콤플렉스 7

여성을 위한 모임 지음

Humanist

머리말

위장된 여성성, 내 안의 여성 콤플렉스를 말한다

1992년에 《일곱 가지 여성 콤플렉스》를 발간하고 20여 년이 흘렀다. 그간 여성들의 삶의 조건이 달라졌고, 여성들 자신도 많은 변화를 겪었다. 1980년대 들어 번역서[1)]를 통해 소개된 신데렐라 콤플렉스, 슈퍼우먼 콤플렉스, 착한 여자 콤플렉스 등은 낯선 용어에서 익숙한 용어가 됐다.

서구의 여성 콤플렉스와는 다른 한국 여성들의 콤플렉스를 이야기하기 위해 《일곱 가지 여성 콤플렉스》를 기획 출간할 때만 해도 여성들이 자기 자신을 억압하는 심리적 특성을 잘 이해하지 못하고 자책하거나 그저 개인적인 불운 정도로만 여기곤 했다. 여성의 심리적 특성을 착한 여자 콤플렉스, 신데렐라 콤플렉스, 슈퍼우먼 콤플렉스, 성 콤플렉스, 외모 콤플렉스, 맏딸 콤플렉스, 지적 콤플렉스 등으로 이름 붙이고 설명함으로써 가부장제 문화 속에서 살아온 많은 여성의 공감을 얻었고 이는 서로를 격려하는 힘이 됐다. 그리고 20년이 지난 지금 한국 사회의 젠더 정치학은 달라졌다. 이 속에서 여성성의 구성이 어떻게 변화했으며 여성들이 어떤 심리적 변화를 겪었는지를 추적하기 위해 여성의 심리적 특성을 다시 분석할 필요가 있었다.

2012년 1월 시행한 설문 조사는 1992년 조사와 같은 질문으로 구성한 설문지에 달라진 심리적 특성을 살펴볼 수 있는 질문들을 더해 진행했다. 이 설문 조사를 토대로 만든 책이《내 안의 여성 콤플렉스》다. 아직 페미니즘이 생소하고 여성들의 자아 발견이 시대적 화두였던 20년 전과 비교할 때 오늘날 여성 콤플렉스의 지형도는 많이 달라졌다. 20년 전 여성들의 콤플렉스가 여성성이라는 억압과 굴레에서 비롯되었다면, 오늘날 여성성은 전략적 필요에 따라 변했다. 달라진 심리적 특성을 한마디로 표현한다면 '위장된 여성성'이라고 할 수 있다.

가부장적 사회의 여성성을 내면화한 착한 여자 콤플렉스의 경우 대표적인 변화상을 보여 준다. 요즘 여성들에게 착한 여자는 더 이상 바람직한 여성상이 아니다. 자기는 착한 여자가 아니며 물론 되고 싶지도 않다고 한다. 착한 여자는 이상적 여성이기는 커녕 남한테 폐나 끼치는, 그래서 되도록 멀리해야 할 민폐녀를 대표한다. 하지만 지금도 여성들은 때때로 착한 여자처럼 보이고 싶어 한다. 결혼과 사회생활에서 유리한 고지를 점하기 위해 착한 여자의 가면을 사용하는 것이다. 이처럼 여성성을 전략적으로 사용하는 것이 현대사회를 살아가는 각성된 여성들의 현실이다. 우리는 이를 위장된 여성성이라고 이름 붙이려고 한다.

최근 신자유주의 시장의 무한 경쟁론과 자기 계발서의 홍수

속에서 페미니즘을 자기 계발의 한 양상이나 극단적인 여성 이기주의로 받아들이는 경향도 있다. 요즘 여성들이 전 시대의 여성들과는 전혀 다른 선택과 심리적 양상을 보이듯이 1세대 페미니스트들과 포스트페미니스트 사이에도 갈등이 존재한다. 단적으로 말해 엄마 세대가 성형이나 외모 가꾸기를 여성의 굴레로 여기고 비판하거나 내적으로 갈등했다면, 딸 세대는 외모도 '스펙'의 한 부분으로 여기고 '매력 자본'을 늘리기 위해 적극적으로 노력한다는 점이다. 이 책은 이런 세대 간 차이를 설명하고, 그 차이 속에 감추어진 젠더 정치학의 지속성을 찾아내는 과정이 될 것이다.

이 책은 여성(들) 간의 소통을 지향한다. 달라진 것은 분명한데 여전히 많은 여성이 더 늦게 고용되고, 더 빨리 해고되고, 더 가난하고, 더 많이 폭력에 노출된다. 잘난 여자들 너머에서는 세계의 가난한 계층을 여성들이 채우고 있다. 국경을 넘나들며 최하층 노동력으로 팔리고, 매매혼의 대상으로 흘러 다니는 것도 여성들이다. 그러나 이런 여성의 계층 간 틈에 대한 근본적인 이야기를 하기에는 오늘날 여성들이 너무 바쁘다. 갖춰야 할 스펙은 갈수록 더 복잡해지고, 이상적인 결혼과 가족 판타지를 이루려면 불안한 줄타기를 계속해야만 하기 때문이다. 이제 선택이 아닌 필수가 된 직업 세계에서는 능력 있는 '알파걸'이 되어야 하고, 가정에서는 아내로서 엄마로서 기획력과 능력을 갖추고 가정을 위해 일과 가정을 양립하는 지킴이가 되어야 한다. 그들은 늘 바쁘고 불안하다. 세대 간 갈등도 만만찮다. 불안한 젊은 세대의 삶을 암암리에 뒷받침해 줘야 하는 엄마 세대의 고충도 심각하다. 그들 역시 실버 취업으로 노동시장에 재투입되거나 가족 간병인으로 돌봄 노동을 맡거나 '딸의 아내'로서 육아와 가사에 나서느라 바쁘다.

이렇게 여러 계층과 세대의 여성이 겪고 있는 불안과 심리적 문제 들이 서로 달라서 이들 간의 소통은 점점 어려워진다. 이들은 서로 다른 젠더 정치학의 지점에 놓여 있기 때문에 이제 '여성'이라는 하나의 이름으로 부르는 것도 의미가 없어 보인다. 이 책은 여성(들) 간의 단절을 넘어 그 속에서 작동하는 젠더 정치학의 차이를 발견하고 드러내는 장이 되기를 바라면서 기획됐다. 새로운 젠더 정치학의 작동 방식을 이해할 수 있다면 여성(들) 사이에 좀 더 폭넓은 소통이 이루어지리라고 기대한다.

2014년 9월

여성을 위한 모임

차례

머리말 • 4

1

21세기 초입에 선 여성의 삶

표면의 평등, 이면의 불평등 • 15
여성과 콤플렉스 • 19
여성의 삶, 많은 것이 달라졌다 • 21
달라진 여성의 사회적 시간표 • 24
여성의 삶, 많은 것이 달라지지 않았다 • 28
여성 콤플렉스 지형이 변했다 • 34
굿바이 여성 콤플렉스 • 35

2

착한 여자 콤플렉스

'착한 것'을 좋아하는 시대 • 41
착한 여자 콤플렉스의 어제와 오늘 • 45
세대마다 굴절되는 착한 여자의 삶 • 50
콤플렉스와 전략 사이에서 줄타기 • 55
또다시 착한 여자로 살아가기 • 69

3

신데렐라 콤플렉스

구원인가 성장인가: 신데렐라의 진화 • 75

네오신데렐라의 탄생 • 77

취집, 새로운 '보호벽' 환상 • 86

성공 공포에서 성공 열망으로 • 90

결혼 시장에서 낭만적 사랑을 꿈꾸다 • 94

신데렐라와 헤어지지 못하는 앨리렐라 • 101

4

외모 콤플렉스

바비와 함께한 50년 • 107

외모, 차별 유형 중 당당히 3위 • 111

거부할 수 없는 육체 자본의 힘 • 112

외모 콤플렉스 유형 • 115

취향 문화와 기술의 결합 • 122

몸은 어떻게 단련되는가: 내면화의 방식 • 126

젠더화된 몸, 도달할 수 없는 목표 • 129

5 지적 콤플렉스

똑똑한 여성, 20년의 변화 • 135
현대인의 지적 콤플렉스 • 137
카산드라 이야기 • 142
또 다른 '만약': 꿈꾸기 • 164

6 성 콤플렉스

성, 어디까지 왔나 • 169
성에 대한 태도는 어떻게 변했나 • 172
베일에 감춰진 네 가지 성 콤플렉스 • 178
사랑, 결혼, 성의 함수관계 • 186
수단과 도구로 이용되는 성 • 193
성, 내가 선택하는 자유 • 199

7
엄마딸 콤플렉스

엄마 없이는 못 살아 • 205
엄마딸 콤플렉스의 유형 • 207
엄마딸 콤플렉스의 탄생 • 214
엄마딸에서 엄마와 딸로 • 227

8
슈퍼우먼 콤플렉스

슈퍼우먼, 현실에 내려오다 • 233
슈퍼우먼, 허상에서 이상으로 • 237
개인적 콤플렉스에서 사회적 징후로 • 240
슈퍼우먼, 슈퍼맘으로 승부하다 • 247
슈퍼맘 증후군이 의미하는 것 • 251
무엇을 할 것인가 • 263

한국 여성의 발자취 • 266
세대별 인터뷰 • 269

주 • 272
찾아보기 • 288

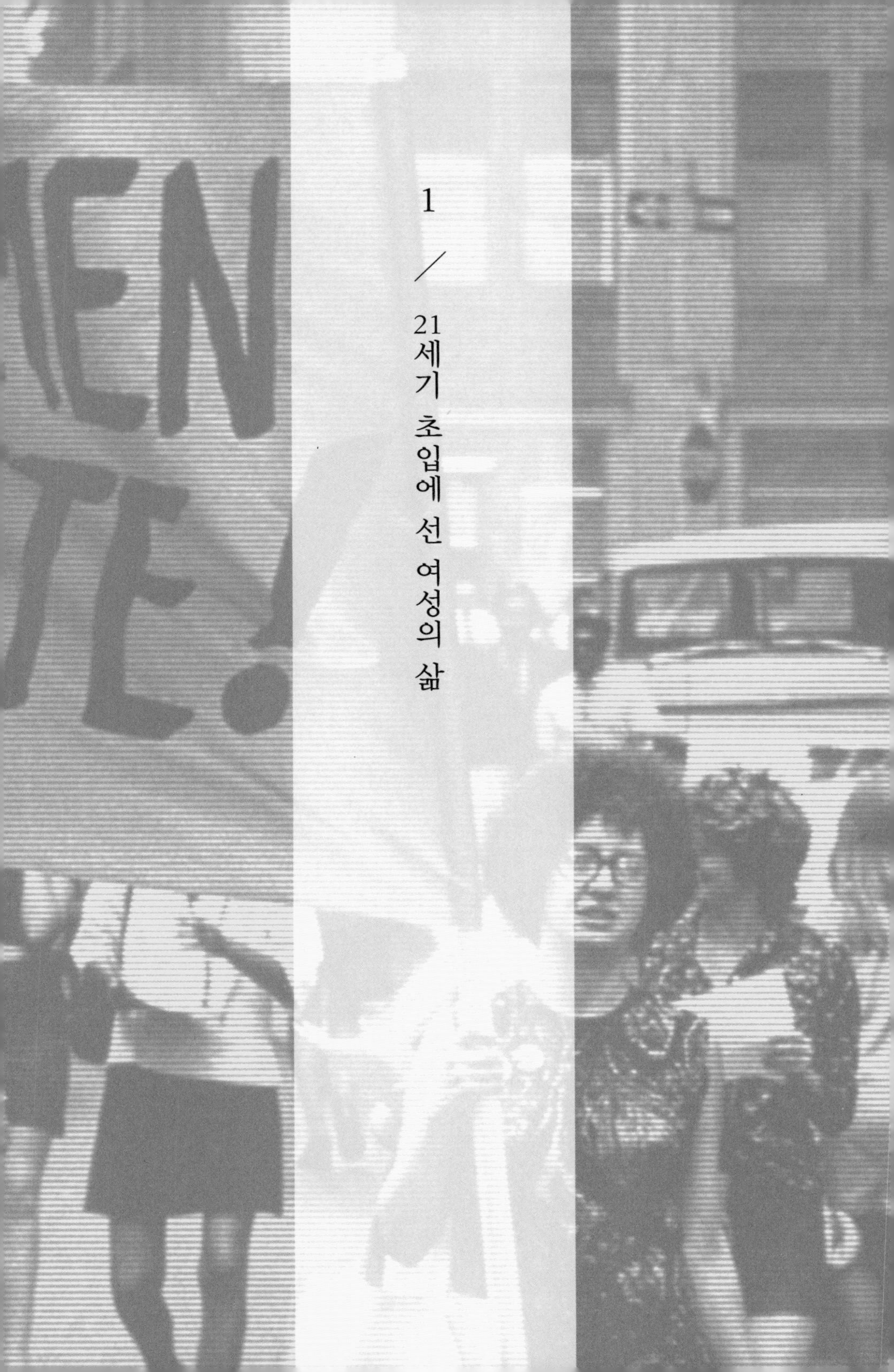

1 / 21세기 초입에 선 여성의 삶

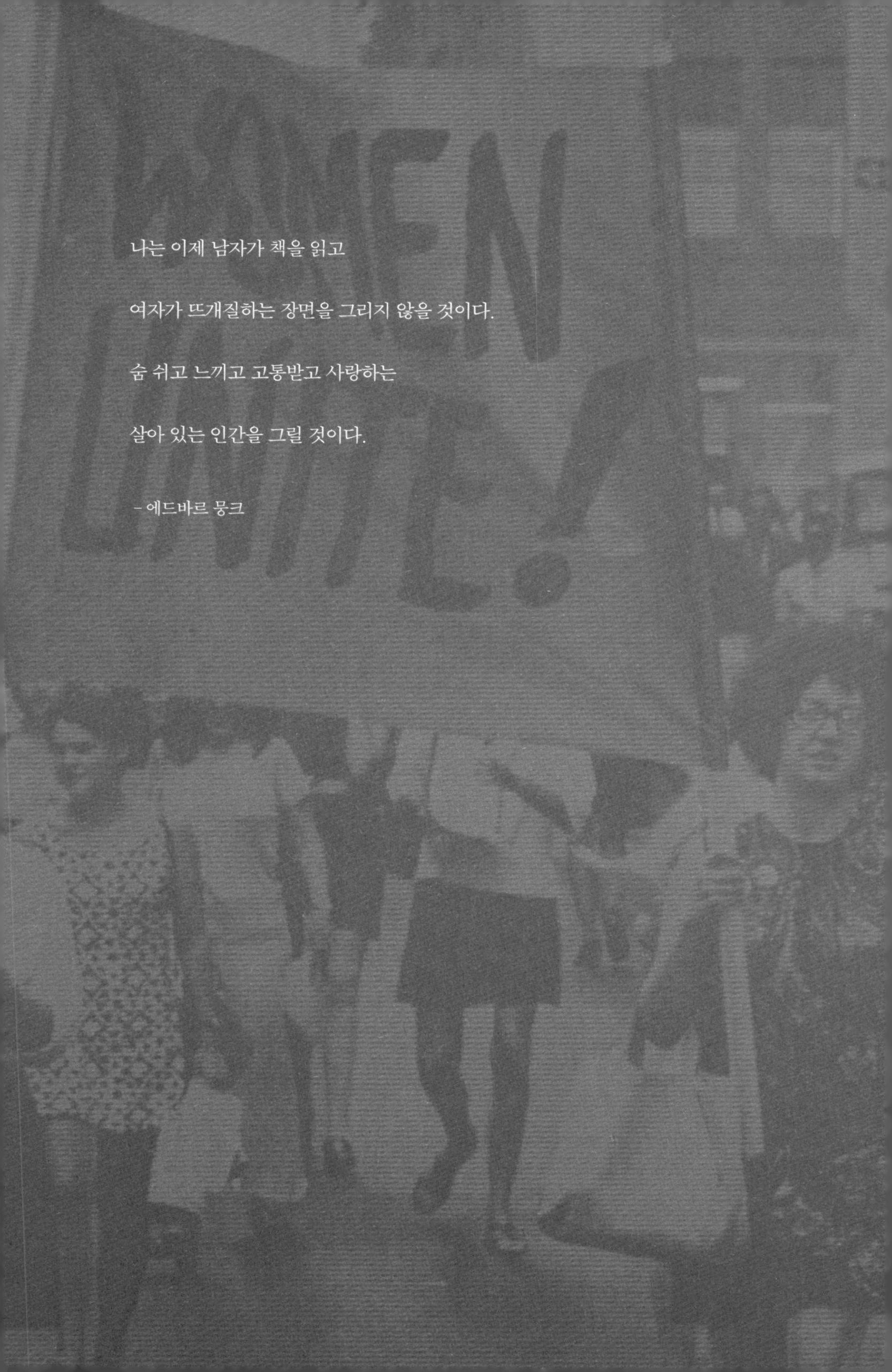

나는 이제 남자가 책을 읽고

여자가 뜨개질하는 장면을 그리지 않을 것이다.

숨 쉬고 느끼고 고통받고 사랑하는

살아 있는 인간을 그릴 것이다.

– 에드바르 뭉크

표면의 평등, 이면의 불평등

한국 사회에 '여풍女風'이 거세게 분다는 데 고개를 끄덕이는 사람은 최근 발표된 통계에 귀를 기울일 필요가 있다. 한국의 고학력 여성 취업률은 60.1%로 남성(89.1%)과의 격차는 29%로 경제협력개발기구OECD 국가 중 격차가 가장 크고, 남녀 간 임금격차도 37.5%로 가장 높다. OECD 회원국의 남녀 간 임금격차 평균은 15%로, 30%를 넘는 국가는 우리나라가 유일하다.[1] 영국의 주간지 《이코노미스트》에 따르면 직장에서 여성의 승진과 공평한 처우를 막는 보이지 않는 장벽을 뜻하는 '유리천장지수'는 100점 만점에 15.5점(평균은 53.8점)으로 꼴찌를 기록했다. 특히 여성의 정치적 대표성을 말해 주는, 국회에서 여성 의원이 차지하는 비율은 15.6%(OECD 회원국 평균은 27%)로, 1997년 20.1%보다 오히려 떨어졌다.[2] 《이코노미스트》가 꼬집은 것처럼, "한국은 OECD 회원국 중 여성 취업률이 낮고 임금격차가 커 여성 차별이 심한 나라로, 여성 평등이 모두를 위한 진보라면 한국은 아직 갈 길이 멀다."[3]

사실 그동안의 사회 변화를 주목한다면 표면상으로는 성평등이 실현된 것처럼 보인다. '지난 50년간 세계적으로 가장 큰 변화는 여성의 권리 강화'였음을 부정하기는 어려울 것이다. 철학자 위르겐 하버마스Jürgen Habermas는 여성운동이 "오늘날 유일하게 성공적인 것은 아니지만 가장 강력한 사회운동이며 성에 따른 관계를 변화시키면서 사회의 가장 기초적인 제도인 가족과 사회화에 즉각적인 영향을 미쳤다."[4]고 보았다. 그의 말처럼 여성운동은, 자유와 평등이라는 보편적 진리 안에서 선택적이고 은밀한 방식으로 사회적 부정의가 작동해 왔음을 알게 했다. 나아가 여성운동은 가정과 사회의 근본적인 변화를 추동하는 힘으로 작용했다.

여성의 삶은 분명 크게 바뀌었다. 그 가운데서도 가장 중대한 변화는 남성이 여성에 견주어 우월하다는 통념이 이제 당위적으로 받아들여지지 않는다는 것이다. 지금 여성들은 높은 학업 성취와 실력을 통해 사회의 여러 분야에 진출해서 활동 공간을 확장하며 여성의 지위 향상에 기여하고 있다. 하지만 그 변화는 좁은 범위에 국한되었다는 것 또한 의심의 여지가 없다.

성평등의 이상으로 본다면, 남성과 여성은 부양자인 동시에 가사와 양육의 담당자로서 동등하게 사적 영역과 공적 영역에서 활동해야 한다. 여성이 경제적으로 가족을 부양해 내듯, 남성도 청소하고 빨래하고 요리하며 자녀를 돌봐야 한다. 그러나 이는 이상일 뿐, 경제활동에 참여하는 여성은 급속히 늘었지만 집안일, 부모 노릇, 돌봄 노동에 대한 남성의 참여는 아직도 낮은 것이 현실이다. 맞벌이 부부의 경우 집안일 대부분을 혼자 감당하며 직장 일을 해야 하는 여성은 엄청난 부담을 안게 된다. 그래서 도움의 손길을 청해 보지만, 남성은 외면하고 바깥에 머물러 있다.

현대 여성의 삶은 실상 남성다움과 여성다움이라는 전통적인 성역할 논리에서 크게 벗어나지 못한 채 오히려 상대적인 불평등에 노출되어 있다. 사회적 위치에 따라 남녀의 상황이 다르게 드러나는데, 불평등이 눈에 띄게 드러나기도 하고 보이지 않기도 한다. 공적 영역에서 여성의 지위는 상대적으로 열등하고 불안정하며 가정 역할의 연장선에 있는 역할만 주어진다. 고위직을 비롯해 기술적인 대상이나 기계를 다루는 역할은 대개 남성에게 일임된다. 이렇게 여성 조건의 변화는 결국 남성적인 것과 여성적인 것을 구분하는 신비의 경계선을 고수하면서 이뤄지는 것에 불과하다.[5)]

형식적인 성평등 사회에서 성장한 젊고 똑똑한 여성들은 이미 남성의 능력을 추월하고 있으며 이들은 여성운동의 필요성을 느끼지 않는다. 페미니즘을 싫어할 뿐만 아니라 때로는 '페미니스트 같다'는 말을 모욕으로 받아들인다. 이들에게 여성운동의 무게중심은 정치 운동에서 자기 계발로 이동한 듯 보인다. 자신의 미래는 앞서 간 길을 따라가는 것이 아니라 각자의 길을 개척하며 만드는 것이라고 생각한다.[6)] 즉 그들은 가부장적 사회와 맞서는 싸움이 아니라 자존감을 얻기 위해 자신과 벌이는 싸움 앞에 놓였다고 본다. 직장에서 일정한 직위 이상 승진할 수 없도록 막는 유리천장은 능력이 있고 담대한 여성이라면 깨뜨릴 수 있는, 말 그대로 유리일 뿐이라고 믿는다.

그들의 호기로운 생각과 달리 많은 여성이 여전히 수많은 현실적인 어려움에 처해 있는데도 사회는 이를 방치하고 있다. 남성에 견주어 턱없이 낮은 임금을 받고 대부분이 비정규직으로 일해야 하며, 아무리 열심히 일해도 불안정한 고용에서 벗어나기 어렵다.[7)] 적극적으로 자기주장을 펼치기보다는 여성다운 여성이 환영받는 사회 분위기에서 할 말이 있어도 억누르면서 '나대거나 설치는' 여자로 보이지 않으려고 애쓰기도 한다.

여성들은 같은 시공간에 살면서 서로 다른 상황에 놓이는 '비동시성의 동시성'이라는 모순된 양상 속에 불안해하고 혼란스러워하고 있다. 성평등 이면에 감춰진 불평등 때문이다. 성평등을 이미 정해진 일로 생각함으로써 여성들이 항상 불리한 위치에 놓인다는 사실은 은폐된다. 미완의 성평등에 어떻게 대처해야 할까? 이에 대해 여성이 보이지 않는 장벽을 깨지 못하는 이유는 여성 내부에 있다고 보고 자발적인 의식 변화를 요구하는가 하면, 또 다른 쪽에서는 여성에게 가장 큰 장애는 자녀 양육 문제라면서 일과 양육이 양립할 수 있는 사회시스템의 필요성을 강조한다.

산 정상에 오르는 길은 다양하듯 근본적으로 여성의 삶을 변화시키는 추동력은 어느 한쪽에서만 찾을 수는 없다. 여성 개개인이 처한 상황이 다양한 만큼 수많은 길을 열어 둔 채 서로 지지하고 격려하는 일이 필요하다. 20세기 여성들이 여성으로 길들여지기를 거부했다면, 21세기 여성들은 서로의 격려 속에서 저마다 '자기 자신'으로 길들여 가야 할 것이다.

"지금 우리에게 필요한 것은 유명한 지도자에 의한 조직의 통합이 아니라 여성 자신이 삶을 변혁하는 것"이라는 시몬 드 보부아르Simone de Beauvoir의 말은 유효하다. 표면적인 성평등 사회에서 여성의 삶을 여전히 지배하는 전통적 여성성 혹은 남성성에서 벗어나는 첫 관문은 '가면 벗기기'다. 자신의 진짜 얼굴을 들여다보고 성찰하는 일, 즉 무의식적으로 자신의 삶을 제어해 온 콤플렉스와 마주하는 일 말이다.

여성과 콤플렉스

콤플렉스는 무의식적이고 제어하기 어렵다. 콤플렉스는 타고난 기질과 사회경제적 현실 속에서 개인이 체험한 것이 복합적으로 작용하여 내면화되면서 만들어지는데, 일단 콤플렉스에 빠지면 어떤 것에 강하게 집착하는 성격이 나타난다. 콤플렉스는 세계관과 가치관뿐 아니라 어떤 대상이나 행위에 대한 흥미와 동기 등에도 영향을 주고, 행동을 지시하며 성격 형성에 강력한 힘을 발휘한다. 콤플렉스는 의식하지 못하는 사이에 만들어지기 때문에 자신에게 어떤 콤플렉스가 있는지 알기가 쉽지 않다. 더군다나 자신의 삶이 콤플렉스의 통제를 받는다는 사실을 인정하기도 힘들다. 보수적인 사회일수록 새로운 사상·학설·유행에 두려워하듯이, 콤플렉스가 있는 사람은 낯선 것·새로운 것·이상한 것 등을 두려워해 없애거나 외면하려고 든다. 특히 권력 콤플렉스처럼 칭찬이나 보상이 필요한 콤플렉스는 그것에 도취되어 빠져들기 쉽고, 그럴수록 콤플렉스를 인지하거나 극복하기가 어렵다.

여성의 자기 비하는 겸손이라는 아름다운 겉치레와 칭찬으로 가려지기 쉽다. '여자답다', '얌전하다', '참하다', '요즘 보기 드문 여자다' 같은 말은 더욱 여자다운 행동을 하도록 유인하며 한 인간을 여성으로 만들어 간다.[8] "여성은 태어나는 것이 아니라 길들여진다."라는 보부아르의 명제가 이를 잘 말해 준다. 콤플렉스는 바로 사회가 기대하는 여성상을 끊임없이 자각하고 그에 집착하는 과정에서 필연적으로 발생한다. 이를 여성 콤플렉스라고 부를 수 있다. 착한 여자 콤플렉스, 신데렐라 콤플렉스, 성 콤플렉스, 지적 콤플렉스, 외모 콤플렉스, 슈퍼우먼 콤플렉스, 엄마딸 콤플렉스 등은 사회가 바라는 여성의 삶에 순응하며 살아가는 동안 생긴 여성 콤플렉스다.

무의식에 잠재한 여성 콤플렉스가 자신의 행동을 얼마나 제약하는지를 깨닫기는 쉽지 않다. 교육과 대중매체, 신화와 종교 등을 통해 체계적·일상적으로 특정 여성상이 주입되고 세뇌되기 때문이다. 콤플렉스를 깨달아도 그것에서 벗어나기는 힘겹고 고통스럽다. 남성이 지닌 경제적 특권과 사회적 가치에 기대기 위해, 고역 같은 노동에서 탈피하기 위해, 안락한 삶을 보장해 주는 남자와의 결혼을 위해, 사회와 남자가 원하는 여성상에 더욱 가까워지기 위해 여성 콤플렉스는 깊어진다.

여성 콤플렉스는 개인적 문제나 타고난 기질과 심리적 원인보다는 사회·경제·문화 등 외적 환경의 영향을 크게 받는데도, 여성 개인의 내면에 뿌리내리기 때문에 내적 장애로 여겨져 왔다. 여성 콤플렉스는 심리적·사회적 원인이 중층적으로 교묘하게 얽혀서 만들어지는 탓에 그 원인을 한마디로 정의할 수 없다. 더구나 성평등에 대한 확신과 믿음이 광범하게 퍼진 오늘날의 여성 문제는 좀처럼 논의 대상이 되기 힘들고 다른 사회적 현안에 밀려 묻히기 십상이다. 따라서 여성 콤플렉스를 바로 진단하고 해결하는 데는 반드시 두 가지 시선이 필요하다. 여성의 내면에 드리운 장애를 파악하는 시선, 여성의 삶을 지배하는 사회의 내부를 총체적으로 통찰하는 시선이 그것이다. 여성 콤플렉스를 통해 다양한 여성 문제를 살펴봄으로써, 여성의 내면에 자리 잡은 장애들을 걷어 낼 내적 혁명과 여성의 삶을 은밀하고 끈질기게 억압하는 사회의 개혁을 함께 모색해 볼 것이다.

여성의 삶, 많은 것이 달라졌다

여성의 삶이 사회적으로 공론화된 것은 그리 오래되지 않았다. 서구에서는 메리 울스턴크래프트Mary Wollstonecraft가 《여성의 권리 옹호A Vindication of the Rights of Woman》(1792)에서 여성의 권리와 사회 참여를 독려하고 남성이 전유한 특권을 여성도 가져야 한다고 요구한 것을 시작으로, 지그문트 프로이트Sigmund Freud의 정신분석 담론에 기초해 억압된 여성의 성욕과 몸에 주목하는 여성해방이 주창되었다. 특히 프랑스 68혁명이 기폭제가 되어 '개인적인 것이 정치적인 것'이라는 구호 아래 여성운동이 확산되면서 여성의 삶을 억압하는 많은 문제가 법적·제도적으로 해결되고 여성의 권익이 옹호되었다.

여성운동에 따른 사회변혁과 더불어 과학의 발전도 여성의 삶을 크게 변화시켰다. 세탁기, 피임약과 시험관 아기가 대표적인 예다. 1907년 미국에서 처음 생산된 전기세탁기는 여성의 가사노동을 덜어줌으로써 여성이 좀 더 적극적으로 사회 활동에 참여하게 되었다. 우리나라에는 1960년대에 세탁기가 도입되었다. 피임약은 1960년에 개발되어 원하지 않는 임신에서 자유로워진 여성들이 자신의 몸을 스스로 통제함으로써 성의 해방을 경험하게 해 주었다. 무엇보다 위험하고 불법적인 낙태 시술로 희생되는 생명을 구하는 데 일조했다. 1978년 영국에서 최초의 시험관 아기 탄생은 섹스 없는 임신 및 불임 문제를 해결하는 데 그치지 않고 여성의 성적 자유와 재생산 역할을 새롭게 바라보는 계기가 되었다. 우리나라에서는 1985년에 첫 시험관 아기가 태어났다.

서구에서 페미니즘의 기세가 호기롭던 1960, 1970년대에 우리나라는 가난에서 벗어나려고 산업화에 몰입하고 있었기 때문에 여성 문제에 집중하기 어려웠다. 1980년대에 이르러서야 민주화 운동의 여세로 여성운동이 본격적으로 추진되었고, 1990년대 많은 여성 문제가 사회적으로 논의되고 법과 제도 안에서 개선되었다. 또한 아버지 성에 기초한 동성동본 금혼제 폐지, 가족법 개정, 직장 여성 결혼 각서 폐지, 남녀차별금지법·여성발전기본법·성폭력특별법 제정 등은 성평등 실현에 다가가는 계기가 되었다(〈표 1〉). 2014년 5월에는 1995년에 제정된 여성발전기본법을 전면 개정한 양성평등기본법이 공포되어 2015년 7월부터 시행될 예정이다.

1980년대 변화의 변곡점을 통과해 여성의 삶이 크게 변화해

〈표 1〉 한국 여성의 삶을 변화시킨 사건들: 1940~2010년대

1940	헌법에 남녀평등 명시 여성 선거권 인정
1950	동성동본 및 8촌 내 인척결혼 금지 여성단체의 민법제정에 관한 의견서 제출
1960	가족계획 여성단체협의회 창립 냉장고 등장 전기밥솥 등장
1970	생리대 시판 61개 여성단체연합법 여성가족법 개정 촉진회 / 크리스찬 아카데미 여성문제 의식화 교육 유엔 선포 '세계여성의 해' / 직장 여성 결혼각서 폐지 동성동본 금혼 폐지 운동 / 대학 여성학 개설 / 범여성단체 가족법 개정 운동 YH사건
1980	유엔 여성차별협약 서명 국내 첫 시험관 아기 탄생 여성단체연합 창립 / 영유아보호법 제정 / 소비자보호법 제정 성고문사건 남녀고용평등법 제정 《여성신문》 창간 남녀고용평등법 시행 / 가족법 개정 탁아입법
1990	성폭력특별법 제정 여성발전기본법 동성동본 금혼 폐지 / 성폭력특별법 개정 / 가정폭력법 제정청원 / 여성기본법 개정 가족폭력방지법 제정 남녀차별금지법 제정
2000	여성부 신설 성매매방지법 호주제 폐지 남녀고용평등과 일·가정 양립 지원에 관한 법률
2010	양성평등기본법 개정

온 과정에는 다양한 여성 단체가 함께했다. 그 가운데 1959년에 설립된 한국여성단체협의회와 1987년에 설립된 한국여성단체연합의 주도적 활동이 디딤돌이 됐다. 여성 단체들은 성평등에 대한 시각과 이념이 달랐으나 문제의 성격에 따라 연대하며 앞장서서 여성의 삶을 변화시켰다. 한국의 여성운동은 이념을 넘어선

비폭력 운동으로 남녀 관계뿐만 아니라 사회의 가장 기초 제도인 가족도 큰 변화를 가져왔다. 이런 변화 속에 사회적 통과의례인 교육과 취업에서 결혼과 출산 및 양육 과정에 이르기까지 여성의 생애 역시 이전과는 다르게 전개되었다.

달라진 여성의 사회적 시간표

통과의례는 출생, 성년, 취업, 결혼, 임신과 출산, 죽음 등 인생에서 새로운 상태로 넘어갈 때 겪어야 할 의식을 통틀어 말한다. 개인의 삶은 사회적으로 구조화되며 사회 구성원이 공통적으로 인식하는 사회가 부여한 통과의례에 따르게 된다. 통과의례라는 사회적 시간표에서는 새로운 역할을 담당하는 시기가 순차적으로 나타나고, 시기마다 언제 지나는 것이 가장 적합한지에 대한 규범이 존재한다.[9] 여성의 삶도 예외가 아니어서 언제까지 교육을 받고 결혼해 아이를 낳으며, 일을 한다면 언제까지 일해야 할 것인가 하는, 특정한 규범을 제시하는 사회적 시간표가 있다.[10] 여성의 사회적 시간표는 남성의 그것과는 다르며, 시대적 변화와 필요성에 따라 그 내용과 구조가 달라졌다.

우리 사회에서 여성의 사회적 시간표를 새로 짜게 한 여성 역할 변화의 중심에는 교육과 고용이 있다. 〈표 2〉에서 보듯 평균 교육 연수는 25년 사이 3.6년이 늘었다. 평균 교육 연수에서 점차 남녀 격차가 줄어들고 있으며 2010년에는 고등교육 부문에서 오

〈표 2〉 여성의 사회적 시간표 변화: 1980~2010년대

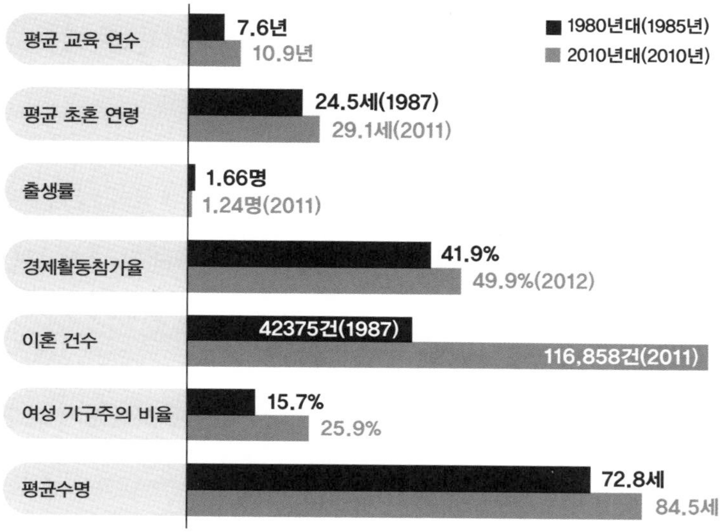

출처: 한국여성정책연구원, 〈2012 한국의 성 인지 통계〉, 2013.

〈표 3〉 여성 취업에 관한 태도: 1980~2010년대

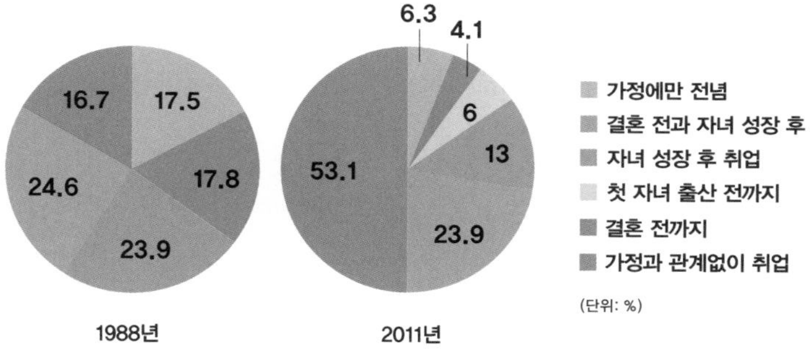

출처: 한국여성정책연구원, 〈2012 한국의 성 인지 통계〉, 2013.

히려 여성이 남성을 능가했다. 대학 진학률도 남녀 격차가 점점 줄어들다가 여성 82.4%, 남성 81.6%로 2009년에는 역전되어 여성이 앞서기 시작했다.[11] 그러면서 실제로 남녀 사이의 학업 성취에서 차이가 없어지고 교육에서 남녀 불평등이 사라진 듯 보인다. 제도권 교육에서 성평등이 가장 극적으로 진전된 것으로 볼 수 있다. 여성의 고용 변화 추이를 살펴보면, 여성의 경제활동 참가율은 소폭으로나마 증가하고 있으며 20, 30대의 경우 남녀 격차가 줄어들고 있다.

사회적 시간표를 고려해 볼 때 여성의 교육 기간이 길어지고 노동시장에 더 많은 여성이 뛰어들면서 남성과의 생애주기 차이가 줄어들고 있는데, 이는 여성의 생애주기가 남성의 생애주기와 비슷한 양상으로 변해 왔음을 알려 준다. 교육 현장과 노동시장에서 여성과 남성은 동료이자 경쟁자로서 함께하고 있는 것이다. 그렇다면 인생의 배우자를 만나는 결혼에서 여성의 위치와 가치관은 어떨까? 〈표 2〉와 〈표 3〉에서 보듯 평균 초혼 연령은 1987년에 24.5세, 1985년 출생률은 1.66명이었다. 취업에 관한 여성의 태도를 보면 1988년에 '결혼 전까지 취업'이 16.7%, '자녀 성장 후 취업'이 23.9%, '가정에만 전념'이 17.5%로 나타났다. '가정과 관계없이 취업'하겠다는 여성은 24.6%였고, 실제 경제활동참가율은 1985년에 41.9%였다. 1987년 이혼 건수는 4만 2375건이었으며 1985년 여성 가구주의 비율은 15.7%다. 그런데 2011년에는 평균 초혼 연령이 29.1세, 출생률은 1.24명이었다. 취업에 관한 여성의 태도는 '결혼 전까지 취업'이 4.1%, '자녀 성장 후 취업'이 13%, '가정에만 전념'이 6.3%다. '가정과 관계없이 취업'하겠다는 여성은 53.1%였으며 2012년 경제활동참가율은 49.9%였다.

여성의 사회적 시간표 가운데 직업과 결혼 관련한 항목에서 가장 두드러진 변화는 가정과 관계없이 취업하겠다는 여성이 배로 증가했다는 사실이다. 출생률이 감소하고 이혼 건수가 폭발적으로 증가했으며 여성 가구주도 크게 늘어났다. 여성의 학력이 높아지면서 결혼과 가정보다는 직업적 성취에 대한 열망이 더욱 커진 것을 알 수 있다.[12]

결혼에 관해서도 남녀 모두 '반드시 해야 한다'는 생각은 줄어든 반면 '반드시 할 필요는 없다'는 생각은 늘었다. '반드시 해야 한다'는 견해가 미혼 남성의 경우 1998년 36.9%에서 2012년 23%로 13.9% 감소했고, 미혼 여성은 30.5%에서 17.7%로 12.8% 줄었다. 반면에 '해도 좋고 하지 않아도 좋다'는 견해는 미혼 남성이 18.4%에서 27.7%로, 미혼 여성이 28.9%에서 39.4%로 각각 9.3%, 10.5% 증가했다. 물론 결혼만 두고 보자면 여성보다 남성에게 더 큰 변화가 일어났지만, 〈표 3〉의 결과처럼 결혼과 관계없이 취업하는 여성이 비약적으로 증가함으로써 여성에게 경제적 동반자 구실이 더해졌다는 점을 짐작해 볼 수 있다. 이런 변화는 남성은 생계 유지자이며 여성은 보살피는 자라는 이분법적 성역할 구조가 무너졌음을 말해 준다.

여성의 경제활동 참여가 증가하고 고학력 여성이 비약적으로 많아졌을 뿐 아니라 전문직과 남성적 직업에도 여성의 진출이 확대되고 있다. 성평등을 위한 정책도 개선되는 등 다방면에서 여성의 지위가 나아지고 있지만, 그럼에도 여성이 직업적 성취를 통해 인간적인 삶을 살아가는 데 장애물이 많다. 심각한 문제는, 그 장애물이 눈을 부릅떠야만 보인다는 것이다.

이와 관련하여 먼저 눈여겨봐야 할 문제는 변화한 여성의 사회적 시간표가 남성의 사회적 시간표와 유사해지고 있음에도, 모든 여성이 변화의 혜택을 받는 것은 아니라는 사실이다. 여성은 계급·계층에 따라 일, 복지, 가족 등 거의 모든 면에서 양극화되어 있다. 사회 변화가 모든 여성에게 동일한 영향을 주지 못한 것이다. 여성 내부의 양극화로 불평등과 편견은 여성을 성차별의 희생자이자 가해자로 만들기도 한다. 어쩌면 성평등에 대한 희망보다 여성 대부분이 밟고 선 모순된 현실을 일깨우는 일이 더 시급할지도 모른다.

여성의 삶, 많은 것이 달라지지 않았다

사람들은 능력만 있다면 여성도 남성과 동등하거나 그보다 높은 사회적 지위를 누릴 수 있다고 믿으며 '여성 지배'와 '여성 파워'를 운운한다. 그러나 성평등이라는 말이 무색하게 전혀 다른 사실들을 목격하게 된다. 형식적인 기회 평등은 실제로 교육과정과 직업 분배 속에 도사린 불평등을 가리고 있다. 여성이 거의 대부분 불리한 위치에 있다는 진실을 은폐하는 요소로, 성공한 소수 여성들의 존재가 불러일으키는 권력 환상이 있다. 많은 여성이 자신의 전문영역에서 활약하며 권력의 사다리를 올라가는 듯 보이지만 이는 환상일 뿐, 실은 정치적·경제적 권위와 책임이 따르는 직급에서는 제외되어 있으며 대개 열등하고 불안정한 직위만 여성에게 돌아온다. 일상생활과 사회생활을 오가며 여성이 체감하는 평등 지수 역시 낮다. 직장에 다니다가 결혼을 하거나 임신을 하면 직장을 그만두고, 계속 직장에 다니기 위해서는 일터와 가정에서 고군분투해야 한다. 앞 세대보다 훨씬 많은 기회가 주어진 젊은 여성들은 평등한 기회와 동등한 권리를 누릴 수 있다는 기대감을 갖고 사회에 뛰어들지만, 실상 혼란스럽고 모순된 상황만이 기다릴 뿐이다.

여성 내부의 양극화

사회 변화의 혜택을 가장 직접적으로 받은 것은 중간 계층 여성이다. 그들은 같은 계급의 남성들과 대학을 다녔고, 자신감과 자존심도 강해졌다. 졸업 후에는 고소득이 보장되는 관리직과 전문직에 많이 진출했으며, 특히 여성이 몰려 있는 직업에서는 고위직까지 올라가는 경우도 많아졌다. 그에 비해 여전히 노동 계층 여성들은 '끈끈한 마룻바닥'처럼 저임금직에 눌어붙은 처지다.

여성 고용률 증가의 이면을 보면 임시직, 시간제, 용역 노동, 영세 하청 업체 고용 등 고용 불안정성도 크게 높아졌다. 2013년 여성 노동자의 비정규직 비율은 57.5%로 남성 노동자의 비정규직 비율(37.2%)보다 훨씬 높고, 여성 비정규직의 한 달 임금은 평균 113만 원 정도이며 여성 비정규직 네 명 중 한 명의 임금은 최저임금(시급 4860원)에도 못 미치는 것으로 나타났다.[13)]

여성은 일과 가정의 양립을 위해 임시직이나 시간제로 일하는 경우가 많아 임금이 낮은 직종에 종사할 가능성이 남성보다 크다. 보통 남성들보다 훨씬 더 많은 노동 경력의 단절을 경험하며 임금이 낮고 불안정한 일자리에서 일한다. 혼자 사는 여성, 가족을 책임지는 여성, 비정규직 여성 들은 더 나은 삶을 위해 일하는데도 빈곤한 생활에서 벗어나지 못하고 있다.

여성의 일이 평가절하되고 있다

일터에서 여성은 대개 '여성적인 일'을 하고 있다. 많은 일자리가 성에 따라 분리되어 여성의 일로 간주되고 있는데, 특히 돌봄 노동의 여성 종사자 비율이 압도적으로 높다. 남성과 여성에게 적합한 일이 무엇인가에 관한 지배적인 인식에 기초해 남성과 여성이 각기 다른 일자리에 집중되어 있는 것이다.

성별 대학 전공을 살펴보면 여성은 남성 지배적 분야인 경영, 의학, 법학, 정치학 등으로 많이 이동하고 있으나 남성은 여성 지배적 분야인 의류학, 가정관리학, 아동학 등으로 이동하지 않는다. 왜 남성들은 이른바 여성적인 직업에 진입하지 않을까? 전통적으로 여성의 활동과 직업으로 알려진 것을 평가절하하는 문화와 제도가 여전하기 때문이다. 대개 남성이 여성 지배적인 분야로 이동하기보다는 여성이 남성 지배적 분야로 이동한다. 여성이 남성 지배적 직업으로 이동할 경우 차별과 동료들의 저항에 부닷칠 수 있지만 금전적으로는 보상이 있다. 그러나 남성은 금전적 손해와 문화적 부정을 견디며 젠더 경계를 위반해 봐야 보상이 별로 없기 때문에 진출할 필요성을 느끼지 못한다.[14] 드물지만, 여성이 많이 종사하는 영역에 남성이 들어오는 경우에는 소수의 남성이 취직이나 임금이나 승진에서 유리해지는 '유리 에스컬레이터(Glass Escalator) 현상'이 일어나기도 한다. 주로 여성 종사자가 많은 상담, 간호, 미용 등의 영역에서 일하는 남성은 여성보다 임금이 높고 취업도 유리하며 시간제보다 전일제로 일할 가능성이 크다.[15]

여전히 직업이 성별로 분리되어 있다

여성이 남성 직업에 진출한다고 해도 변화가 고른 것은 아니다. 주로 전문직·관리직·사무직 등 중간계급의 직종에 여성의 진출이 확대되고는 있지만, 소매업·제조업 등의 노동계급 직종에서는 1960년대에서 2010년대에 이르기까지 50년 동안 거의 차이가 없으며 성별 직업 경계가 뚜렷하다.[16] 여성이 경영·법·의학·지식 분야에는 진입했어도 남성 지배적 직업인 건설·배관·용접·자동차·제철·트럭 운전 등에는 발을 들이기 어렵다. 여성이 전형적인 남성 직종에 들어가도 대개 여성 집약적 하위 분야를 택한다. 심지어 학계에서도 여성 학자들은 대체로 남성 지배적인 학문 분야인 정치학, 경제학, 수학, 공학보다는 심리학, 교육학, 문학 등의 분야에 치중되어 있다. 여성이 남성 지배적 직업에 통합됐지만 그 안에서도 여성 전형적인 분야로 이동해 온 것이다.

가정에서 잡다한 일로 저글링하다

여전히 많은 사람이 여자들은 으레 사회생활에 충실하지 않다고 믿고 결혼하고 자녀를 낳으면 직장을 그만둘 것이라고 생각한다. 자녀 양육은 여성의 경력에 큰 영향을 미치는 요인으로 이 때문에 상당수 여성은 사회생활과 양육 중 하나를 선택해야 해야 하는 상황에 놓인다. 사회생활을 계속하기 위해 가정생활을 적극적으로 재조직해 보아도 대부분의 남성은 가사 노동과 육아의 의무를 기꺼이 나누려고 하지 않는다.

남자에게도 법적으로 육아 휴가가 주어지지만 단적인 예로 탄력근무시간제를 적극적으로 활용해 자녀들을 돌보는 경우도 흔치 않다. 육아는 남자의 일이 아니라고 생각하기 때문이다. 이러한 성차별주의는 여성을 압박하며 부모 노릇의 짐을 더하고 남성을 전통적인 아버지 구실에 머물도록 만든다. 여성들은 아이를 돌봐야 한다는 사회적 기대에 꽁꽁 묶여 있지만, 육아와 생계를 유지하는 잡다한 일에 경제적 보상이 주어지는 것도 아니어서 갈등하게 된다. 자녀 양육과 집안일에서 여성들이 겪는 좌절은 성평등을 위해 무엇이 변해야 하는지를 알려 주는 지표인 셈이다.

세련되고 은밀해지는 고정관념

결혼과 성에 관해 여성에게 더 가혹한 이중 기준은 여전하다. 과거에 비해 연상녀-연하남 커플이나 이혼녀-미혼남 결혼이 늘어나는 등 결혼 양상과 남녀 관계에 형식적 변화가 있었지만, 일상에서는 남성이 여성보다 나이와 경제력, 학력 등이 높아야 한다는 편견이 지배적이다. 나이 든 여성의 결혼 가능성은 나이 든 남성의 결혼 가능성보다 훨씬 적고, 청혼과 성행위는 남성이 주도할 것으로 기대하기도 한다. 대다수 여성이 결혼하면 남성 쪽, 즉 시가에 편입되며 아이들은 아버지의 성을 따른다. 이성애 관계에서 남녀의 불평등은 노동 세계의 그것보다 훨씬 후진적이고 은밀하며 끈질기다.

1945년에 신분제가 무너진 이래 남녀 불평등 문제는 수면에 올라왔다. 여성의 지위 향상과 의식 변혁의 과정 속에서 2005년 호주제가 폐지되어 부계 혈통 중심의 유교적 전통이 약화되는 조짐을 보였다. 그러나 가사 노동과 자녀 양육은 여전히 여성의 몫이며 여성의 자아실현은 경제적 독립으로 이어지지 않았다. 2012년 자료에 따르면 고등교육을 받은 기혼 여성의 취업률은 54.8%(기혼 남성은 91.0%)이고 나머지 여성은 자녀 양육에 전념하는 전업주부가 되어 인적 자원으로 거듭나지 못하고 있다.[17]

세계화와 함께 몰아친 경제 위기로 여성은 불안정한 직업으로 몰렸고, 일자리 없는 저성장 속 취업을 하는 대신 현모양처와 신데렐라를 꿈꾸며 남편이 벌어다 주는 삶에 기대는 여성이 점점 더 늘어났다. 여성이 자신만의 삶을 추구하거나 여성다운 삶을 거부하면 남자 같다, 드세다, 거칠다는 말로 낙인을 찍고, 착한 여자의 성공, 규격화된 몸과 외모 등이 언론을 통해 확산되었다.

대중매체에서 남성 주부, 남성의 육아 참여기, 남성 간호사 등 전통적인 여성 분야에서 일하는 남성이나 남성적 직업으로 진출한 여성 등 변화하는 남녀의 다양한 삶을 이따금 소개하기도 하지만 이는 여성의 기존 삶을 강화하는 수준을 뛰어넘지 못한다. 각료나 국회의원의 여성 비율은 여전히 미약하며 여성 유권자들조차도 정치는 남성이 할 일이라는 고정관념이 있다. 여성이 결정권을 지닌 사회적 지위에 오르려면 유리천장을 깨트리는 모험을 감행해야 하지만 이에 성공한 여성은 소수에 불과하다.

여성 콤플렉스 지형이 변했다

콤플렉스는 시대적 환경의 복합적 산물로서 환경의 변화에 따라 심화되기도 하고 사라지기도 하고 새로 출현하기도 한다. 현재 여성 콤플렉스의 지형 역시 유형에 따라서 약화되거나 변형되거나 강화되었다.

착한 여자 콤플렉스의 경우 과거에 비해 약화됐지만 그럼에도 착한 여자를 전략적으로 위장하는 것으로 나타났다. 신데렐라 콤플렉스는 여성의 발전과 관련해 오히려 긍정적으로 인식하면서 의도적으로 신데렐라가 되려고 노력한다. 외모 콤플렉스는 외모 가꾸기가 스펙의 요소로서 전면적으로 부상하면서 이념적으로 강화되었다. 지적 콤플렉스는 가장 약해진 것 같지만 더욱 세련되고 복합적인 양상을 띠고, 성 콤플렉스는 성에 관한 의식과 행동에서 균열과 모순을 경험하는 것으로 나타났다. 슈퍼우먼 콤플렉스는 직장인, 아내, 엄마의 구실 가운데 특히 엄마 노릇에 집중되어서 '슈퍼맘' 콤플렉스로 확장·강화되고 있다. 그 가운데 우리 사회의 특징이던 맏딸 콤플렉스는 사라지고 한두 자녀만 출산하는 추세와 함께 새로운 콤플렉스가 생겼다. 아들에게 기대하던 노후의 정신적·물질적 안전망 구실을 딸에게도 기대하며 적극적으로 투자하는 것이다. 예전에는 '딸은 결혼하면 남'으로 보거나 딸의 결혼을 부모의 도리와 책무로 생각해, 딸의 결혼을 '해치운다'고 표현했다. 이제는 어머니와 딸의 관계는 독립된 주체로 분화되지 않고 길항 관계를 보이며 밀접해졌는데, 이 새로운 엄마와 딸의 관계가 '엄마딸 콤플렉스'로 떠오르고 있다.

굿바이 여성 콤플렉스

융은 "어떤 콤플렉스든 직접 그 원인이 되는 갈등과 직면하지 않으면 해결되지 않는다. 콤플렉스의 극복에는 용기, 의지, 감당해낼 자아가 반드시 필요"하다고 했다.[18] 무의식에 억압된 갈등을 의식으로 불러와 투명하게 응시하며 해부해 볼 때 콤플렉스로 응집되고 은폐된 것들로부터 자유로워질 수 있다는 것이다.

콤플렉스에서 벗어나려면 우선 콤플렉스에서 비롯되는 습관들을 의문의 시선으로 바라볼 수 있어야 한다. 익숙한 콤플렉스일수록 거리를 두고 바라보기 어렵고, 그것을 마주하는 것만으로도 불안해진다. 자신을 타인과 구별 짓는 용기와 새롭게 시작하려는 마음가짐이 있어야 한다. 콤플렉스는 문제이기도 하지만 콤플렉스에서 자아를 떼어 내는 순간 새로운 삶의 가능성을 발견하게 해 주기도 한다. 이것은 이별의 과정이자 결합의 과정이며 산 위로 바위를 밀어 올려야 하는 시시포스의 운명처럼 포기할 수도 없고 반복할 수밖에 없는 과정이다.

여성이 자신의 삶을 변혁하고 싶다면 내면을 속박하는 콤플렉스부터 자각하고, 그것을 유지하거나 강화하는 상황이 무엇인지 인식해야 한다. 다시 말해 현재 자신의 모습이 타고난 성격과 기질, 사고에서 만들어진 것이 아니라 사회가 강요한 이미지가 아닌지 생각해 봐야 한다. 여성이 가정과 양육을 전적으로 맡아야 한다거나, 감상적이고 이해심이 많으며 부드럽고 보살피며 배려해야 한다는 '미덕'의 우산 속에 있지는 않은지 돌아봐야 한다. 미덕의 우산을 벗어던질 때 곱지 않은 시선을 견뎌 낼 용기도 필요하다. 자유로워진다는 것은 앞서 간 사람들의 길을 따라가는 것이 아니라 새 길을 개척하는 것이다.

남성과 여성의 평등은 미완의 숙제다. 너무 많은 것들이 은폐되고 지워졌기 때문에 성평등을 위해서 여성이 무엇을 얼마나 더 이루어야 하는지 알 수 없게 되었으며, 결국 성평등은 발견하고 발명해야 하는 것이 되었다. 자연스럽고 당연하다고 여겨 온 여성과 남성 사이의 경계를 발견하고 무너뜨릴 방법을 발명해야 한다. 그 시작은, 우리의 일상을 짓누르고 고통을 배가하는 '내 안의 여성 콤플렉스'를 자각하는 일이 될 수 있다. 의식이 변한 여성이 사회를 변화시키고, 변화한 사회는 다시 여성의 삶을 변화시킬 것이다. 여성이 충분히 진보했고 평등은 성취되었다는 자부심을 가지기는 아직 이르다. 혹독한 억압으로 점철됐던 여성의 삶이 이만큼이나마 짐을 덜었다는 것만으로 완전한 자유와 평등을 이루었다고 착각하고 있지는 않은지 의심해야 한다. 그 와중에 개인적 노력과 책임으로 성공을 추구하라고 다그치는 신자유주의는 여성의 양극화 문제를 악화시킬 뿐만 아니라 개개인으로 파편화해 '여성'이라는 범주를 해체하고 있다. 또한 소비적 물질주의에 사로잡히게 만들고, 실패한 삶은 가차 없이 개인에게 책임을 묻거나 사회적 문제까지 개인에게 덮어씌우고 있다.

현대 사회의 여성은 지적 성취와 경제적 능력을 향상시켜야 한다는 현실적 요구에서 자유로울 수 없다. 남성과 동등한 조건을 획득하지 못한 탓에 사회 곳곳에서 집요한 성차별과 경제적 불평등이 여성의 삶을 고통스럽게 만들기 때문이다. 여성과 남성을 분리하는 것 자체는 여성과 남성의 차이를 말하기보다 실상 남녀 간의 비대칭적이고 불균형한 권력의 문제를 낳는다. 남성과 여성 사이에 경계를 긋고 정해진 자리와 규범화된 태도를 강요하며 한 가지 질서를 만들어 낼 때 이는 경계선을 사이에 둔 남녀 모두에게 콤플렉스를 심어 주게 된다. 남성과 여성의 경계선을 무너뜨리고 콤플렉스에서 벗어나 자신의 잠재력을 발견함과 동시에 개성을 추구해야 한다. 이것은 사실 상투적이고 식상한 빛바랜 꿈이다. 하지만 그렇기 때문에 다시 빛을 던져 새롭게 꺼내들어야 할 이상이기도 하다. 평등하고 인간다운 삶에 대한 이 오래된 이상은 지금 여성 콤플렉스를 왜 다시 불러낼 수밖에 없는지에 대한 답이기도 하다.

2

착한 여자 콤플렉스

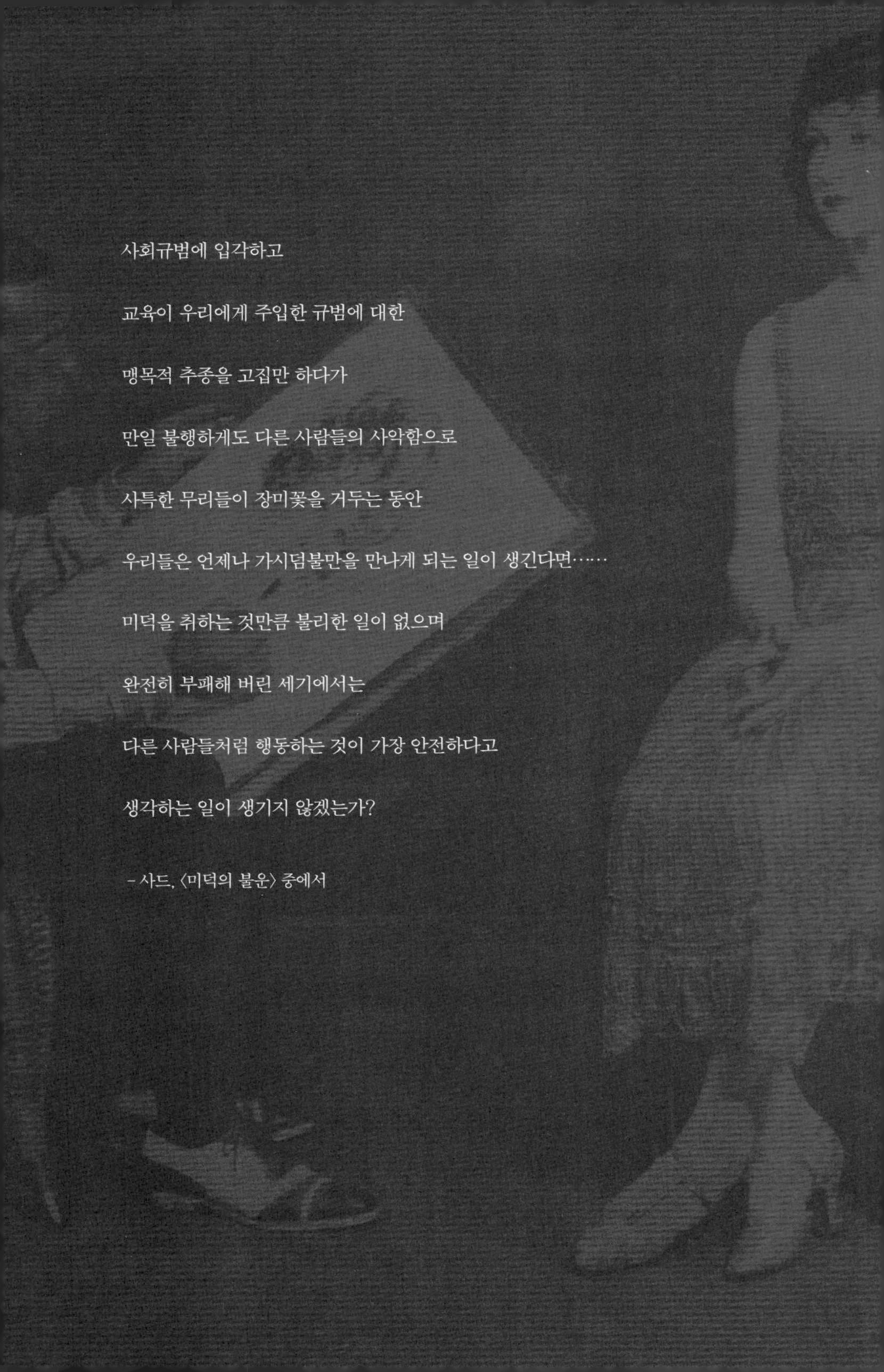

사회규범에 입각하고

교육이 우리에게 주입한 규범에 대한

맹목적 추종을 고집만 하다가

만일 불행하게도 다른 사람들의 사악함으로

사특한 무리들이 장미꽃을 거두는 동안

우리들은 언제나 가시덤불만을 만나게 되는 일이 생긴다면……

미덕을 취하는 것만큼 불리한 일이 없으며

완전히 부패해 버린 세기에서는

다른 사람들처럼 행동하는 것이 가장 안전하다고

생각하는 일이 생기지 않겠는가?

– 사드, 〈미덕의 불운〉 중에서

'착한 것'을 좋아하는 시대

사람들은 착한 것을 좋아한다. 착한 것을 찾고 착한 것을 추구하며 착한 것에 빠져 있다. 착한 커피, 착한 몸매, 착한 가게, 착한 기업 등 '착한'이라는 말을 붙여 그것을 드러내고 선전한다. '착한'이라는 말이 남용되는 바람에 그것을 판단하는 기준이 미더워 보이지 않을 수도 있겠지만, 이 말이 붙는 데 필요한 조건은 있다. '착한'은 흔히 상품 가격에 붙어 가격 대비 만족도를 나타낸다. '싼 게 비지떡'인 것처럼 형편없는 품질이라면 착한 가격이라고 할 수 없다. 두 번째는 친절이라는 서비스로, 소비 과정에 극진히 대우받으면 착한이라는 수식어가 붙는다. 또 윤리적 소비를 내세워 가난한 노동자의 저임금·동물실험·환경오염 같은 비윤리적 생산공정 없이 만들어진 '착한 제품'을 이용하는 '착한 소비'가 있다. 마지막으로 생산과 소비에 직접적인 관련이나 이해관계는 없지만 그냥 보기 좋아서 '착한 몸매', '착한 얼굴'이라고 부르는 경우도 있다.

우리말 '착한'에 견줄 수 있는 영어 '굿good'은, 좋고 도덕적이고 선하고 옳고 경건하고 훌륭하고 만족스럽고 아름다운 사람이나 사물의 이미지와 특성뿐 아니라 도덕적 관념을 나타내는 데까지 두루 쓰인다. 그러고 보면 오늘날 우리가 사용하는 '착한'에도 '굿'의 쓰임처럼 폭넓고 다양한 의미가 함축되어 있다. 이렇게 '착한 것'의 조건은 대상마다 천차만별이지만, '착한 것'에 기대는 사람들의 일관된 심리는 무엇보다 만족감이다. 만족감이란,

앞에서 말한 것처럼 양심에서 비롯된 것일 수 있고 실용적 편리함이나 경제적 이익, 과시욕 등에서 나온 것일 수도 있다.

대개 언행이 반듯하고 마음씨가 곱고 상냥하면 착한 사람이라고 칭찬을 한다. 착한 사람은 곧 좋은 사람, 어진 사람, 성실한 사람으로서 본보기가 될 만한 인간상이라고 여긴다. 하지만 '착한'이라는 말이 인간의 품성에서 벗어나 상품이나 생김새에 이르기까지 고무줄처럼 다양하고 유연하게 쓰일 때 '착한 사람', '착한 녀석', '착한 남자', '착한 여자' 사이에는 의미상 차이가 두드러진다. 즉, 착하다는 성품이 여자와 남자에게 똑같이 적용되지 않는다. 누구나 알고 있어서 더 설명할 필요가 없는 전통적인 여성다움과 남성다움의 특성에 따라 '착한'의 의미는 달라지는 것이다.

남자: "착한 여자가 좋아요."

> 까칠하고 도도한 여자도 그 나름 매력적이지만, 그래도 역시 내 아내는 착한 여자라면 좋겠어요. 가족을 위해 자신을 적당히 포기할 줄 알고 남편의 말을 잘 따르는 여자요. 여자에게 휘둘리고 싶은 남자가 세상에 어딨겠어요? 물론 세련되고 현실적인 생활 감각과 능력을 갖춘 여자라면 더 좋지요. — 30세, 남성 직장인

1992년 인터뷰 당시 어떤 여자를 만났으면 좋겠느냐는 질문에 1990년대 남자들은 대부분 '뭐니 뭐니 해도 착한 여자'라고 답했다. 착한 여자란 어떤 사람이냐는 물음에는 '원하는 것은 무엇이

든 해 주고 얌전한 여자, 한마디로 다루기 쉬운 여자'라고 했다. 2012년 인터뷰에서 남자들은 어떨까? '착한 여자를 싫어하는 남자는 없다. 시키는 대로 하고 잔소리 안 하고 순한 여자를 좋아하는 건 당연하다. 하지만 능력 있고 돈 있는 여자면 더 좋겠다'고 대답했다. 착한 여자와 능력 있는 여자 가운데 어떤 여자가 좋냐고 되물으면 과반수가 '능력과 돈 있는 여자'라고 답했다. 좀 고민하는 남자는 '현명한 여자가 최고'라고 덧붙였는데, 이는 소수에 불과했다.

가격 대비 만족도가 높은 '착한 것'의 대척점에 놓인 명품은 고가에 다루기 힘들고 접근도 쉽지 않지만 누구에게나 선망의 대상이 되며 만족도에서 착한 것을 압도한다. 명품과 견주어지면 착한 것은 빛을 잃듯 '착한 것'을 판단하는 기준이 얼마나 허약한지가 드러난다. 남자들 역시 착한 여자를 좋아하면서도 명품을 찾듯 능력 있는 여자를 더 원한다고 한다.

여자: "착한 여자는 싫어요."

착한 여자요? 요즘 그런 여자가 어디 있어요? 있다면 착한 척하는 여자겠죠. 그리고 누가 착한 여자를 좋아하겠어요? 남에게 무시당하는데……. 차라리 나쁜 여자가 매력적이죠. 착한 여자는 민폐녀라고요. — 33세, 여성 직장인

인터뷰에서 여성들은 착한 여자는 무능력하고 매력이 없다고

보며, 그런 여자가 되고 싶지 않다고 한다. 착한 여자로 불리고 싶지 않고, 자기를 희생하거나 가식적으로 행동하는 착한 척하는 여자를 싫어하기도 한다. 전통적 부덕을 갖춘 현모양처로서 유순하고 순종적인 착한 여자는 더는 여성들이 원하는 바람직한 여성상이 아닌 것이다. 이상적 여성이기는커녕 남한테 폐나 끼치는, 그래서 되도록 멀리해야 할 민폐녀의 상징이 되었다.

실제로 이번 설문 조사의 결과를 보면, 2.6%가 착한 여자형이고 50.2%는 갈등형이며 자립형은 47.2%다. 여성 100명 가운데 3명만 착한 여자이고, 나머지는 착한 여자에서 벗어났거나 벗어나려고 노력하는 중이다. 1992년 조사에서는 착한 여자형이 무려 68%를 차지하고, 갈등형은 20%였으며 자립형은 고작 12%였다(〈표 1〉). 정말 놀랍고 흥미로운 결과다. 결과만 두고 보면 확실히 20년 동안 여성은 자신의 운명을 주체적으로 개척하며 살아가는 독립적 존재가 됐다.

하지만 남성들은 예나 지금이나 착한 여자를 좋아한다. 그들에

〈표 1〉 조사 대상자의 착한 여자 콤플렉스 유형

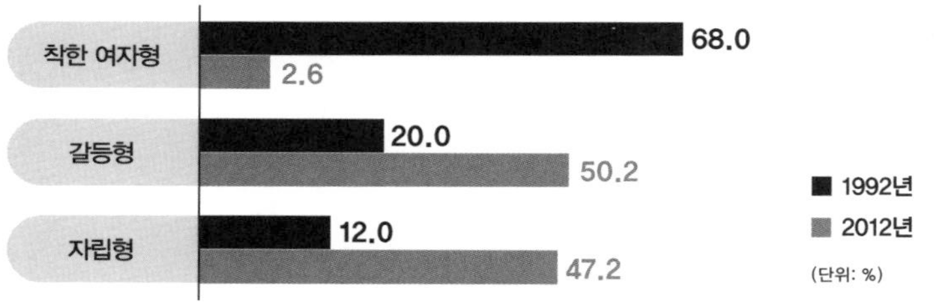

게 여자의 착함은 미덕에 경제적 요구를 충족시켜 줄 능력 같은 조건이 더해져 전보다 강화되었다. 이렇게 착한 여자를 원하는 남성이 중심을 이루고 있는 사회에서 착한 여자가 되고 싶지 않은 여성들이 과연 갈등 없이 자립적으로 살아갈 수 있을까? 따라서 여성들이 착한 여자 콤플렉스에서 자유로운 삶을 살기 어려울 것이라는 인식을 착한 여자 콤플렉스 다시 보기의 출발점으로 삼고, 20년 동안 착한 여자가 어떻게 변했는지부터 돌아본다.

착한 여자 콤플렉스의 어제와 오늘

윌리엄 페즐러William Fezler와 엘레노어 필드Eleanor Field는《착한 여자 콤플렉스The Good Girl Syndrome》에서 '착한 여자'로 키워진 여성이 열등감, 의존심, 무기력 등으로 분노가 쌓이는 데서 병적 증상이 생긴다고 말했다. 그리고 '착한 여자 콤플렉스'는 "타인의 눈에 비치는 자신을 의식하면서 주변 사람들로부터 좋은 여자라는 칭찬을 받고 싶어 하며 착하고 귀여운 여자라는 인상을 심어주기 위해 줄곧 자신의 욕망과 개성을 희생하려는 심리 상태"라고 정의한다.[1)]

한 세대 전만 해도 여성들 중 대부분이 착한 여자가 되기 위해 노력했고, 실제로 착한 여자의 삶을 살았다. 그들은 스스로 선택해 행동하려고 할 때마다 도덕적으로 착한 여자의 속성, 즉 자기희생을 떠올리며 갈등해야 했다. 타인의 기대와 사회규범에 어긋나지 않으려고 자신을 억제하는 한편, 다른 사람에게 의존해야만 한다는 현실 감각을 터득했기 때문이다. 관계를 이어 가기 위해 남자나 윗사람에게 기대야 하고, 하잘것없는 일에서도 보호받아야 하며 그럴수록 자신을 희생할 수밖에 없다는 답을 찾는다. 자연스럽게 '착한 여자'의 역할과 삶에 빠져들어 사랑과 자립, 미덕과 힘 사이에서 아무에게도 상처 주는 일 없이 모두의 행복을 위해 노력했다. 착한 여자 콤플렉스에 깊이 빠져 있었던 것이다.

1990년대 여성의 삶과 2010년대 여성의 삶에 나타난 착한 여자 콤플렉스는 무엇이 다르고 무엇이 같은지를 비교하여 그 변화를 살펴보기 위해, 2012년 1월과 3월 전국의 여성 724명을 대상으로 설문지와 인터뷰를 통해 조사했다.

1992년 설문 조사 결과를 보면, 우리나라 여성들에게서 공통적으로 나타나는 착한 여자의 특성을 확인할 수 있다(〈표 2〉). 무엇보다 '인내와 희생은 미덕'임을 철석같이 믿고 행동한다. '여자의 운명은 남자 손에' 있다고 여기기 때문에 결혼에 자기의 전부를 건다. 당연한 말이겠지만 '규범과 전통은 꼭 지켜야 한다'고 생각하고, '여자는 가정, 독립은 위험하다'는 것도 의심하지 않으며 '성을 밝히지 않는다.' 따라서 착한 여자가 구시대 여인상이라고 믿고 있는 오늘날 여성들이라면 착한 여자 콤플렉스에서 자유로워졌을 것 같다. 그런데 2012년 설문 조사의 결과는 의아한 사실들을 알려 준다. '여자는 가정, 독립은 위험하다.' 항목을 제외하고 콤플렉스의 모든 항목에서 유보적인 태도를 보인다는 점이다.

〈표 2〉 착한 여자의 특성 변화

1992년	2012년
인내와 희생은 미덕이다	상황에 따라 인내와 희생(여성다움)을 활용한다
여자의 운명은 남자 손에 있다	여자의 삶은 어떤 결혼을 선택하느냐에 따라 달려 있다
규범과 전통은 꼭 지켜야 한다	규범과 전통은 상황에 따라 지킬 수 있다
여자는 가정. 독립은 위험하다	일과 가정, 모두 성공해야 한다
성을 밝히지 않는다	성에 대한 생각과 행동은 다르다

응답한 내용을 풀어 보면 이렇다. 대체로 '인내와 희생'을 미덕으로 삼고 싶지 않지만 필요하다면 인내하는 척, 희생하는 척한다. '여자의 운명은 남자 손에' 있지 않고 내 손에 달려 있기 때문에 역설적으로 배우자 선택과 결혼이 절대적으로 중요하다. '규범과 전통은 지켜야' 하겠지만 상황에 따라 과감히 무시한다. '여자는 가정. 독립은 위험하다'니, 이젠 '여자도 일과 가정, 모두에서 성공해야 한다.' '성을 밝히지 않는다'는 건 말도 안 되지만 내보이는 것은 조심한다.

설문 결과는 한마디로 '나는 착한 여자가 아니고 그렇게 되고 싶지 않지만 상황에 따라 혹은 필요하다면 착한 여자가 되어 보이겠다'는 것이다. 20년 전 여성들이 착한 여자 콤플렉스가 있었는데도 그 사실을 모르는 채 착한 여자로 살았다면, 20년이 지난 오늘날 여성들에게는 착한 여자처럼 구는 것이 곧 능력이 됐다. 이를테면 '여성다움의 허구'를 일찌감치 깨달았지만 착한 여자의 여성다움을 선택적 혹은 이기적 속셈으로 이용하는 것이다. 겉으로 드러난 행동만 본다면 과거 착한 여자들과 별반 달라 보이지 않는다. '여자는 여자답게 착한 여자'로 살라는 사회의 고정관념을 받아들이고 다른 사람의 시선을 의식해서 또는 주변 사람들한테 칭찬받기 위해 착한 여자처럼 행동하기 때문이다. 이를 두고 착한 여자 콤플렉스가 없다고 할 수 있을까?

나의 착한 여자 콤플렉스 점수는?

〈표 3〉의 설문 문항을 읽어 내려가면서 솔직하게 답해 보면, 나 자신이 무엇에 좌우되는지, 내겐 무엇이 필요한지, 착한 여자 콤플렉스는 나하고 얼마나 관련되어 있는지를 가늠할 수 있다. 각 문항을 5점 리커트 척도에 따라 '전혀 그렇지 않다' 1점, '별로 그렇지 않다' 2점, '보통이다' 3점, '약간 그렇다' 4점, '정말 그렇다' 5점으로 평가한다.

정도의 차이가 있지만, 각 항목의 점수를 합산해 60점 이상인 경우 착한 여자 콤플렉스에 빠졌다고 할 수 있다. 80점 이상이라면 착한 여자 콤플렉스에 사로잡혀 있으면서도 그 사실을 깨닫지 못하는 경우다. 이들은 착한 여자라거나 좋은 여자라는 말을 듣고 있으며, 주변 사람들을 만족시키기 위해 봉사해야 한다고 생각한다. 헌신적으로 타인을 위하며 주변 사람 뜻대로 좌우되면서도 그냥 참는다. 60점에서 79점 사이의 여성은, 사회에서 요구하는 착한 여자로 행동하면서도 속마음은 끝없이 자립하려고 하며 기회와 상황에 따라 착한 여자처럼 행동한다. 60점 이하는 착한 여자 콤플렉스가 거의 나타나지 않으며, 자신의 능력과 가능

〈표 3〉 착한 여자 콤플렉스 점수

1. 사람들에게 싫다(No)는 말을 하지 않는다
2. 칭찬을 듣기 위해 가식적인 행동을 한다
3. 자기주장이 강한 여자는 불행해질 가능성이 크다
4. 자기 의견을 분명히 밝히는 여자는 여자답지 않다
5. 여자가 먼저 데이트를 신청하는 것은 여자답지 않다
6. 여자는 집안일, 남자는 직장 일이 1차 역할이다
7. 여자는 좋은 남자를 만나 결혼하는 것이 행복이다
8. 남자를 만날 때 여자답게 보이기 위해 신경을 쓴다
9. 규칙은 무조건 지켜야 한다
10. 남자가 회장, 여자가 부회장을 맡는 것이 자연스럽다
11. 중요한 결정은 어른이나 남자의 판단에 따르는 것이 좋다
12. 나와 다른 의견이라도 침묵하는 경우가 있다
13. 하고 싶지 않은 일도 다수가 결정한 경우에는 따르는 편이다
14. 공공장소에서 성과 관련된 이야기는 주변 사람을 의식하여 참는 경우가 있다
15. 성관계는 남자가 먼저 요구하는 것이 자연스럽다
16. 결혼 전까지 여자는 육체적으로 순결해야 한다
17. '여자 팔자 뒤웅박 팔자'라는 말처럼 여자의 삶은 어떤 남자를 만나느냐에 따라 달라진다
18. 여자는 결혼 잘 하는 것이 사회에서 성공하는 것보다 좋다
19. 결혼은 나보다 능력(학력, 경제력 등) 있는 사람과 하고 싶다
20. 칭찬받고 싶지만, 막상 칭찬을 듣게 되면 어색하고 거짓처럼 느껴진다

성을 발휘해 자립적인 삶을 추구하는 여성이다.

세대마다 굴절되는 착한 여자의 삶

20년 전과 오늘날 여성에 대한 통념과 그에 따라 여성은 자신을 어떻게 규정하는가를 설문 조사와 인터뷰, 관련 자료들에 기초해 정리해 보았다. 각 세대의 이데올로기, 개인적 지위, 역할에 따라 공통점과 차이점을 발견할 수 있다.

〈표 4〉의 설문 조사 결과가 여실히 보여 주듯, 여성들은 대체

〈표 4〉 여성에 대한 사회 통념과 자기규정

	사회 통념	자기규정
1992년	여성과 남성은 태어날 때부터 다르다. 여자는 전통적 부덕을 따라야 한다	나는 여성다워야 한다. 나는 착한 여자다
	남성은 여성보다 우월하다. 여자 팔자 뒤웅박 팔자다	나는 착한 딸이다. 나는 착한 아내다 나는 착한 어머니다
	남자는 바깥일, 여성은 집안일을 한다	나는 아버지 말에 순종한다 나는 남편에게 순종하고 희생한다
2012년	남녀는 생물학적 차이만 있다 여자는 전통적(가부장제) 규범을 따를 필요가 없다	나는 상황에 따라 착한 여자가 된다 나는 일과 가정에서 성공해야 한다 나는 능력 있는 착한 여자다
	남녀는 평등하다 여자 팔자 뒤웅박 팔자다(뒤웅박은 여자가 선택할 수 있다)	나는 엄친딸이다 나는 알파걸이다 나는 성공한 여성이다 나는 능력 있는 엄마(슈퍼맘)다
	착한 딸이다 여자는 일과 가정을 양립시킨다 그렇지만 가정일은 여성의 책임이다	나는 인정받는 딸이다 나는 능력 있는 커리어 우먼이다 나는 남편에게 사랑받는 아내다 나는 능력 있는 어머니다

로 착한 여자 콤플렉스에서 벗어났지만 현실적으로 개인적·사회적 요구에 따라 착한 여자인 척하기를 주저하지 않는다. 물론 여성들 사이에서도 연령(세대) 또는 상황과 필요에 따라 착한 여자에 대한 생각이나 태도가 다르기 마련이다. 그래서 개별 인터뷰를 통해 각 세대가 착한 여자를 어떻게 생각하는지 살펴보았다.

20대 여성: 착한 여자보다는 나쁜 여자가 매력 있다

20대 여성들은 '착한 여자'에 대해 상반된 태도를 보인다. 착한 여자는 자신을 돌보지 못해 자기뿐 아니라 남에게까지 해를 입히는 여자라는 부정적인 인식과 자기보다 늘 남을 배려하는 착한 성품을 가진 여자로 보는 긍정적 인식이 공존한다. 20대 여성 중 대다수는 착한 여자라고 불리거나 실제 착한 여자를 만나면 불편하다고 한다. 이들은 착한 것이 자신에게 이로울지를 먼저 고민한다. 나쁜 여자라는 말을 들어도 자기 색깔과 주관이 뚜렷하고 손해 보지 않는 여자가 착한 여자보다 더 매력적이라고 말한다.

> 착한 여자인지 아닌지는 주관적인 판단인 것 같다. 내 기준에서 착한 여자는 남에게 피해를 주지 않고, 자신은 조금 불편하더라도 상대방을 먼저 배려하는 여자다. 미디어를 보면 착한 여자보다는 새침하고 개성적인 여자에게 더 매력을 느끼는 것으로 보인다. 하지만 나는 뒤에서 상대를 챙겨 주는 헌신적인 여자가 착한 여자라고 생각한다. — 22세, 대학 3학년

착한 여자는 착해서 자기 할 말 못 하고 손해 보는 그런 여자가 연상된다. 착한 것은 좋지만 착한 여자는 착하고 자신을 돌보지 못해서 정작 내 맘을 아프게 할 것 같다. 난 자기 색깔이 있고 자기 주관이 있으며 자기 것 다 챙기는 나쁜 여자가 좋다. — 25세, 미혼, 직장 1년차

내게 피해를 주지 않는다면 착한 여자라고 할 수 있다. 착하다는 의미가 예전처럼 천사 같은 성품을 의미하는 것은 아닌 것 같다. 일정한 선을 넘지 않고, 적당히 융통성을 가진 사람이 착한 사람이라고 생각한다. — 27세, 대학원생

30대 여성: 적당히 착한 여자인 척하라

30대 여성들은 20대 여성들보다 훨씬 더 부정적으로 착한 여자를 본다. 사회생활이나 인간관계에서 남에 대한 배려는 당연하다고 생각하지만, 그래도 남보다 자신을 우선 생각하고 처신하지 않을 수 없기 때문이라고 한다. 역설적으로, 그래서 자기가 원하는 것을 얻기 위해서 착한 여자인 척할 수 있는 것도 능력이라고 말한다. 어머니 세대처럼 주변 사람을 위해 헌신하는 삶보다는 상황에 능동적으로 대처하는 현명함이 필요한데, 착한 여자를 연기하는 적극적인 태도가 지혜롭다고 생각한다. 속마음은 착한 여자가 되고 싶지 않을 뿐더러 연기하고 싶지도 않기 때문에 착한 여자인 척할 수 있는 것이야말로 능력이 되는 것이다.

착한 여자라고 불리는 여자를 보면 왠지 색안경을 끼고 보게 된다. 내 기준에 맞춰서 나보다 예쁜지, 똑똑한지, 뭣 때문에 착하다고 하는지 생각한다. 정말 착하다면 멍청하거나 순진하다는 생각이 든다. 어떤 상황에서도 일관되게 착한 모습을 보일 수 있을까 의심하게 된다. 그래선지 착하다는 여자를 만나면 왠지 불편하다. 난 착한 여자이고 싶지 않다. — 33세, 미혼 직장인

20대 대학 다닐 때만 해도 나는 착한 여자이고 싶었다. 그런데 직장에 들어와서 일하고 대학원을 다니면서, 남을 배려하는 것도 좋지만 우선 내가 바르게 서야 남에게 해를 끼치지 않게 된다는 것을 알았다. 남을 너무 배려하다 보면 자신의 감정을 표현하지 못한다. 남의 부탁이나 요구에 '노No' 하지 못하고 '예스Yes'만 한다는 게 어디 쉬운가? 그래서 지금은 착한 여자보다는 착한 여자인 척하는 것이 현명하다고 생각한다. — 35세, 미혼 직장인

착한 사람은 타인의 말에 순종을 잘하는 사람이다. 아이가 엄마의 말에 잘 따르거나 남편에게 말대답 안 하고 순종하면 착하다는 말을 듣지 않는가? 착하다는 말을 들으려면 자유로운 말이나 행동을 스스로 누르지 않을 수 없다. 이웃에 착한 여자로 사는 여자들은 남편 눈치를 보고 속만 끓인다. 차라리 얌체나 똑똑한 여자라는 말을 듣는 여자가 처신을 잘하는 것 같다. 주변 여자들을 만나 봐도 적당히 상황에 맞게 착한 척하는 사람이 책임감도 있고 믿음이 간다. — 32세, 전업주부

40대 여성: 내 딸은 착한 여자로 살지 않기를 바란다

40대 이상의 여성은 어려서부터 하고 싶은 것, 좋은 것을 양보하고 주변 사람을 배려하며 착한 여자로 살아야 한다고 요구받으며 살았다. 그러다 교육과 사회적 변화 속에서 착한 여자 콤플렉스에서 벗어나야 한다는 것을 뒤늦게 깨달은 세대이기도 하다. 착한 여자의 고단한 삶을 가족이나 주변 사람에게 토로하면, 결국 스스로 좋아서 희생한 것 아니냐고 비난받는다. 그들은 지금도 착한 여자로 살고 있지만, 현실적으로 착한 여자로 살기에는 세상이 녹록하지 않고 고단하다는 것을 누구보다 잘 안다. 그래서 딸만큼은 착한 여자보다는 착한 척하는 여자로, 주체적인 여자로 살기를 바란다.

이 나이 될 때까지 내가 가장 많이 들었던 말은 "참 순진하고 착해요.", "당신은 착해서 좋아."라는 말이다. 당연하다고 생각했고 주변 사람들이 좋아하니까 내가 조금 희생해도 괜찮았다. 그런데 내가 필요하다던 남편과 자식들이 이제는 내가 부담스럽다고, 내 인생을 살아 보라고 한다. 나보다는 남과 가족을 위해 열심히 살아온 나에게 부담스럽다고 한다. 나는 딸에게 착하게 살라고 하지만, 자기 것을 희생하면서까지 착한 여자가 되는 것은 바보라고 말하고 싶다. — 45세, 전업주부

네 남매의 맏딸인 나는 대학에 진학해서 은행원이 되고 싶었다. 가정 형편이 어려워서 고등학교 졸업 후 바로 취업을 했다. 동생

들 대학 보내고 결혼시키다 나는 아직 결혼하지 못했다. 거울에 비친 내 모습은 중년의 아줌마가 됐다. 누나가 최고라고 했던 동생들은 모두 결혼해서 바쁘게 살다 보니 일 년에 한 번도 제대로 만나지 못한다. 난 무엇을 위해 착한 딸, 착한 누나로 살아왔는지 후회스럽다. — 42세, 미혼 직장인

콤플렉스와 전략 사이에서 줄타기

착한 여자를 연기하고 원하는 것을 얻다

20년 전과 달리 오늘날 여성은 여자의 인내와 희생은 미덕이나 이상적인 여성의 삶의 태도이므로 무조건 따라야 한다고 여기지 않는다. 반면 상황에 따라 참을 수도 있고 자신을 적당히 희생할 수 있다고도 생각한다. 이를테면 윗사람이나 주변 사람에게 자기주장을 해서 찍히거나 여자답지 못하다는 말을 듣기보다는 자신과 의견이 달라도 표현하지 않는다. 착한 여자인 척함으로써 상황을 유연하게 넘기거나 때로는 상황을 자신에게 유리하게 이끌며 전략적으로 처신하는 것이다.

설문 조사 중 '기분 나쁜 일이 있어도 사람들이 보는 앞에서 싫은 내색을 하지 않는다.'는 항목에 대한 답에 '정말 그렇다'가 16.2%, '약간 그렇다'는 34.2%로 총 50.4%가 긍정적으로 응답했다. 그밖에 '토론할 때 나와 다른 의견이 있을지라도 문제를 일

〈표 5〉 기분 나쁜 일이 있어도 사람들이 보는 앞에서는 싫은 내색을 하지 않는다

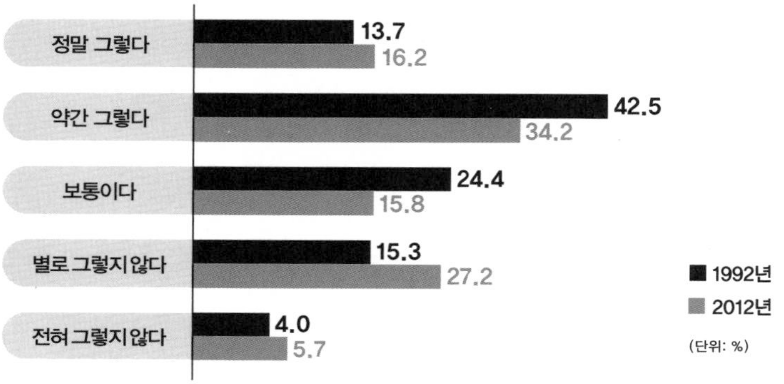

으키지 않기 위해 침묵한다.'는 38%가 '그렇다'고 응답했다. 흥미로운 것은 '보통이다'에 응답자가 1992년 34.4%에서 2012년 18.4%로 감소한 것이다. '내가 하고 싶지 않은 일도 대다수가 결정한 경우에는 할 수 없이 따른다.'에는 67% 이상이 그렇다고 답했다.

나는 동료에 비해 빠르게 직장에서 성공했다. 스펙이 뛰어난 것도 아니고 집안 재력이 넉넉하거나 빼어난 외모도 아니다. 내가 성공한 노하우는 주변의 상황을 민감하게 감지하는 것이었던 것 같다. 특히 상사의 의중을 파악하고 그가 원하는 대로 주변을 정리해 주는 일에 민첩한 편이다. 게다가 상사는 물론이고 동료들과의 관계에서도 좋고 싫은 것을 내비치지 않고 내 주장도 하지

않는다. — 31세, 미혼 직장인

원래 나는 주관이 뚜렷하고 직설적이다. 하지만 직장에서는 내 주장을 먼저 꺼내거나 내세우지 않는다. 직장 생활 초에는 내 성격대로 행동했는데, 받아들여지지도 않았고 남자들 사이에서 '나대는 여자'로 찍히고 말았다. 그 후 내 의견이 반영되기 어려운 상황이면, 의견이 달라도 그냥 동의하게 된다. 지금은 성격이 무난하다는 평을 받는 편이다. — 42세, 취업 주부

오늘날 많은 여성이 학교, 기업, 공직 등에서 중요한 구실을 수행한다. 이들은 어려서부터 부모에게 아들과 똑같은 기대와 지원을 받으며 성장해 남성 못지않은 자의식과 능력을 갖추고 있다.

〈표 6〉 토론할 때 나와 다른 의견이라도 문제를 일으키지 않기 위해 아예 침묵한다

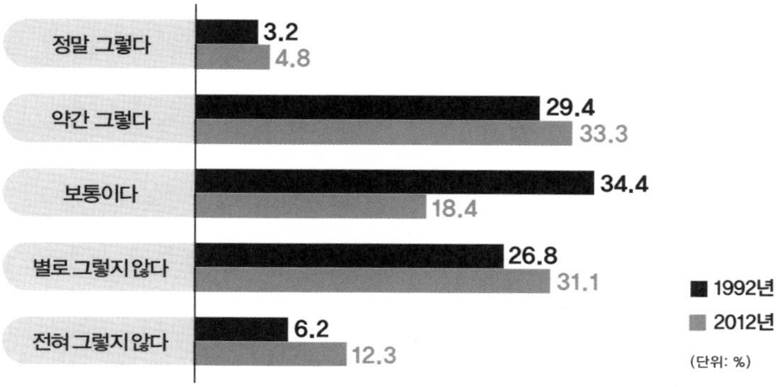

〈표 7〉 하고 싶지 않은 일도 다수가 결정한 경우에는 할 수 없이 따르는 편이다

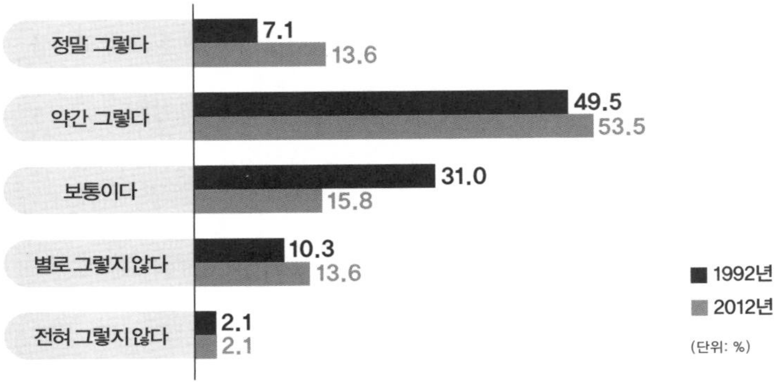

그럼에도 이들이 사회에 나와 배운 대로 행동하거나 일할 상황과 기회를 얻기가 쉽지 않다. 성역할 고정관념이 여전해 여성적인 태도와 행동을 요구하기 때문이다. 적극적으로 의견을 내놓거나 남자와 경쟁적으로 행동하는 여성을 두고 '나댄다'거나 '설친다'며 비난하는 것도 사회에서 규정한 여자다운 행동의 선을 넘어서지 못하게 하려는 것이다. 여성들은 비난을 피하기 위해 의도적으로 자신의 감정을 감추고 자신의 견해를 드러내지 않는다(〈표 6〉, 〈표 7〉).

여자의 삶은 '뒤웅박 팔자'가 맞다

결혼에 대한 생각에는 큰 차이가 없고, 일부 항목은 오히려 더 강화되었다. '여자 팔자 뒤웅박 팔자다.'(〈표 8〉), '나보다 능력 있

는 사람하고 결혼하기를 원한다.'(〈표 9〉)에는 60% 이상의 응답자가 그렇다고 했다.

나는 엄친딸, 알파걸이라 불릴 만큼 꾸준히 스펙을 쌓고 있다. 요즘 친구들 결혼 소식에 관심이 커졌다. 결혼이 인생의 성공을 완성시켜 줄 수 있다고 믿는다. 나는 매스컴에 오르내릴 정도로 능력 있고 유명한 남자를 만나 결혼하는 꿈을 꾼다. 전문직 남편과 고급 전원주택에서 명사들을 초대해 파티를 열고, 자선사업 등을 벌여 아프리카의 어린이에게 기부하는 영화 같은 삶을 살고 싶다. 그러려면 내가 먼저 최고의 조건을 갖추고 있어야 한다고 믿기에 오늘도 스펙 쌓기에 열심이다. — 26세, 미혼 직장인

음악대학을 졸업하고 의사와 결혼하는 것이 목표였다. 지도 교수의 추천으로 유학 갈 기회가 있었지만, 최고의 결혼을 위해 스펙 쌓기에 몰입했다. 성형수술로 미모를 관리하고 시부모가 원하는 혼수를 준비해서 의사 남편과 결혼에 골인 했다. 물론 남편이 원하는 것에 맞추느라 짜증 날 때도 종종 있지만, 이런 결혼 생활에 만족한다. 요즘 고3 아들 성적이 원하는 대학에 가기에는 턱없이 낮아서 잘나가는 족집게 강사들을 붙이느라 정신없다. 아들이 대학 못 가면 남편은 나를 탓할 것이 분명하다. 의사 부인이라는 지위를 유지하기 위해 내 욕구를 포기하고 남편과 아들의 뒷바라지를 하며 살고 있다. — 45세, 전업주부

〈표 8〉 '여자 팔자 뒤웅박 팔자'라는 말처럼 여자의 삶은 어떤 남자를 만나느냐에 따라 달라진다

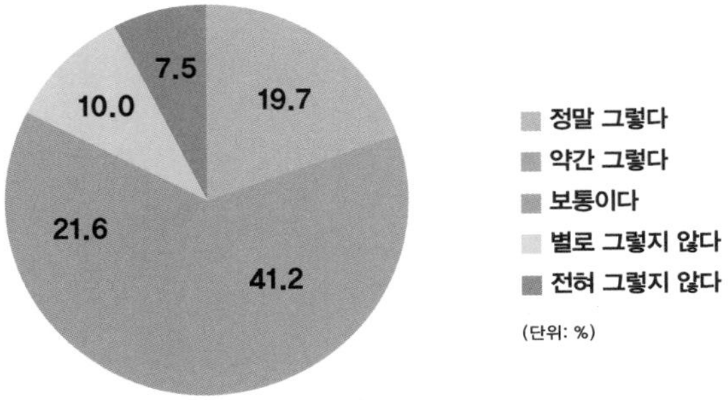

〈표 9〉 결혼은 나보다 (학력, 경제력 등) 능력 있는 사람과 하고 싶다

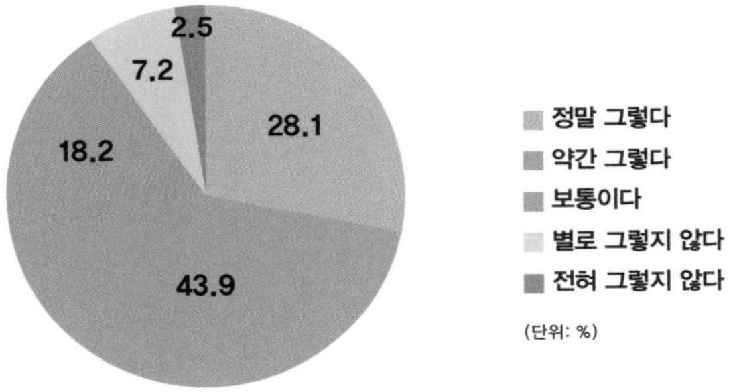

〈표 10〉 여자의 삶은 어떤 결혼을 선택하느냐에 달려 있다

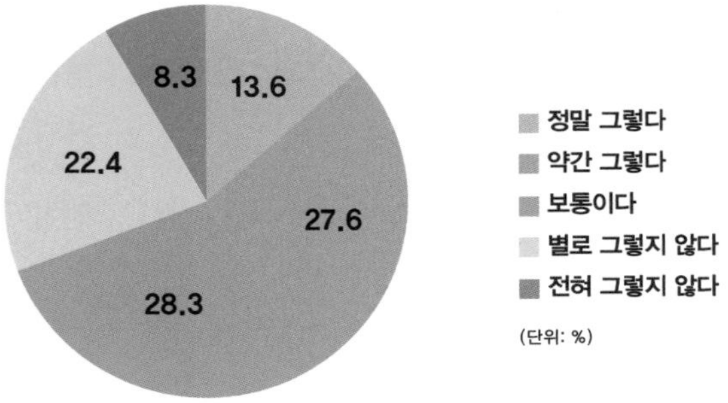

결혼은 인생을 1막과 2막으로 나누어 준다. 1막에서는 부모를 선택하지 못하고 어쩔 수 없이 주어진 삶을 살아야 하지만, 2막이 시작되는 결혼 생활에서는 내가 선택한 남편이 인생을 180도 바꾸어 줄 수 있다. 결혼 후에는 직장 생활을 절대 하지 않겠다. 돈 걱정 안 하고 편안하고 행복하게 살고 싶어서 심사숙고해서 배우자를 고르고 있다. — 32세, 미혼 직장 여성

나에게는 늘 엄마가 있었다. 엄마한테 의지하며 지금의 자리까지 왔고 엄마에게 잘해야 한다는 말을 귀에 못이 박히듯 들어 왔다. 엄마는 내 행복을 위해 최고의 남자를 찾고 있다. 올해 서른이 됐지만 아직도 나는 내가 원하는 남자를 만나지 못했다. 직장에서 회식을 해도 9시에는 꼭 집에 들어가야 한다. 엄마가 주선한 맞선 자리에 나가 남자를 만나 교제한 적이 몇 차례 있다. 가끔 내가 능력 있는 남자를 만나기 위해 사는 것 같다는 생각이 든다. — 30세, 미혼 직장 여성

'여자의 삶은 어떤 결혼을 선택하느냐에 달려 있다.'라는 항목에 대해 그렇다는 답은 20년 전과 비슷하거나 다소 많은 것으로 나타났다(〈표 10〉). 독립적이고 성공한 여성이 많아졌고 결혼은 필수가 아니라 선택일 뿐이라고 생각하는 여성들이 늘어났지만, 많은 여성들이 여전히 결혼에 인생의 성공을 걸어 두려고 한다. 이런 현실에는 여성의 사회적 성공을 좌절시키는 유리천장이 투영되어 있다. 신데렐라의 의존적인 삶이 어떤지를 잘 알고 있어

도 신분 상승과 안정적 생활을 얻기 위해 결혼을 자발적으로 선택하는 것이다.

규범과 전통은 상황에 따라 지킬 수 있다

규범과 전통에 대한 여성들의 태도는 가장 많은 변화를 보였다. 즉 규범과 전통을 따라야 한다는 데 반대하는 답이 많았다(〈표 11〉). '정말 그렇다' 7.6%, '약간 그렇다' 25.5%, '보통이다' 37.3%, '별로 그렇지 않다' 22.7%, '전혀 그렇지 않다' 6.9%로 나타났다. 긍정적인 답보다 특히 보통이라는 답변이 35% 이상을 차지해 상황에 따라 선택적으로 행동하는 여성이 더 많음을 읽을 수 있다.

'TV에서 적극적이고 자기주장이 강한 여성이 남편이나 시댁 어른과 갈등을 겪거나 직장에서 어려움에 빠지는 내용을 보면, 여자가 여자답지 못하니 당연한 결과라고 생각한다.'에 그렇다는 답이 19%로 나타났는데, 30%를 넘던 20년 전에 비해 크게 줄어들었다(〈표 12〉).

'여자 친구들 중에서 남자들과 잘 어울리고 자기 의견을 분명히 밝히는 여자는 여자답지 않다.'라고 생각하는 응답자는 6%에 불과했다(〈표 13〉).

이런 결과에서 확인할 수 있는 사실은, 여성들이 전통적인 여성의 역할에 대해 대체로 부정적인 태도를 보인다는 점이다. 독립적이고 자기주장이 강한 여성을 자신과 동일시하며 적극적으로 지지한다는 사실로 읽힌다. 그래서 TV에서 적극적으로 자기주장을 하며 성공을 이룬 여성에 공감하고 여성에게 불평등한

〈표 11〉 규범과 전통은 상황에 따라 지킬 수 있다

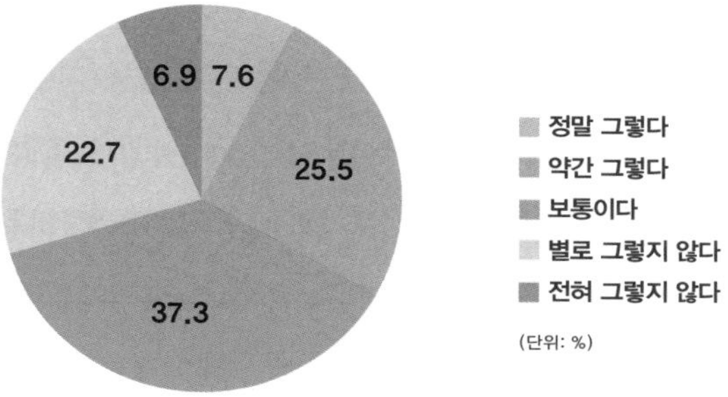

〈표 12〉 TV에서 적극적이고 자기주장이 강한 여성이 남편이나 시댁 어른과 갈등을 겪거나 직장에서 어려움에 빠지는 내용을 보면, 여자가 여자답지 못하니 당연한 결과라고 생각한다

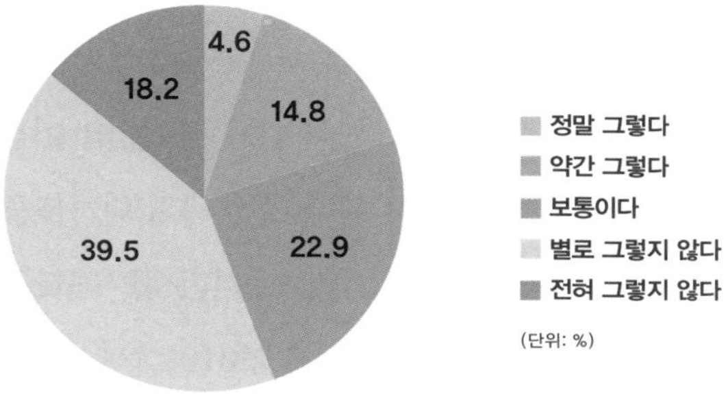

〈표 13〉 남자들과 잘 어울리고 자기 의견을 분명히 밝히는 여자는 여자답지 않다

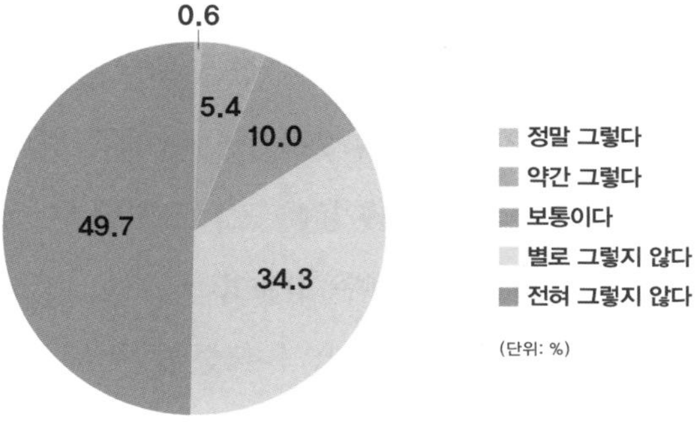

사회적 문제에 대해서는 의식적으로 분노한다. 하지만 자신이 직접 불평등한 상황에 처하면 주변의 시선을 의식하고 적당한 선에서 타협하거나 종종 자진해서 착한 여자로 행동한다. 여성들을 압박하는 사회적 통제들, 이를테면 진취적 여성에 대한 비난과 과소평가와 무시 등을 맞닥뜨렸을 때 여성에게 기대하는 성역할을 받아들여 이용하는 것이다.

일에서도 가정에서도 성공해야 한다

'여성은 가정을 돌보고 남성은 사회생활을 해야 한다.'라는 문항에는 20년 전에는 절반이 넘는 56%가 그렇다고 답했지만, 오늘날에는 20%만이 그렇다고 했으며 특히 44%는 전혀 그렇지 않다고 응답했다. 이 항목에 대한 극적인 변화는, 오늘날 여성의 삶을 지배하는 사회 변화에 적응하기 위해 얼마나 노력하고 있는지를 보여 준다.

> 나는 완벽한 엄마에 직장에서는 제 몫을 해내기 때문에 회사의 미혼 여성들은 나를 일과 가정을 완벽히 꾸려 가는 롤모델로 삼는다. 그러나 늦둥이 막내가 학교에 적응을 못하고 정서적으로 불안정하다는 진단을 받자, 뭐 대단한 일 한다고 집안일에 소홀하냐는 남편과 주변 사람들의 어이없는 질타에 서럽고 화가 치밀어 살아온 인생이 허무하다. — 44세, 취업 여성

> 13년의 연애 끝에 결혼을 했지만, 아이를 낳고 싶지 않다. 육아휴

직 등 가족 친화 제도가 갖추어졌다고 하는 직장에 근무하지만, 막상 임신하고 출산하는 동료를 보면 출산휴가 기간 이후 직장 생활이 버거워 보인다. 결혼한 지 5년이 넘어서자 가족과 주변 사람들이 아이는 언제 낳을 건지 물으며 은근 압력을 주지만……. 아이 엄마로서는 자신이 없다. — 40세, 취업 여성

모든 것을 혼자 다 해낼 수 없다는 것은 여성들도 잘 알고 있다. 그런데도 칭찬받는 착한 여자가 되고 두루 잘하는 능력 있는 슈퍼우먼이 되기 위해 온 노력을 바친다. 행여 자립할 능력이 있어도 남자나 남편에게 의지하려는 심리에는 착한 여자에게 따라오는 대가에 대한 기대가 깔려 있다. 홀로서기와 성공은 사실상 남자와 경쟁하는 두려움을 극복하는 것과 같다. 따라서 남성과 주변 사람들의 보호에서 자유로워지고 싶은 마음과 자립에 따르는 무거운 책임 사이에서 갈등할 수밖에 없다.

여성의 성공을 위해서는 출산, 육아, 가사 등에서 다른 사람들의 도움이 필수적이며 때로는 직장과 가정, 시집과 친정 모두의 눈치를 봐야 한다. 사회생활을 하면서 가족생활과 부모 노릇을 제대로 해낼 수 없기는 남성도 마찬가지다. 그런데도 여성은 일과 가정에서 성공할 수 있다는 신기루를 무모하게 좇는 '슈퍼맘', '억척맘', '골드미스' 등 사이비 슈퍼우먼의 삶을 살게 된다.

성에 대한 생각과 행동은 다르다

지하철 같은 '공공장소에서 성에 관련된 기사나 만화를 보고 싶

〈표 14〉 공공장소에서 성에 관련된 기사나 만화를 보고 싶어도 주변 사람을 의식해 참는 경우가 있다

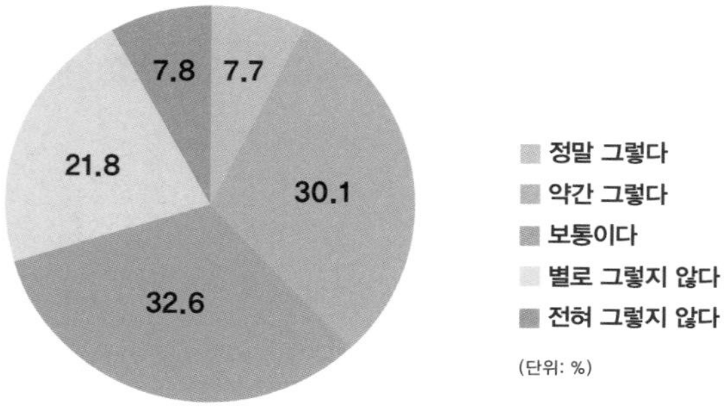

어도 주변 사람을 의식해 참는 경우가 있다.'는 문항에는 70% 이상이 그렇다고 답했다(〈표 14〉). 성에 관한 한 여전히 여성과 남성은 동일한 출발선에 설 수 없다. 연령, 학력, 성격과 상관없이 대다수 여성이 성에 대한 의식은 개방적이지만 행동은 비개방적이고 통제적이다. 아무리 과거에 비해 성이 개방된 사회라고 해도 조신한 여성을 선호하기 때문에 성적 관심을 삼갈 수밖에 없다.

〈표 15〉를 보면 '성관계는 남자가 먼저 요구하는 것이 자연스럽다.'는 데 보통이라고 답한 비율은 33.1%에 달한다. 여기에 주목해야 하는 이유는 그것이 긍정이든 부정이든 분명한 태도를 보여 줄 수 없는 내적 갈등을 나타내기 때문이다. 두 남녀만의 관계에서조차 성욕을 자유롭게 드러내지 못하는 것은, 헤픈 여자, 순진하지 못한 여자, 성을 밝히는 여자로 취급받을 것이 신경 쓰이기 때문이다. 다음 사례들에서 이 여성들의 속마음을 엿볼 수 있다.

〈표 15〉 성관계는 남자가 먼저 요구하는 것이 자연스럽다

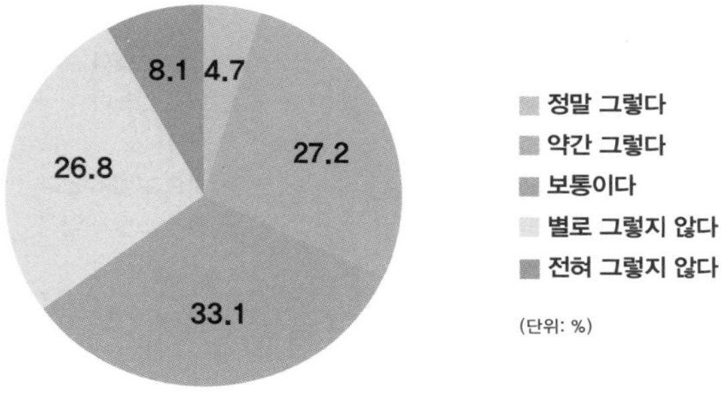

3년 동안 남자 친구와 동거하고 있다. 절친한 사람들은 알고 있지만, 직장에서나 나를 모르는 사람들에게는 동거를 알리지 않는다. 물론 부모님도 모른다. 혼전 성관계가 문제가 있다고 생각하지는 않지만 나를 쉬운 여자로, 정숙하지 못한 여자로 볼 것이 걱정된다. — 32세, 미혼 직장 여성

남편에게 같이 자고 싶다는 말을 하지 못한다. 거절당할까 두렵기도 하고 밝히는 여자로 생각하면 자존심이 상한다. 가끔 노골적으로 섹스하고 싶다고 말하고 싶다. — 42세, 전업주부

반면 '결혼 전까지 여자는 육체적으로 순결해야 한다.'는 14%의 응답자가 '전혀 그렇지 않다'고 답해 혼전 순결에 대한 강박관념에서 크게 벗어난 것을 알 수 있다(〈표 16〉).

〈표 16〉 결혼 전까지 여자는 육체적으로 순결해야 한다

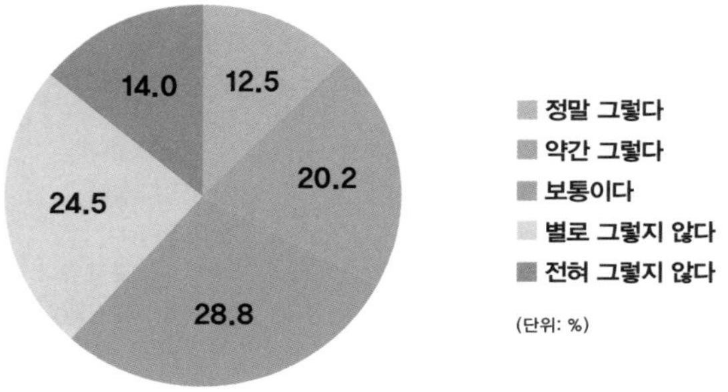

지금은 남자 친구가 없으며 아직까지 성관계를 가진 적이 없다. 결혼 전까지는 순결해야 한다고 믿는다. 얼마 전 남자 친구와 헤어진 것도 이 부분이 맞지 않아서였다. 친구들은 다들 내가 바보 같다고 한다. 주변에서 우습게 보는 것 같아서 이제 순결이나 섹스에 대한 이야기는 하고 싶지 않다. — 31세, 직장인

여자들이 뭘 원하는 건지 모르겠다. 무슨 생각을 하는지 답답하다. 요즘 남자들은 솔직한 여자를 좋아한다. 순결에 대해서도 마찬가지다. 스무 살 넘은 여자에게 혼전 순결을 기대하지 않는다. 나를 만나기 전에 있었던 일에 대해 간섭하고 싶지 않다. 아닌 척 내숭 떠는 건 가식적이다. — 31세 남자 대학원생

남성들은 내숭 떤다고 어이없어할 수도 있겠지만, 여성들은 자

신의 행동이 가식적이라고 해도 성에 대해 솔직하기 어렵다. 20년 전에는 성에 대한 이중 윤리를 그대로 따르면 그만이었다. 하지만 지금은 자기결정권을 주장하고 순결 이데올로기를 비판하는 등 성에 대한 가치관이 바뀌었다. 그래서 여성들은 촌스럽지 않게 성적으로 개방된 태도를 가져야 한다고 의식하는 동시에 타인, 특히 남성 앞에서는 순진한 여자의 모습을 보여 주어야 하는 딜레마에 빠진다. 이중적인 성 윤리와 개방적인 성 문화가 뒤섞인 사회에서 여성들은 어쩔 수 없이 시치미를 떼고 착한 여자를 가장하는 기술을 터득하는 것이다.

또다시 착한 여자로 살아가기

여자의 변덕을 두고 남성들이 여자의 마음은 알다가도 모르겠다고 하듯, 여성 스스로도 정체성을 찾지 못하고 혼란스러워한다. 착한 여자 콤플렉스가 없다고 말하는 여성들이 자발적으로 착한 여자처럼 행동하는 이유는 우리 사회가, 그때그때 상황이, 좋아하는 남자가, 주변 사람들이 착한 여자를 원하기 때문이다. 착한 여자가 되라는 사회적 요구가 여성들이 자신의 정체성을 드러내고 당당하게 살아가지 못하도록 막고 착하거나 착한 척하는 여자가 되도록 몰아간다.

오늘날 법과 제도의 변화가 여성에게 모든 가능성을 열어 준 것처럼 보이지만, 여성에 대한 사회의식은 지체되어 성역할에 대한 고정관념이 여전하다. 그 깊은 괴리 때문에 여성의 의식과 행동이 고정관념을 넘어서지 못하면서 신종 착한 여자 콤플렉스가 만들어진다. 착한 여자여야 할 때가 생기고 능력 있는 여자가 되어야 하며 나쁜 여자가 되고 싶기도 한데, 이런 다중적인 정체성 사이에서 여성은 자신이 누구이고 무엇을 해야 하며 어떤 존재여야 하는지 알 수 없어서 불안하다.

그간 우리 사회는 민주화와 양성평등화 과정에서 양육, 학교교육, 직업과 사회생활 속 다양한 성차별 문제들을 주목하며 남녀의 동등한 지위를 위한 프로젝트들을 시도해 왔다. 확실히 여성 문제는 20년 전보다 개선되었지만, 제도적 변화에 비해 의식의 변화는 굼뜨고 성차별적 관행은 질기게 남아 있다. 이와 같이 변화와 지체가 혼재하고 불완전한 양성평등 사회에서는 일관되지 못한 사회규범으로 인해 사회 구성원의 정체성 혼란이 야기된다. '착한 여자' 담론에서 여성의 사회화는 빼놓을 수 없는 문제다. 착한 여자로 길들여지는 여성의 사회화 과정은 답습된다. 다만 시대의 변화에 맞춰야 할 필요에 따라 새로운 특성이 더해지고 어떤 것은 약화되거나 강화될 뿐이다. 이런 변화의 원인들은 착한 여성의 사회화 과정을 세심한 시선으로 파헤치지 않으면 잘 보이지 않는다.

여성들이 '착한 여자의 가면'을 쓰는 동기에는 여성다움의 가면을 써서 사회적 비난을 피하려는 욕망이 숨어 있다. 이보다 좀 더 적극적으로 착한 여자의 여성다움을 전략으로 사용해 자신이 원하는 것을 성취하겠다는 동기 또한 부인하기 어렵다. 하지만 제 꾀에 제가 넘어가는 격이어서, 착한 여자로 행동해야 하는 가식적이고 힘겨운 삶이 기다릴 뿐이다. 이는 뼛속까지 착한 여자로 살아야 했던 과거 여성의 삶과 크게 다르지 않다. 오히려 의식이 깨어 있기 때문에 삶과 의식의 불일치에서 비롯된 정신적 피로가 육체적 고단함을 압도하게 된다. 결국 여성들이 살아가는 방편 혹은 성공의 전략으로서 착한 여자로 행세하는 동안 이미 벗어났다고 여겼던 착한 여자 콤플렉스에 스스로 되잡히고 만 셈이다.

착한 여자의 가면을 벗어 버리기란 쉽지 않을 것이다. 착한 여자 콤플렉스가 때로는 여성들 앞에 놓인 현실적인 장애물을 넘어서게 만들기도 하고 이런저런 작은 성취를 이루는 동력이 되곤 한다는 것을 경험했기 때문이다. 그럼에도 이미 여성들은 착한 여자가 되어야 한다는 강박관념 때문에 자신들의 행동과 생각이 심하게 옥죄고 있다는 사실을 분명히 느끼고 있다.

이제는 나 자신에게 착한 여자가 되어야 할 때다. 그러려면 먼저 타인들과 사회가 정의하고 요구하는 착한 여자가 아니라 스스로 착한 여자의 정의를 내리고 그 조건을 생각해 봐야 한다. 다음 세대, 내 딸아이는 어떻게 살고 어떤 사람이 되면 좋을지 생각해 보고 자신이 먼저 그렇게 살려고 노력하는 것이 착한 여자 콤플렉스를 벗어나는 출발점이 되어도 좋겠다.

3 / 신데렐라 콤플렉스

꿈을 꿀 때 우리는 꿈꾸고 있다는 사실을 모른다.

꿈을 한참 꾸고 있을 때, 우리는 꿈 안에서 해석한다.

깨고 나서야 꿈을 꾸고 있었음을 안다.

궁극적으로 깨어날 때만 우리는 이것이 완전히

꿈이었다는 사실을 알 수 있을 것이다.

– 장자

구원인가 성장인가: 신데렐라의 진화

신데렐라가 우리 사회에서 지금까지 줄기차게 관심의 대상이 된 이유는 분명하다. 그녀가 여성적인 아름다움의 상징인 동시에 예기치 않은 행운과 성공을 성취하는 구원 신화의 주인공이기 때문이다. 신데렐라의 미모와 착한 성격은 애인이나 아내로서 예쁘고 착한 여자를 추구하는 남성들의 취향을 만족시켜 준다. 또한 신데렐라가 왕자의 청혼을 받고 결혼하는 마법 같은 결말은, 능력 있고 멋진 데다 '나'만 바라보는 멋진 남성을 꿈꾸는 여성들의 로망이다. 남성과 여성 모두에게 신데렐라는 구원의 여성상인 셈이다.

부모 세대와는 달리 오늘날 여성들에게 학력과 직업은 삶을 영위하고 자립적 인간으로서 존재하기 위해 꼭 필요한 조건이다. 특히 지식과 학력, 경제력을 겸비한 '알파걸(엘리트 집단의 여성을 지칭하는 말)', '골드미스(높은 학력과 경제적 능력을 갖춘 미혼 여성)'와 자신을 구해 줄 왕자를 기다리는 신데렐라는 그야말로 현실과 동화의 차이만큼이나 무관해 보인다. 그래서 젊은 여성들에게 "당신은 신데렐라 콤플렉스가 있나요?"라고 묻는다면 의아해하는 표정을 지을지 모른다. 그런데 그 표정의 진의를 알려면 신데렐라가 어떻게 진화했는지부터 살펴야 한다.

신데렐라 이야기는 구원 신화에 그치지 않고 여성의 욕망과 선망을 자극하며 '신데렐라 판타지'로 거듭나고 있다. 신데렐라의 인생 역전이 여성의 성장 서사로 받아들여지기 때문이다. 요정의 '요술'을 통해 드레스와 유리 구두를 얻어 매력적인 여성으로 변신하고 왕자의 마음을 사로잡아 왕비가 되는 극적인 삶을 온갖 '노력'으로 불행한 현실을 극복하고 행복과 성공을 성취한 여성의 삶으로 여기는 것이다. 요정의 '요술' 대신 자기 '노력'으로 신분을 상승시킬 수 있다고 믿는, 자기 성장 서사의 탈을 쓴 구원 신화가 됐다.

설문 조사에서 '신데렐라에 대해 어떻게 생각합니까?'라는 질문에 '노력하기보다는 의존적이어서 남의 도움을 필요로 한다.'라고 답한 여성은 18.7%, '착하고 예쁜 덕에 복을 받는다.'라는 답은 25.7%인 반면 '스스로 어려움을 딛고 여자로서 행복한 삶을 산다.'라고 보는 의견은 47.2%로 나타났다. 여성들이 신데렐라와 여성 콤플렉스를 연결하는 것을 어색해할 만큼 신데렐라에 대한 시선이 달라졌다. 샤를 페로의 동화 〈신데델라〉보다는 "신데렐라는 어려서 어머니를 잃고요. 계모와 언니들에게 구박을 받았대요. 샤바샤바 하이샤바 얼마나 울었을까……." 이런 노랫말의 동요를 부르며 자란 요즘 여성들에게 신데렐라는 더욱 친근하며, '불쌍한' 신데렐라에서 지혜와 능력을 갖추고 성공한 여성을 본다.

신데렐라가 무능력하다고요? 그녀는 지혜롭고 참을성 있게 때를 기다릴 줄도 알고, 무엇보다 예쁘고 능력 있다고 생각해요. — 27세, 회사원 신데렐라요? 부러운 존재죠. 아무나 될 수 있는 건 아니잖아요? 일단 예뻐야 하고 돈도 있고 남자 눈에 드는 매력이 있어야 하잖아요. — 20세, 대학생

될 수 있다면 좋겠지만 나하곤 상관없는 동화의 주인공일 뿐. — 17세, 고등학생

네오신데렐라의 탄생

익히 아는 것처럼 신데렐라는 어머니를 일찍 여의고 새엄마와 언니들에게 구박을 받으며 궂은일을 도맡아하는 재투성이 아가씨다. 그녀는 착한 성품 덕분에 요정의 도움을 받아 왕자의 파티에 갈 수 있었고 미모와 적당한 크기의 발 덕분에 왕자의 마음을 사, 그와 결혼해 행복한 삶을 누리는 행운의 주인공이다.

1981년에 미국의 페미니스트 콜레트 다울링Colette Dowling은 《신데렐라 콤플렉스Cinderella complex》에 '여성의 신비'를 옹호하는 당시 사회 분위기에서 많은 미국 여성들이 신데렐라 콤플렉스에 빠져 있다고 썼다. 그녀가 말한 신데렐라 콤플렉스는 억압된 태도와 불안이 뒤얽혀 창의성과 의욕을 마음껏 발휘하지 못하고 일종의 미계발 상태에 묶인 여성의 심리를 뜻했다. 이때부터 신데렐라 콤플렉스는 "심리학적으로 자기 자신의 능력이나 인격으로 자립할 능력이 없는 여성이, 막연히 남성에게 보호되어

살아가고 싶어 하는 심리적 의존 상태"를 가리키는 말이 됐다.

1992년 설문 조사와 인터뷰를 통해 우리나라 여성이 내면화한 신데렐라 콤플렉스의 구체적인 양상을 살펴본 결과, 몇 가지 특징을 발견할 수 있었다. 첫째, 보호벽 환상이 있다. 자립하려고 할 때 짊어질 책임이나 긴장, 고독을 피하고 안락과 평안을 얻으려고 그 보호벽 뒤로 숨는다. 그래서 새로운 것을 접할 때나 어떤 것을 책임져야 할 때마다 그 상황을 미루고 포기한다. 둘째, 성공 공포가 있다. 무엇을 성취하려고 하거나 성취해야 할 때 두려움이나 불안을 느낀 나머지 주저하며 포기하려는 상태에 이른다. 실제로 하지 못하게 하거나 억압하는 대상이 없어도 미리 겁을 내거나 다른 사람이 해 주기를 바란다. 마지막으로, 결혼이 합법적 안전지대이며 경제적 보루라는 생각이 있다.

개인의 자율적 선택과 자기 계발이 요구되는 지금 시대의 여성들은 신데렐라 콤플렉스에서 정말 자유로울까? 자신의 능력과 노력으로 삶을 개척하고 있다고 믿는 현대 여성들은 더는 남성의 보호벽에 의지하지도, 성공을 두려워하지도, 또 결혼을 안전지대로 여기지도 않을 것 같다. 인터뷰에서 여성들은 과거 구원 신화의 신데렐라 콤플렉스는 사라졌다고 말했다. 과연 사라졌을까? 모습이 바뀌었을 뿐 여전히 잔존하는, 아니 오히려 새롭게 강화되는 것은 아닐까?

요즘엔 신데렐라 콤플렉스 같은 건 없어요. 그건 남자의 재력에 의지해서 아무것도 안 하고 살려는 여자를 가리키는 거 아니에

〈표 1〉 신데렐라에 대한 두 가지 시선

구원 신화		자기 성장 서사
유약하고 의존적 심리의 소유자다	신데렐라	행운과 성공을 성취한, 선망의 대상이다
예쁘고 착하다		아름답고 똑똑하다
다른 사람의 도움으로 행복해진다		기회를 놓치지 않고 노력하여 신분 상승을 이룬다

요? 근데 그만큼 재력 있는 사람을 만나고 싶으면 여자도 내놓을 게 있어야 한다는 거죠. 외모가 되든지, 능력이 되든지, 직업이 전문직이든지, 가문이 빵빵하든지 해야 하는데, 그런 조건이 서로 맞지 않으면 엮이기 힘들죠. — 30세, 회사원

〈표 1〉의 전혀 다른 두 신데렐라의 모습은 20여 년 동안 변화를 겪어 온 여성상을 보여 준다. 신데렐라 이야기가 구원 신화에서 자기 성장 서사로 탈바꿈한 것이다.

과거 TV 드라마나 영화에는 아름답고 착한 여자 주인공이 가난하고 어려운 환경 속에서 '부유하고' '잘생긴' 남자 주인공의 마음을 사로잡아 신분 상승을 이루는 내용이 주를 이뤘다. 신데렐라식 드라마는 성공할 길이 결혼밖에 없던 여성들을 신데렐라 콤플렉스와 여성의 신비에 묶어 두는 효과가 컸다. 남성의 사랑과 구애를 통해 인생을 반전시키는 구원 신화의 전형으로서 신데렐라의 삶은, 중산층 현모양처의 이미지로 유포되어 선망의 대상이 되었다.

지난 20년 사이에 우리 사회는 급변했고, 기대를 받으며 성장

한 수많은 '알파걸'이 등장했다. 시대 변화에 맞춰 드라마 속의 여주인공도 진화했다. 그들은 여전히 남자 주인공의 마음을 사로잡아 신분 상승에 성공하는 구원 신화의 주인공이지만, 그럼에도 눈에 띄게 달라진 면은 그들은 자신의 소중한 것을 버리지 않는다는 점이다. 그들은 남성이 내미는 엄청난 재력의 힘에도 굴하지 않고 자신의 일과 삶에 충실한 자존감을 보여 준다. 과거 신데렐라와는 확실히 다른 이들에게 우리는 '네오Neo신데렐라'라는 이름을 붙이려고 한다. 네오신데렐라는 결혼할 때는 '앨리렐라'로, 결혼한 뒤에는 '줌마렐라'로 변신하며 지속적으로 여성의 삶을 사로잡는다.

똑똑한 앨리렐라의 착각

네오신데렐라는 가난하지만 자존심 강하고 능력 있고 자신의 꿈과 가치를 추구하는 자기 성장 서사의 주인공으로, 언제라도 구원을 뿌리치고 자신의 필요에 따라 궁궐을 떠날 의지와 용기도 있다. 네오신데렐라는 정체불명의 무기력증과 의존성에서 벗어나 자신의 모습을 자각하고 좀 더 지혜롭게, 더 적극적이고 현실적인 방식으로 해결책을 찾아간다. 여기에서 또 다른 동화의 주인공, '이상한 나라의 앨리스'의 모험[1)]을 떠올릴 수 있다.

신데렐라는 주위의 막연한 기대와 용인 속에서 어떻게든 될 것이라는 소극적이고 수동적인 태도를 보인다. 그러나 이상한 나라에서 모험하며 자기 이야기를 하는 앨리스는 여러 면에서 신데렐라와 다르다. 이를테면 앨리스는 호기심이 많아 자발적으로

지하 세계에 들어간다. 그곳에서 어떤 상황이 닥칠 때마다 왜 그런가를 물으며 난관을 타개할 방법을 생각한다. 상황에 순응하는 신데렐라와는 사뭇 다르게 앨리스는 적극적이고 의지가 굳다. 특히 그녀는 자기가 있는 지하 세계가 '이상한 나라'라는 것을 자각하고, 때로는 알면서도 모르는 체하며 다음 일을 예측할 만큼 총명하다. 자신과 주변 환경의 변화를 재빨리 알아차릴 뿐 아니라 추리하여 해결책을 마련하기도 한다.

지금 한국 사회의 능력 있는 여성들은 앨리스처럼 복잡하고 중층적인 삶의 경계에 놓여 있다. 전통적인 성차별이 남아 있는 가운데 대중매체를 통해 '각성된 섹시즘'[2)]의 공세를 받으며 그야말로 '이상한 나라'에서 살아야 한다. 과거 신데렐라가 구원 신화 속 의존적이고 무능한 주인공이었다면 21세기의 네오신데렐라는 착한 성품과 매력적인 용모뿐만 아니라 자신의 능력과 똑똑함으로 왕자의 궁궐에 들어가기 위해 자발적이고 적극적인 자세로 노력한다. 더 나아가 그녀는 성공한 여성으로서 선망의 대상이 됐다. 이런 네오신데렐라에게 앨리스와 신데렐라를 합쳐 '앨리렐라'라는 이름을 주려고 한다.

예전의 신데렐라와 달리 앨리렐라는 스스로 판단해서 왕자와의 만남과 이별을 선택하고 결정한다. 영국 왕실의 케이트 미들턴은 평민 출신으로 왕가와 혼인하면서 흔히 21세기 신데렐라가 되었다. 하지만 그녀는 남편인 윌리엄 왕자와 연애할 때 결별을 선언하기도 하고 미모와 매너, 능력 등에서 당당한 여성의 면모를 보여 주기도 했다.

얼핏 앨리렐라 콤플렉스는 자율적 선택과 노력 때문에 콤플렉스가 아닌 것처럼 보인다. 그러나 근본적으로는 남성을 통한 보호벽 환상을 가지고 남성의 사랑과 경제력을 이용해 성공을 꿈꾸며 부유한 결혼이라는 안전지대를 선호한다는 점에서 신데렐라 콤플렉스와 닮았다. 설문 조사에서 '당신은 남자 친구나 애인(남편)이 있어도 재벌 2세가 청혼(또는 데이트 신청)을 한다면 어떻게 하겠습니까?'라는 질문에 '단호히 거절한다.'는 36.4%에 그친 반면, '남자 친구, 애인과 헤어지지 않지만 재벌 2세와 적절히 즐긴다.'가 21.3%, '남자 친구와 이별을 고려한다.'가 9.1%, '인맥 차원에서 관리한다.'는 34.2%였다. 경제적으로나 현실적으로 더 나은 삶과 성공을 욕망하는 앨리렐라들은 조건이 좋은 남성을 만나는 것에 대해 과거처럼 소극적이지 않고 적극적이고 개방적인 태도로 '관리'하고 '저울질'하면서 이를 노력과 투자로 간주한다.

무기력한 줌마렐라의 환상

여성의 삶을 억압하던 삼종지도나 칠거지악 같은 조선 시대의 규범을 요즘 여성들에게 들려준다면 분명히 황당하거나 어이없다는 표정을 지을 것이다. 그들에게는 정말 말도 안 되고 받아들이기 어려운 억압적 규범일 것이기 때문이다. 그런데 그런 규범의 억압은 이미 사라지고 역사 속에나 존재하는 것쯤으로 여기는 그들도 자신이 꿈꾸던 대로 자유롭게 살기 힘들어지는 순간이 온다. 바로 결혼 이후의 삶이다.

2012년 조사에 따르면 결혼을 계기로 직장을 그만두는 경우가 취업 여성의 42.3%나 되었다. 그중 단지 '결혼 때문'에 직장을 그만둔다는 응답이 86.9%로 다수를 차지했고, '배우자의 반대'와 '자녀 양육'이라는 답이 그 뒤를 이었다.[3)]

여성의 연령별 경제활동참가율은 미혼 시기인 25~29세에 71.4%로 가장 높다가 결혼과 출산·양육을 하는 시기인 30~39세에는 55%대로 떨어진다. 직장을 다니거나 전업 주부로 살아가는 30대 기혼 여성들은 과연 앨리렐라의 꿈을 이룰 수 있을까? 각고의 노력을 통해 쟁취한 결혼은 꿈에 그리던 삶과 같을까? 2012년 설문 조사 결과를 보면, 여성들이 처한 사회적 현실을 실감할 수 있다. '여성들이 구타 등 불행을 겪으면서도 이혼하지 못하는 이유는 무엇이라고 생각합니까?'라는 질문에 '아이들 때문'이라고 답한 비율이 66.1%로 가장 많고, '경제적 이유'라고 답한

〈표 2〉 여성들이 구타 등 불행을 겪으면서도 이혼하지 못하는 이유는 무엇이라고 생각합니까?

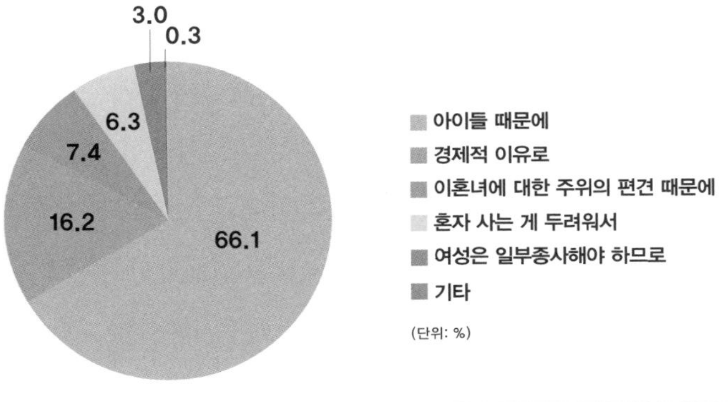

여성은 16.2%, '이혼녀에 대한 주위의 편견 때문에'는 7.4%, '혼자 사는 게 두려워서'는 6.3%였다.

신데렐라 이야기는 '왕자와 결혼하여 행복하게 살았습니다.'로 끝나지만 우리의 삶은 거기서 끝나지 않는다. 앨리렐라의 꿈에서 멀어져 결혼 생활과 육아의 부담으로 무기력하고 의존적이 된 기혼 여성들에게 꿈을 꿀 기회가 또 주어진다. 비현실적이고도 화려한 '줌마렐라'의 몽상이다. 과거와 달리 30, 40대 기혼 여성들이 사회의 주목을 받으며 그들에게 대중적 수식어가 늘 따라다닌다. 이들은 무기력하고 이중적인 상황에서 벗어나고 싶어 하는 세대다.

2000년대 드라마에서 미혼 남녀의 연애담보다 더 흥미를 끈 것은 줌마렐라 이야기다. '줌마렐라'는 남편에게 무시당하며 구박받거나 남편의 배신, 이혼의 아픔을 뒤로하고 '성공한 매력남'과 맺어져 새로운 행복을 구가하는 기혼 여성을 가리키는 신조어다. 대개 30대에서 40대 초반의 평범한 그녀들은 남편과 자녀를 위해 억척스럽게 살았지만 자신을 알아주지 않는 남편과 시댁 식구들에게 무시당하고 배신당한다. 이런 그녀들을 연민하며 곁에서 돕고 물심양면으로 챙겨 주다가 결국 결혼하는 남성들은 젊고 예의 바르며 경제적으로나 사회적으로 성공한 매력적인 남자다. 평범한 아줌마가 또다시 남자와 결혼함으로써 성공을 이루고 이렇게 줌마렐라 신화가 태어난다. 신데렐라가 좀처럼 이룰 수 없는 환상이듯, 줌마렐라도 대중매체가 만들어 낸 환상에 지나지 않는다. 그러나 중요한 것은 줌마렐라 되기가 현실적으로 가능한지 여부보다 줌마렐라에 여성들이 열광하는 현상이 그들의 결혼 생활이 어떤지를 방증한다는 점이다. 교육을 통해 열린 사고와 개방적인 삶의 태도를 갖게 되었지만 가부장적인 시댁과 보수적인 남편으로 인해 괴리감과 실망에 빠진 여성들에게 줌마렐라는 새로운 돌파구로 나타났다. 그리고 '적극적인 성향에 경제적 능력까지 갖춘 아줌마지만 신데렐라처럼 아름답고 진취적인 기혼 여성'을 가리키는 말이 되었다.[4] 결혼 생활의 무기력증과 단조로움에서 벗어나 적극적이고 진취적인 삶을 살아가려는 여성들에게 줌마렐라는 설령 환상이라고 해도 피하고 싶지 않은 꿈이다. 국내 포털 중 줌마렐라라는 이름을 붙인 카페와 블로그가 적지 않고, 그런 공간에는 지적·감성적 재능이 있는 젊은 엄마들이 취미·살림·요리·육아·패션 등에 관해 쏟아 낸 정보와 글이 넘친다.

줌마렐라의 환상은 성공한 여성을 부러워하거나 성공하기 위해 적극적으로 나서는 여성들이 모두 갖고 있다. 얼마 전만 해도 남편의 승진을 위해 암암리에 활약을 펼치는 지혜로운 아내를 '내조의 여왕'이라고 부르며 열광했는데, 이제는 가사와 양육의 어려움을 감내하고 남편과 겪는 갈등 속에서도 회사에 충성하는 전문직 여성에게 환호한다. 이 능력 있는 전문직 여성에게 잘생기고 멋진 남자가 다가와 불행한 결혼 생활에서 건져 내고 또다시 행복을 안겨 준다. 실현 가능한 이야기인 것같이 보이는 착시는 줌마렐라의 환상이 현실 속에 안개처럼 드리워져 있기 때문이다.

신데렐라는 이제 어둡고 무거운 콤플렉스의 주인공이 아니라 긍정적이고 신화적인 판타지의 주인공이다. 이제 신데렐라에 대한 인식의 변화를 살펴보면서 여성들이 내면화한 신데렐라 콤플렉스의 진짜 면모를 드러내보자.

취집, 새로운 '보호벽' 환상

20대 여성에게는 '꿈'이 있지만 그 꿈이 커질수록 현실의 벽도 높아진다. 일례로 '홀로 서기'를 상징하는 '홀로 여행'은 젊은 여성들의 로망 중 하나다. '걸어서 지구 세 바퀴 반'을 돈 여성의 여행기가 장기 베스트셀러 목록에 오르기도 한 시대다. 그러나 여행에 대한 열망만큼 실제로 여성이 혼자 여행을 떠날 여건이 마련되었는가에 대해서는 회의적이다. 이번 설문 조사에서 '혼자서 여행을 가 본 적이 있는가?'라는 질문에 '없다'는 답이 67.8%, '있다'는 답은 32.2%였다. 가지 못하는 이유로는 '혼자 가기가 두려워서'라는 답이 48.7%였다. 최근 곳곳에서 일어나는 성폭력과 여성에 대한 '묻지마 살해' 같은 사건이 여성의 두려움을 키우고, 이런 두려움으로 활동에 제약을 받게 된다.

취업은 자아실현을 위한 선택이 아니라, 생존을 위한 필수 조건이다. 지금 20대 청년들은 대기업에 들어가거나 최고의 스펙을 갖추지 않으면 사회에서 루저로 낙인찍히기 십상인 반면, 20대 태반이 백수라는 뜻을 담은 '이태백'이라는 말이 유행하고 이들

〈표 3〉 2013년 성별 교육 정도에 따른 경제활동 참가율

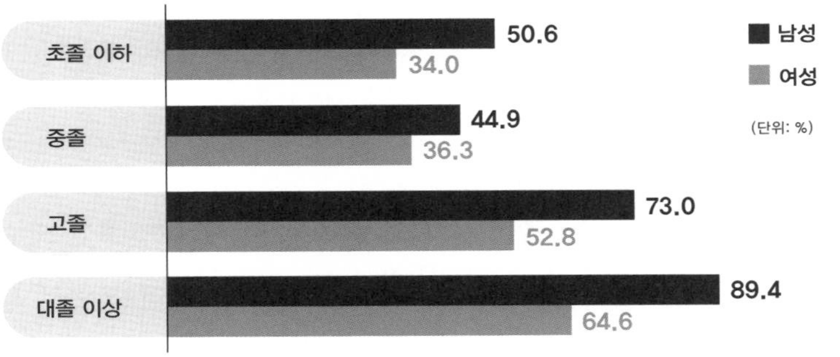

의 현실을 빗대 '88만원 세대'·'삼포 세대'라고 부른다. 게다가 여성은 취업 전선에서 남성에 비해 더 높고 많은 벽에 에워싸여 있다. 〈표 3〉을 보면 학력이 대졸 이상인 여성들의 경제활동참가율은 64.6%로 89.4%인 같은 학력의 남성보다 24.8%나 낮다. 또 여성 취업자 중 임금 근로자의 비율은 계속 늘고 있지만 남성에 비해 비정규직과 일용직 비율이 훨씬 높다.[5]

여성은 가정과 학교의 울타리를 벗어나 사회에 진출하는 순간 '여자'라는 성의 꼬리표를 달고 수많은 장애물을 만나게 된다.

> 딸이라고 해서 차별받은 기억은 없어요. 오히려 부모님은 제게 기대가 크셨던 거 같아요. 그 기대에 어긋나지 않으려고 노력했고요. 어릴 땐 공부만 잘하면 다 되는 건 줄 알았죠. 좋은 대학만 나오면 취업도 문제없을 거라고 믿었어요. 부모님 말씀도 그랬고요. 졸업 후 막상 취업을 하려고 보니 실력보다는 여자라는 사

실이 장애가 되는 것 같아요. 여자는 먼저 외모더라고요. 살도 빼야 하고 이미지 메이킹도 해야 하고 섹시해야 하고 옷도 잘 입어야 하고. 명품 사 줄 만한 사람과 연애하려는 친구들이 이해돼요.

— 29세, 취업 준비생

실제로 힘겨운 대학 입시를 통과해 명문대를 들어갔다고 해도, 졸업을 앞두고 어렵게 취업한다고 해도 여성은 열악한 근무 환경, 급여 수준 탓에 취직 대신 '취집'을 꿈꾸게 된다. 게다가 대부분의 부모들은 모순되게도 귀하게 키운 딸이 돈을 벌기 위해 고생하는 것을 바라지 않는다. 딸에 대해서는 '그래도 여잔데, 남자도 아닌데, 고생하느니 시집이나 가지.' 하고 생각하는 것이다. 청년 실업 문제로 온 사회가 들썩일 때도 딸을 가진 부모들이 '그래도 내 아이는 딸이라서 다행'이라고 안도하는 것은, 그들의 사고 밑바닥에 아직도 여성은 결혼이라는 보루가 남아 있다고 생각하기 때문이다. 장래 남편이 생계 부양자로서 딸을 '먹여 살려 줄 것'이라는 전통적 성역할 고정관념을 작동시키는 모순된 기대 심리인 것이다. 이런 기대는 모순된 현실에서 생긴다. 부모들은 자신들이 겪어 보았기 때문에 익히 알고 있는 성차별 사회에서 '여자는 뛰어 봤자 벼룩'이라 여기며 유리천장에 가로막힌 힘든 길을 딸이 가지 않기를 바란다.

이런 현실에서 실제로 여성들 사이에는 힘든 취업과 직장 생활 대신 시집가서 전업주부로 취업한다는 '취집'이라는 새로운 현상이 생겨났다. '취집녀'란 남편에게 얹혀사는 여성을 무능력하다고 비하하는 말이지만 자신의 미모나 성적인 매력을 무기 삼아 재력 있는 남성을 만나는 일에 전적으로 투자한다는 의미에서 무능력하다고만 볼 수 없다.

이번 설문 조사에서 '반드시 결혼을 해야 한다고 생각합니까?'라는 질문에 '아니다'라는 답은 66.8%로 압도적이다. 1992년 조사에서 '꼭 할 필요가 없다'가 32.9%, '반드시 해야 한다'가 66% 이상이었다는 점을 떠올리면 여성들의 결혼관이 크게 변했다고 볼 수 있다. 이들의 결혼은 이제 당위가 아니라 선택이다. 그리고 그러한 결혼을 꼭 해야 하는 이유에 대해 '편안하고 안정된 삶을 위해서'라는 답은 35.5%에서 41.4%로, '인생에 꼭 필요한 과정이므로'라는 답은 28.5%에서 41.4%로 증가했다(〈표 4〉).

많은 여성이 편안하고 안정된 삶을 위해 전략적으로 취집을 선택한다고 볼 수 있다. 여성들은 자기 안의 신데렐라 콤플렉스를 부정한다. 하지만 아직도 변하지 않은 남성 중심 사회라는 현

〈표 4〉 결혼을 꼭 해야 하는 이유는 무엇이라고 생각합니까?

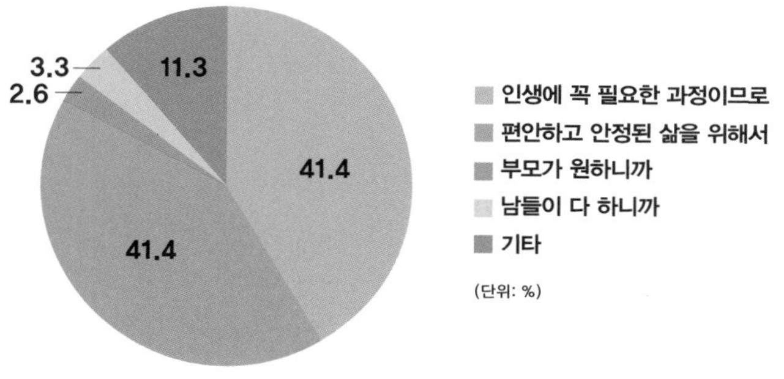

실의 벽에 부딪쳐 원하는 삶의 진로를 찾기 힘들고 취업과 승진도 어렵기만 할 때, 여성은 취집이라는 새로운 보호벽 환상을 통해 신데렐라 콤플렉스의 그림자를 기꺼이 내면 깊숙이 받아들인다.

성공 공포에서 성공 열망으로

과거에는 여성의 사회적 성공을 부정적인 것으로 생각했다. 그래서 억척스럽게 일해 성공한 여성은 여성답지 않다며 '억순이'나 '또순이'라는 별명으로 비하하기도 했다. 남성적 사회 조직에 뛰어들어 성공한 여성을 소수자요 이방인이라는 의미에서 '홍일점'이라고 불렀다. 이런 상황에서 여성은 능력이 있어도 무엇인가를 성취하려고 하거나 성취해야 할 때 두려움이나 불안을 느낀 나머지 주저하며 포기하려는 상태에 이르는 '성공 공포'를 경험한다. 실제로 못 하게 하거나 억압하는 대상이 없는데도 지레 두려워하며 아무것도 못 하고 누군가가 대신 해 주기를 바라는 억압 심리에 빠진다.

지금은 상황이 다르다. 여성의 성공에 대해 긍정적이며 여성이 성공하는 데 무엇이 장애요인이고 무엇이 필요한지에 대해서도 의식하고 있다. 이번 설문 조사에서 '매스컴에서 성공한 여성을 보면 어떤 생각이 듭니까?'라는 질문에 '여성의 능력이 출중하여 얻은 결과'라는 답이 78.7%로 압도적이었다(〈표 5〉). '여성이 직업적으로 성공하는 데 가장 불리한 것은 무엇'인지 물었더니 '남성 중심적인 조직'이라는 답이 44.2%, '여성 스스로의 소극성'이라는 답은 23%, 자신감 결여는 13.2%, '남존여비 사회'라는 답이 13%, 성공에 대한 공포는 1.8%였다(〈표 6〉). 여성 자신의 문제보다는 남성 중심적 조직이나 여성이 성공하기에 불리한 사회에서

〈표 5〉 매스컴에서 성공한 여성을 보면 어떤 생각이 듭니까?

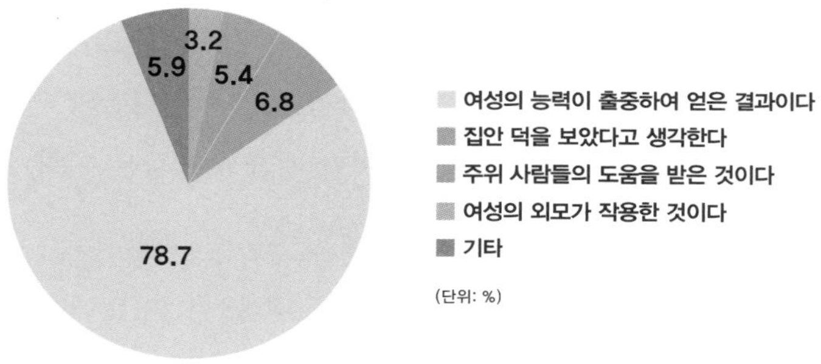

〈표 6〉 여성이 직업적으로 성공하기 위해 가장 불리한 것은 무엇이라고 생각합니까?

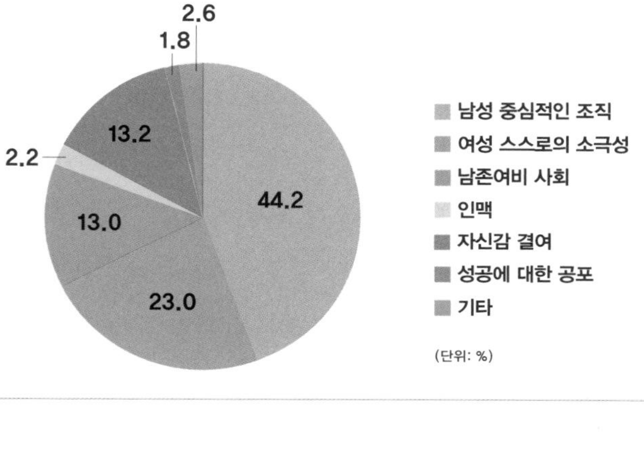

원인을 찾는다고 볼 수 있다.

그밖에 '여성이 직업적으로 성공하기 위해 가장 필수적인 요건은 무엇이라고 생각합니까?'에 대해 64%가 '업무 능력'이라고 답한 것도 성공을 확신하고 스스로 삶을 책임지려고 하는 여성들의 강한 의지를 반영한다고 볼 수 있다. '여성은 아무리 뛰어나도 남편보다 더 높은 연봉이나 직위, 학위를 갖는 것은 바람직하지 않다.'라는 항목에는 응답자의 84.9%가 '그렇지 않다'고 답했는데, 이는 오늘날 여성들이 그 어머니 세대와는 달리 자신의 성공을 자연스럽게 여기고 있음을 보여 준다.

과거에 능력 있는 여성들은 사회가 원하는 여성다움과 어긋나는 성공에 대한 공포가 있었다. 하지만 지금 여성들은 기회가 있다면 성공하려고 하는 열망이 있는 것이다.

신데렐라의 뒷모습을 비춰 주는 된장녀

사회는 여성의 성공과 변화를 어떻게 받아들일까? 최근 남성들 사이에 '잘난 여자들 탓에' 성공의 기회를 빼앗긴다는 생각이 퍼져 있다. '남자라고 봐주는 것도 없이 똑같이 경쟁하면서' 연애와 결혼에서 남성이 짊어지는 책임, 이를테면 데이트 비용·기념일 선물·결혼 비용 등이 과하다고 여겨 역차별을 운운하며 여성부 폐지를 주장하거나 여성 혐오를 표출한다. 여기에 대중매체도 가세해 남성의 힘든 현실이 여성 탓인 양하며 남성의 분노와 불안감을 부추긴다. '○○녀'의 원조 격인 '된장녀'는 '신데렐라'와 동전의 양면을 이룬다. 주로 남성들이 입에 올리는 된장녀는 남성의 경제력에 의존해 과소비하는 젊은 여성을 비하하는 말이다. 이 말은 경제활동을 하지 않고 경제력도 없으면서 여자라는 이유만으로 남성에게 기대어 소비생활을 하고 배려받기를 바라는 여성들의 속물근성에 일침을 놓기도 했다. 하지만 사회 문화적인 여성 혐오의 도화선이 되어 사이버공간과 대중매체를 통해 '○○녀', '○여사', '○○아치' 같은 말이 급속히 퍼졌다. 여성을 비하하고 혐오하는 호명에는 남성을 방해하며 괴롭히고, 민폐를 끼치고, 여자인 것을 벼슬처럼 누리는 저속하거나 몰상식한 집단으로 여성들을 동질화한다.

이런 현상은 여성들이 처한 미완의 변화 속에서 열악한 현실을 왜곡하고 성차별의 문제를 은폐한다. 여성 혐오 현상은 신자유주의 시대에 무자비한 퇴출 대상이 된 남성들의 사회적 공포를 젠더 문제로 치환한다. 남성도 여성도, 성공한 여자들이 직장에서 퇴출된 남성 노동자의 자리를 뺏은 것이 아니라는 사실을 알고 있다. 그런데도 불황기가 되면 위축된 남성성을 되살리기 위해 드센 여자들에 대한 분노를 표출하곤 한다. 버지니아 울프 Adeline Virginia Woolf가 《자기만의 방A Room of One's Own》에서 한 말처럼 여성은 언제나 남성을 과장되게 비춰 주는 거울인 것이다. 여성에 대한 지배 환상은 상처 입은 남성성을 위로하는 손쉬운 방법이다. 이런 문화 현상은 왜 여성 CEO가 1%도 안 되는지, 왜 여성들의 성공 열망이 허세와 가식의 자기 치장으로 이어질 수밖에 없는지 등 사회 시스템에 대한 본질적인 질문을 봉쇄해 버린다. 된장녀를 비아냥거리는 동안 여성의 성공 열망이 뒤틀리

〈표 7〉 변화와 불변 사이의 여성

변화	불변	의미
꿈과 능력을 키워라 성취의 욕망은 죄가 아니다	빠르고 좋은 길은 능력 있는 남성을 만나는 것이다	여성 삶의 현실과 의식 간의 괴리를 무마
날개를 펴고 비상하라!	여자가 너무 높이 오르면 매력이 없다	여성의 지위 변화를 적당히 반영
여자도 능력을 갖추어야 한다	여성다운 외모와 여자로서의 역할도 중요하다	전통적인 성역할 고정관념 고수

고 좌절되는 현실에 대해서는 아무도 질문하지 않는다.

결혼 시장에서 낭만적 사랑을 꿈꾸다

과거에 여성이 성인 대접을 받을 수 있는 삶의 방법이자 유일하게 합법적인 도피처는 결혼이었다. 그 결혼이 행복하든 불행하든 꼭 해야 했고, 시집을 보낸 것으로 부모는 딸에게 해 줄 일을 다 했다고 생각했다.

앞에서 본 것처럼, 2012년 조사에서 결혼하지 않아도 된다고 답한 여성의 비율은 20년 전에 결혼을 반드시 해야 한다고 답한 여성의 비율과 같다. 20여 년 만에 결혼에 대한 견해는 완전히 역전되었다.

실제로 우리 사회에서는 만혼이 진행 중이다. 2011년 통계청 혼인 통계에서 인구 1000명당 혼인 건수인 조혼인율은 6.6건이고 평균 초혼 연령은 남자 31.9세, 여자 29.1세로 나타났다. 20여 년 전인 1990년의 조혼인율 9.3건 및 남자 27.8세, 여자 24.8세였던 평균 초혼 연령에 비하면 만혼율이 크게 높아진 것이다. 결혼 적령기라는 말은 거의 사라졌고, 과거 여성들이 결혼을 통해 남편에게 경제적으로 의존했던 삶에서 이제는 적절하고 대등한 결혼 상대자가 나타날 때까지 자주적이고 독립적인 삶을 추구하는 것처럼 보인다.

이번 설문 조사에서 결혼 상대자에 대한 생각을 묻는 질문에서도 '남성이 능력만 된다면 12세 이상 차이가 나도 괜찮다'는 항목에 대해 7.3%가 '정말 그렇다', 15.2%가 '약간 그렇다', 26.9%는 '보통이다'라고 답했다. 또 배우자의 중요한 조건을 순서대로 세 가지 들라는 항목에는 1순위와 2순위는 모두 '성격'으로 나타났고, 3순위는 '경제력'이었다. 또 설문에 참여한 기혼자에게 '배우자와 결혼을 결정할 때 무엇을 가장 중요하게 생각했습니까?'라고 물었을 때 답은 〈표 8〉과 같았다.

그런데 흥미로운 것은 이러한 결혼과 배우자에 대한 기대와 현실 사이에는 차이가 있다는 점이다. 현실적인 결혼관에 대한 질문에는 지극히 명쾌하고 현실 순응적인 답을 했다. '여자 팔자 뒤웅박 팔자라는 말처럼 여자의 삶은 어떤 남자를 만나느냐에 따라 달라진다.'라고 생각하는 응답자가 82.5%나 됐으며 '여자는 결혼 잘 하는 것이 사회에서 성공하는 것보다 좋다.'라고 답한 사람은 69.5%였다. '결혼은 나보다 능력 있는(학력, 경제력 등) 사람과 하고 싶다.'라는 문항에 '정말 그렇다'고 답한 사람은 28.1%,

〈표 8〉 배우자와 결혼을 결정할 때 무엇을 가장 중요하게 생각했습니까?

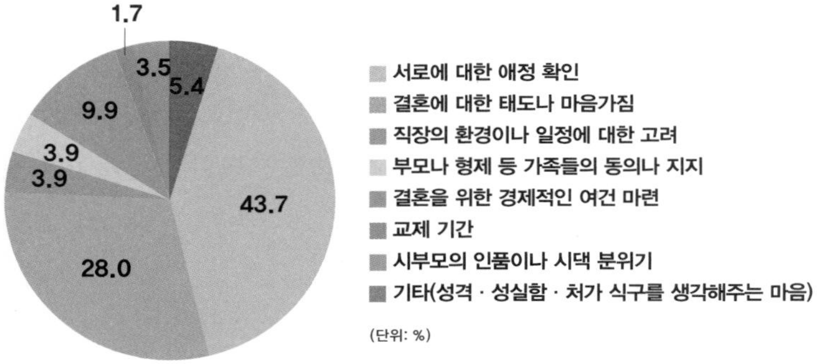

'약간 그렇다'고 답한 사람은 43.9%나 됐고, '그렇지 않다'는 답은 9.7%에 지나지 않았다.(2장 〈표 8〉~〈표10〉 참조)

소설 《낭만적 사랑과 사회》의 주인공의 숙원은 상류층에 입성하는 것이었다. 백화점 할인 판매 때 허접스러운 옷을 골라 입으며 중산층임을 자부하는 엄마처럼은 살지 않겠다고 다짐하고, 국산 차는 위험하다고 '뉴비틀'로 바꿔 주는 부자 아빠를 가진 친구와 자신을 비교한다.

> 내가 조그만 무역 회사의 여사무원이 되어 나이 들어 가거나 물간 생선회와 식은 LA갈비찜이 포함된 싸구려 뷔페를 피로연으로 결혼식을 올릴 때, 혜미는 전혀 다른 곳에 있을 것이다. 밀라노에서 패션 공부를 할 수도 있고, 한강이 내려다보이는 오십 평짜리 빌라트에 신혼살림을 차릴 수도 있었다. 나는, 나는 다르다. 나는

혼자 힘으로 이 척박한 세상과 맞서야 했다. 진정으로 강한 여성이 되어야만 하는 것이다. — 정이현, 《낭만적 사랑과 사회》[6)]

신데렐라는 손 놓고 가만히 앉아서 신데렐라가 된 것이 아니다. 그녀는 이상한 나라에 떨어진 앨리스처럼 자신의 처지를 파악하고 인생의 궁지에서 벗어나기 위해 정신을 바짝 차리고 노력한다. 여성을 위한 자기 계발서에는 적극적으로 '꿈을 이루는 여자'로 변신한 신데렐라가 등장하고 그녀의 고단한 현실은 '백설공주보다 신데렐라가 아름다운 이유'가 되기도 한다.

백설공주는 주어진 행복에 만족하지만 신데렐라는 도전을 통해 행복을 쟁취한다. 왕자와 공주가 결혼하는 것은 당연하다. 유유상종해 결혼하는 것은 예나 지금이나 다를 바 없다. 그러나 신데렐라는 넘보기 힘든 남자를 넘보고 도전 끝에 자신의 조건을 넘어선다. 백설공주의 행복이 물려받은 것이라면 신데렐라의 행복은 자신이 쟁취한 것이다. 이것이 우리가 백설공주보다 신데렐라에게 박수를 보내야 하는 이유다. 당신이 백설공주가 아니라면 신데렐라를 꿈꿔라. 노력 여하에 따라 당신은 신데렐라로 거듭날 수 있다. — 김나정, 《신데렐라가 백설공주보다 아름다운 이유》[7)]

앨리렐라들은 자신의 인생을 스스로 디자인하고 가꿔 남보다 행복하고 성공적인 삶의 고지를 정복하고야 말겠다는 의지와 욕망이 충만하다. 하지만 현실은 욕망에 비해 언제나 초라하다.

커플매니저는 예전과 달리 남녀 모두 '경제력'이 최우선이라고 했다. 취업이 늦어지면서 부모의 경제력에 의존하는 현상이 심해진 것이 이유였다. 단, 남녀의 사정이 조금 달랐다. 남성의 경제력은 남성 자신의 직업과 연동됐고 그 직업은 학벌과 가정환경과 자연히 비례했다. 그러나 여성은 자신의 직업과 연봉이 중요하지 않았다. (……) 남성이 여성에게 요구하는 것은 집안의 경제력, 나이, 외모, 학벌이었다. 대신 요즘 남성들은 예전 남성들처럼 여성의 성형을 민감하게 받아들이지도 않는다고 커플매니저는 전했다.

—《한겨레》, 2013. 1. 4[8)]

2012년을 기준으로 우리 사회의 결혼 중개업계는 지난 10여 년간 연평균 성장률이 15%로 1064개 업체에 이르고, 시장 규모는 1000억 원, 회원 수는 11만 명에 달한다. 결혼 중개 시장이 커지면서 이와 관련한 피해도 늘고 있다. 한국소비자원에 접수된 결혼 중개 업체 관련 불만이 2012년 8월 기준으로 2071건에 이른다.[9)] 결혼 중개 시장은 사회적 지위와 스펙 등 조건이 맞는 배우자를 만나려는 욕구로 팽창했다. 특히 회원 가입비를 더 내면 조건이 더 나은 배우자를 만나게 해 준다는 권유로 일종의 신분 세탁이 벌어져 중개 시장이 확장된다. 심지어 정부 산하단체의 결혼 중개 사이트인 인구보건복지협회 결혼지원센터에서 만든 회원 등급표가 공개되어 세간의 논란이 된 적이 있다.[10)] 이 등급표는 가정환경지수와 학력지수를 만들어 결혼 시장의 선호도에 따라 다양한 등급을 매겨 놓았다. 이를테면 가정환경지수는 부모의 직업 및 생존 여부와 재산 등을 기준으로 삼고, 학력지수는 대학교와 학과에 따라 등급을 나누었다. 논란이 거세지자 '만나고 싶은 이성을 쉽게 만나기 위해서 검색하고 분류를 하는 과정에서 빚어진 오해'라고 해명했지만 결혼 시장의 현실을 적나라하게 보여 주었다.

설문 조사 결과를 통해 여성들이 결혼에 대한 현실적인 요구와 이상이 상충하는 이중적인 결혼관을 지니고 있음을 알 수 있다. 여성 대다수는 결혼을 꼭 해야 한다고 생각하지 않지만 인생에서 필요한 과정이며 편안함과 안정을 누리기 위한 것으로 생각한다. 그래서 어머니 세대처럼 '여자 팔자는 뒤웅박 팔자'라는 속담에 큰 거부감이 없으며 어떤 남자를 만나 결혼하는가가 삶의 성공 여부를 결정짓는다고 여긴다. 사회경제적 성공을 위해서는 능력과 재력이 있는 남성과 결혼해야 한다고 생각하는 것이다. 그러나 현실적인 결혼관과는 달리 이상적인 결혼관 안에서는 배우자의 성격이나 신뢰와 사랑이 경제력보다 중요하다고 생각한다. 결혼은 서로 애정을 확인하기 위한 것이어야 한다고 본다. 원하는 조건이 맞는다면, 그 조건에 반드시 '사랑'이 더해져야 완벽한 결혼이라는 것이다.

《낭만적 사랑과 사회》에서 평범한 집안의 딸 유리는 척박한 세상을 살아갈 강한 여성이 되려고 다짐한다. 그녀는 연애에서 끝나는 것이 아니라 반드시 결혼까지 할 수 있는 조건 좋은 상대를 찾는다. 그리고 '부유한 집 막내아들'이자 '그의 아버지의 계획에 따라 올해 겨울방학에 꼭 결혼을 해서 내년 봄부터는 가정을 이루어 안정된 상태에서 학업을 이어 갈 예정'이라는 미국 로스쿨 유학생을 만난다. 그녀는 '그'와 결혼하기 위해 순결한 여성으로 보이려는 '십계명'을 준수해 성관계를 한다. 하지만 기대했던 혈흔은 없고 자동차에서 명품 백을 선물로 준 그의 옆모습은 '낯설게 느껴진다'.

> 나는 루이비통 쇼핑백 위에 가만히 손을 얹어 보았다. 순간, 맹렬한 불안감이 솟구쳤으나 곧 가라앉았다. 집에 가자마자 보증서를 확인해 보면 될 것이다. 그리고 설마 면세점에서 '진짜 짝퉁'을 취급할 리는 없을 것이다. 조용히 운전에 몰두하고 있는 그의 옆얼굴이 어쩐지 낯설게 느껴져서, 나는 마음속으로 황급히 고개를 저었다. 아니다. 아니다. 누가 뭐래도 그는 내가 사랑하는 사람이다. 우리는 서로 사랑하는 사이이다. — 정이현, 《낭만적 사랑과 사회》[11]

낭만적 사랑은 남녀의 현실적이고 일정한 조건 위에서만 싹틀 수 있는 환상이다. 낭만적 사랑은 '결혼'이라는 이상을 완성하는 요소로 인식되지만 결혼 시장에서 결혼은 냉정하리만치 현실적인 물적 자본에 의해 소비된다. 상류층 결혼 정보 회사의 커플매니저는 낭만적 사랑의 허위성을 비꼰다.

> 사랑만 보면 바보예요. 사랑하니까 수용하고 결혼하면 행복해질 것 같아요? 가난이 문으로 들어오면 사랑은 창문 밖으로 달아난다잖아요. 경제를 보면 속물이라고 하는데 뭘 몰라서 하는 말이

에요. 아이 낳는 것 다 돈이에요. 해외여행 다 돈이에요. 너무 돈만 쫓으면 안 되지만 적당히 깔려 있어야지 행복해. 내가 없이 출발하는 것과 안정권에서 출발하는 거 삶의 질이 달라요. 그게 어떻게 속물이야. —《한겨레》, 2013. 1. 4[12]

신데렐라와 헤어지지 못하는 앨리렐라

태어나기 전부터 페미니즘이 전개된 20대 젊은 여성들에게는 성평등이 낯설지 않다. 이들에게도 신데렐라 콤플렉스가 있을까? 있다면 어떤 모습으로 내면화하고 있을까? 이런 질문이 글의 출발이었다. 이들에게 신데렐라는 콤플렉스보다는 사회경제적 안정과 신분 상승이라는 행운과 성공을 이룬 부러움의 대상에 더 다가가 있었다. 그래서 이 시대 여성들이 신데렐라 판타지에 그토록 열광한 것이다.

어릴 때부터 남성과 동등하게 경쟁하며 능력을 키운 젊은 여성들은 딸의 이름을 벗고 '여자'의 이름으로 서게 되는 순간, 평등한 경쟁자로서 홀로서기는 힘들다는 것을 자각하게 된다. 여성의 이름으로는 도저히 파고들 수 없는 젠더의 경계 앞에서, 여성은 치열한 생존경쟁 속에 살아남기 위한 전략을 구사한다. 눈을 부릅뜨고 상황을 파악해 위기를 벗어나려는 이상한 나라의 앨리스처럼 모험도 각오할 만큼 용감하고 총명하지만, 필요할 때는 아름다운 미모를 무기로 삼아 누군가의 도움을 받는 보호벽 환상에 숨으려고 한다. 왕자의 궁궐로 들어가 행운과 성공의 주인공이 되는 신데렐라 판타지를 품는 것이다. 그렇게 앨리렐라가 태어난다.

앨리렐라는 능력과 욕망, 전략적 순수성을 지니고 자신의 인생을 책임지려는 마음으로 행운과 성공을 쟁취하기 위해 노력하고 선택하는 이 시대의 여성이다. 그녀는 왕자의 마음에 드는 여신으로 남기 위해 '절반'의 성공에 만족하고 결혼 시장에서 궁궐로 들어가는 낭만적 사랑을 꿈꾼다. 결혼 생활이 만족스럽지 못하거나 새로운 목표가 생겼을 때 왕자의 팔을 뿌리치고 궁을 떠나는 용기도 있다. 그러나 앨리렐라는 주체적인 선택과 노력의 목표가 신데렐라 판타지라는 아이러니를 내포한, 신데렐라 콤플렉스의 변형일 뿐이며 여성의 삶에 가로놓인 수많은 경계마다 드리워진 그림자 콤플렉스다.

오늘날 여성을 붙들고 있는 것은 각성된 성차별주의다. 전통적 성차별주의는 여성에게서 교육과 취업의 기회를 빼앗고 자율성을 통제하고 억압했다. 지금은 형식적인 기회균등과 허울뿐인 선택의 자유 속에서 여성은 전보다 훨씬 복합적인 고뇌와 생존 전략이 필요한 삶을 살아야 한다. 앨리렐라들은 이 이상한 나라에서 끊임없이 자신과 사회를 향해 질문을 던지며 힘겨운 삶을 이어 가고 있다. 자립과 성공을 위해 '궁궐'을 나온 신데렐라는 낯설고 이상한 나라에서 어떻게 홀로 설 수 있는가? 내가 사랑하고 나를 사랑하고 존중하는 남성과 연애하고 평등한 결혼을 하고 싶지만, 경제적 조건이 채워지지 않아도 그럴 수 있는가? 성공은 노력과 열정의 소산이라는 것을 안다. 능력을 인정받아 성공한 여자가 되고 싶은데 아무리 노력해도 깨지지 않는 유리천장을 어떻게 할 것인가?

우리는 앨리렐라의 질문에 어떤 대답을 할 수 있을까?

4 / 외모 콤플렉스

당신의 육체는 전쟁터다.

– 바바라 크루거

바비와 함께한 50년

위키피디아에 따르면 바비는 미국 기업 마텔이 만든 인형이다. 1959년 3월에 출시됐으며, 루스 핸들러Ruth Handler가 빌드 릴리라고 불리던 독일 인형에 영감을 얻어 만들었다고 알려져 있다. 바비 시리즈는 마니아를 양산할 정도로 엄청난 인기를 누렸으며 세계 곳곳에서 여자아이들의 친구가 됐다. 우리도 어린 시절에 비록 짝퉁일지라도 금발의 바비와 함께한 추억이 있다. 가슴, 허리, 엉덩이 둘레가 각각 39, 24, 35인치로 설정되어 있는 바비가 실제 사람이 된다면 지나치게 큰 가슴 때문에 균형이 맞지 않아서 있지도 못할 것이라는 조롱을 듣기도 하지만, 바비는 50년 동안 인형 시장에서 중요한 위치를 차지했고 여러 차례 논쟁과 소송에 휘말리기도 했다. 인형의 삶이 사람의 생활에 영향을 미치는 기묘한 현상의 시작 지점에 바비가 있으며, 이제 바비는 50대가 됐다.

흥미로운 것은 바비 인형의 역사와 미스코리아의 역사가 우연처럼 맞물려 있다는 점이다. 1957년에 대회를 시작해 2014년에는 58대 미스코리아가 선출됐다. 1952년에 미스유니버스대회가 시작된 뒤 각 나라에 미인 대회가 퍼졌고 현대 서구형 미인의 시대가 세계적으로 도래했다. 우리나라에서는 이 시기에 《여원》이나 《여상》 같은 상업적 여성지도 등장했다. 이를 통해 서구적인 미인의 기준이 우리에게도 자연스럽게 받아들여지게 되었다.

바비 인형과 함께 성장한 지금 우리 사회의 여성들에게 외모는 어떤 의미가 있을까? 서구화와 함께 급진전된 외모 가꾸기는 이제 낯설거나 새로울 것 없이 자연스러운 일상이 됐다. 처음에는 여성의 허영심과 사치 풍조를 나타낸다며 비난받던 외모 가꾸기가 이제는 자기 계발의 한 요소가 됐고, 신데렐라가 긍정적인 자기 발전의 모델이 된 것처럼 '외모의 완성'도 자기 발전의 한 축을 담당하고 있다.

면접에서 떨어진 이후 스트레스로 성형수술을 하게 됐다. 또 하고 싶은 생각은 없는데 주위 반응은 좋다. 진작 했어야 한다는 반응이다. 자신의 외모 콤플렉스 극복이나 자신감 회복을 위해 투자한 것이니 요즘엔 하나의 자기 계발로 생각하는 것 같다. 초기에 지나친 기대감으로 성형 이후 자신의 변화가 클 것이라고 생각한 친구의 경우에는 수술 이후 약간의 우울 증세를 겪었다. 외모의 변화가 내 모든 삶을 변화시킬 것이라는 기대는 부작용을 낳는 것 같다. — 24세, 취업 준비생

다이어트는 365일 진행 중이다. 매일 음식을 먹을 땐 칼로리를 생각한다. 그런데도 워낙 식탐이 많고 과식을 즐기기 때문에 쉽지 않다. 내가 운동을 시작한 이유는 살을 빼려는 것이 아니었다. 몸이 무거워지니 게을러져서 운동의 필요성을 느꼈을 뿐이다. '운동을 안 하면 저절로 무거워지는구나.'라는 강박관념 같은 것도 생겼다. 하지만 운동을 꾸준히 하다 보니 관리가 절실했던 뱃살, 허벅지 살이 많이 빠져서 뿌듯함에 더 신나게 운동을 했다. 요즘

에는 학교 헬스장에서 평일 중 4일 운동을 하는데 성실해지기도 하고 잠도 잘 와서 정신적으로 만족하고 있다. — 23세, 학생

앞의 사례들은 젊은 여성들의 일반적인 생각을 보여 주는 것 같다. 365일 다이어트를 생각하고, 큰 부작용만 없다면 약간의 성형과 시술로 외모를 업그레이드하고, 화장과 하이힐로 그날의 분위기를 완성한다. 하지만 쉬워 보이는 이런 일들은 생각보다 쉽지 않다. 과연 우리는 이 외모 가꾸기의 전쟁에서 살아남을 수는 있을까?

20여 년 전, 외모 콤플렉스에 대해 이야기할 때만 해도 여성이 자각만 한다면 얼마든지 자기 몸의 주인이 될 수 있다는 소박한 생각을 했다. 몸 권력이, 즉 몸을 둘러싼 관리 기술과 몸에 대한 배려를 바탕으로 전파되는 권력의 구조가 그리 단순하지 않음을 고려하지 않았기 때문이다. 미셸 푸코Michel Paul Foucault가 말하는 '순응하는 몸'은 이런 몸 권력을 이해하는 데 아주 유용하다. 푸코는 《감시와 처벌Surveiller et Punir》에서 권력 개념[1]을 통해 근대사회 이후 인간의 재생산 과정들과 신체 규제에 대한 지식들이 통치 기술을 발달시켜 왔음을 말한다. 17, 18세기 이후 군대, 학교, 공장 등에서 규율이 강화되었고, 인구통계학, 수명, 건강, 출생률과 사망률 등 인구 조절을 위한 해부학과 생명 관리 지식이 발달했으며, 정치적 통치술도 함께 발전해 왔다는 것이다. 섹슈얼리티, 혈연 계승, 건강, 복지, 생산(노동), 체형, 안전, 훈육, 감시, 성형 등 광범위한 영역에서 몸 관련 지식이 발달[2]됐고, 몸을

관리하고 교정하고 배려하는 행위는 실제 몸을 촘촘한 감시망에 순응하게 만드는 효과를 낳았다. 게다가 몸에 대한 배려는 자신의 생존과 관련된 문제이기 때문에 언제든 자발적으로 규율을 받아들인다는 점이 푸코 개념의 핵심이다.

외모 가꾸기도 이런 몸 권력·지식들과 연결되어 있다. 여성의 외모 가꾸기는 자신에 대한 배려이고 건강한 몸에 대한 추구이기 때문에 스스로 규율을 받아들이며, 이는 사회적 억압이라는 해석에서 나아가 자기 감시(내면화된 감시자)와 자기 주체화 사이에서 벌어지는 갈등과 균열로 해석될 수 있다. 여성들에게 가장 성형하고 싶을 때는 언제인지를 물었더니 '거울을 볼 때'(57.6%)라는 답이 압도적 1위를 차지했는데, 이는 내면화된 감시자인 '나' 스스로 외모 가꾸기를 받아들이고 있음을 보여 준다. 나를 위해서, 내 만족을 위해서 외모를 가꾸고 몸을 관리하는 것이 왜 나쁘다는 걸까? 게다가 그럼으로써 내 사회적 매력 지수도 올라간다면 금상첨화가 아닌가?

외모를 가꾸는 이유를 물으면 여성들은 흔히 '자신감'이 생긴다고 답한다. 조사에서도 '자신감'이라는 말이 자주 등장하는데, 이는 외모가 정체성의 한 요소로 자리 잡게 되었음을 뜻한다. 그렇다면 이제 외모 콤플렉스는 긍정적인 자기 발전을 위한 심리적 요소 정도로 이해하는 것이 좋을까? 문제는 무한 경쟁으로 돌입한 외모 가꾸기가 만족을 줄 수 있느냐다. 수십 번 성형으로도 만족하지 못해 재수술을 고민하고 있다는 여성, 거식증과 우울증에 시달리는 소녀, 성형비를 마련하려고 성매매를 하고 불법 시술소를 드나드는 여성 들에 대한 기사를 접하다 보면 외모 콤플렉스를 그저 현대인의 자기 발전 서사로 받아들이기에는 석연치 않은 구석이 남는다.

외모, 차별 유형 중 당당히 3위

한국 사회의 차별 유형을 비교 분석한 통계 결과[3)]에 따르면, 2011년에는 차별 요소의 순위가 학력(29.6%)-동성애자(18%)-외모(11.7%)-장애인(10.7%)-출신 국가(6.8%) 순으로 나타났다. 외모 차별은 장애인에 대한 차별과 체감도가 비슷했다고 볼 수 있다. 2004년 장애인(27%)-학력(21%)-출신 국가(10.6%)-동성애자(7.2%)-외모(5.0%) 순이던 결과에 비하면 외모 차별의 체감도가 뚜렷하게 높아졌다는 점이 흥미롭다.

뉴미디어 시대를 살아가는 우리에게 눈에 보이는 것이 사람을 판단하는 중요한 요소가 됐다는 것은 더 말할 필요가 없다. '비주얼' 만능의 시대, 거지도 '꽃거지'라면 스타가 될 수 있는 시대에 여성에게 외모, 몸의 문제는 어떤 의미로 해석되고 있을까? 외모 이야기라면 계몽적인 주체 정립의 문제든 병리적 증후에 대한 진단이든 더는 듣고 싶지 않을 만큼 담론이 넘치는 상태에서 어떤 새로운 이야기를 할 수 있을지 우려되기도 한다. 그렇지만 20년 전 상황과 비교해 보면서 변화된 지점을 찾아보는 것만으로도 우리 몸을 성찰하는 데 도움이 될 것이다.

외모 콤플렉스에 대한 논의가 시작된 20년 전만 해도 외모 콤플렉스는 부상하는 사회현상으로서 주목받았다. 성형이 막 산업화되던 시절, 외모는 몸 관련 산업의 성장과 함께 이 사회의 지배적인 담론으로 떠올랐다. 그리고 지금은, '부모에게서 태어나지만 성형외과 선생님에게서 완성된다.'라는 우스갯소리가 낯설지 않을 정도로 몸이 기술 발전에 의존하고 있다. 외모 가꾸기는 일종의 '발전과 성장'이므로 개인의 선택과 노력 여하에 달렸으며 타인이 왈가왈부할 문제는 아니라는 인식이 상식으로 여겨진다. 성형 부작용이나 성형 중독 문제를 시사 프로에서 심층 보도하기도 하지만, 그 또한 개인의 선택이자 불운일 뿐이라고 여기는 사람이 많다. 이런 변화 속에서 외모 콤플렉스가 작동하는 방식은 젠더에 따라 어떻게 다르며 또 이는 어떻게 진화해 왔을까? 이 시대 여성들의 '내 몸에 대한 선택'은 어떻게 이루어지고 있을까?

거부할 수 없는 육체 자본의 힘

설문 조사에 따르면 외모에 대한 고민이나 외모의 중요성에 관한 질문에는 20년 전과 지금의 답이 놀라울 정도로 비슷했다. 여성들의 70%가 외모에 대해 고민한 적이 있다는 것도 거의 같고(〈표 1〉), 외모가 남자보다 여자에게 더 중요하다고 생각하는 여성들의 비율도 60% 정도로 20년 전과 같은 수치가 유지되고 있

〈표 1〉 외모 때문에 고민한 적이 있습니까?

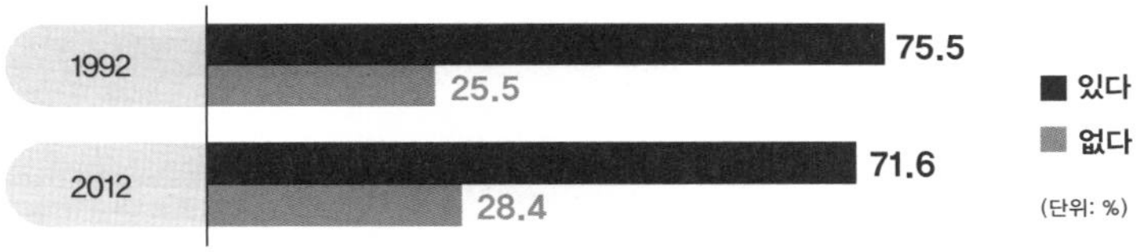

〈표 2〉 외모가 남자보다 더 중요하다고 생각하십니까?

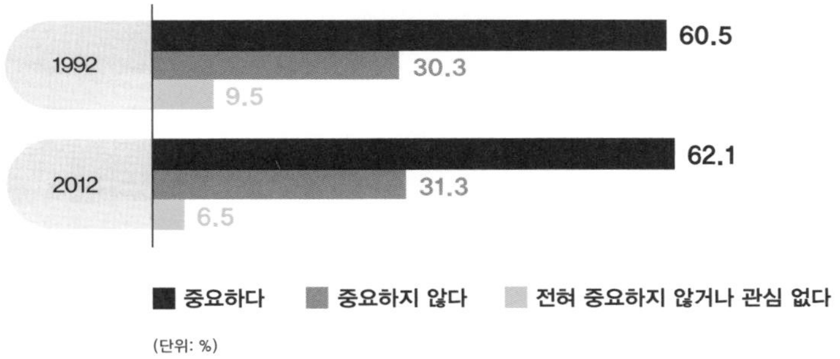

다(〈표 2〉). 몸에 관한 담론이 과잉생산되는 시대, 몸의 시대라는 요즘의 상황을 생각하면 뜻밖의 결과다. 그러나 남자보다 여자에게 외모가 더 중요한 이유를 살펴보면, 외모에 대한 인식의 변화를 알 수 있다(〈표 3〉).

'여자가 예뻐야 하는 이유'를 보면, 그냥 여자의 본성으로 자연스럽게 여기던 과거의 인식 대신 사회 활동의 필요나 자기만족·자신감 같은 답변이 늘었다. 뭐니 뭐니 해도 여자가 예뻐야 한다는 답변이 24.2% 줄어든 대신 20년 전 답변에서는 보이지 않던 기타 의견이 21.9%로 대폭 증가했다. 자유 답변으로 제시된 기타

〈표 3〉 외모가 남자보다 여자에게 더 중요한 이유는 무엇입니까?

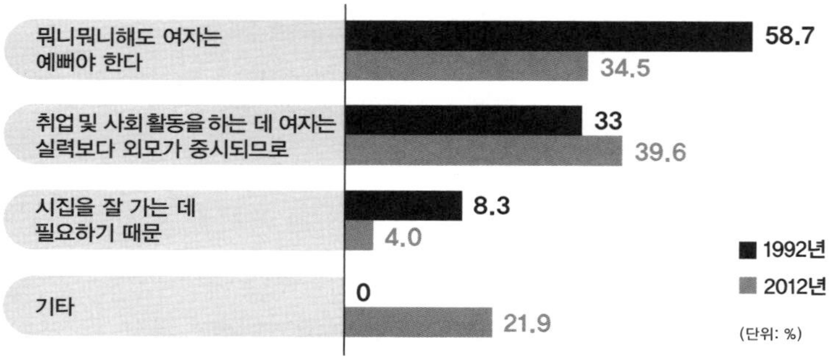

의견으로는 자기만족과 자신감이 가장 많았고, 첫인상·대인 관계·남녀 관계 등에서 예뻐야 득을 본다는 의견이 나타났다. 남자들의 외모 지상주의 때문이라는 의견도 있었고, 살찐 여자를 싫어하는 남자들이 많기 때문이라는 의견도 있었다. 이 결과는 외모가 여자의 운명이라기보다는 능력이라고 생각하고, 여성에게 유리한 '스펙'이라고 생각하는 경향이 늘고 있음을 보여 준다.

미용 및 치료 목적으로 성형을 했고 성형 이후의 변화가 커서 성형에 대해 긍정적인 편이다. 성형 이후 또 하고 싶다는 생각이 들었으나 천편일률적인 모습이 되기 싫고 개성이 조금은 있어야 하지 않을까 하는 생각에 다시 하지는 않았다. 주위 반응이 좋아서 개인적으로 성형에 찬성한다. 부작용을 걱정하는 사람들이 많은데 올바른 정보로 올바른 선택만 한다면 문제가 아니라고 본다. 뼈를 깎는 수술을 했지만 큰 문제는 없었고 외모상의 변화가 있

으니 심리적으로도 변화가 많이 생겨서 여러 상황들에서도 자신감이 생겼다. — 22세, 대학생

이런 변화는 여성에게 외모가 본성이 아니라 새로운 능력이라는 생각을 반영한다. 이것은 부르디외Pierre Bourdieu의 '육체 자본' 개념으로 설명할 수 있을 것이다. "육체 자본을 생산한다는 것은 사회 분야에서 가치를 인정받을 수 있는 방식으로 몸을 계발한다는 것을 뜻한다." 몸은 계급의 상징물이 됐다. 걷거나 코를 풀거나, 먹고, 마시고, 말하고 등등 몸을 통해 자신의 취향을 반영하고 계발한다. 아주 자연스럽게 느껴지지만 이러한 취향은 몸을 통해 드러나는 계급문화이다.[4] 훌륭한 육체를 소유한다는 것은 그것 자체로 상층계급의 표상이 된 것이다.

외모 콤플렉스 유형

'각성된 섹시즘'[5]이란, 섹시함이 자기 계발의 요소이자 성공 전략의 방법이 됐음을 설명하는 수전 더글러스Susan J. Douglas의 개념이다. 섹시즘을 성차별주의로 옮기지 않은 것은 섹시즘이 여성성과 남성성이라는 성별주의를 전략적으로 쓰는 새로운 경향을 설명하는 말이기 때문이다. 각성된 섹시즘은 페미니즘 덕에 여성이 충분히 진보했고 평등이 성취됐으니 이제 '재미로' 소녀들, 여성들의 성적 고정관념을 부활시켜도 좋다고 주장한다. 그렇게 한

다고 해서 여성의 평등권이 침해되는 것은 아니라는 것이다. 최근 미국에서는 계산된 여성 이미지(얼굴 표정, 몸, 유혹, 섹슈얼리티)를 통해 진정한 파워, 재미로서 파워를 얻는다는 방송들이 쏟아져 나온다고 한다. 이제 다 가졌으니 시간과 에너지를 외양에, 남성 유혹에, 핫한 것에 쏟으라고, 다른 여성들과 경쟁하고 쇼핑하라고 외친다는 것이다.[6)]

우리나라의 사정도 크게 다르지 않은 것 같다. 1970, 1980년대 페미니즘의 영향을 받은 엄마 세대와 현재 10대, 20대 딸 세대의 차이를 만드는 지점도 각성된 섹시즘에 대한 태도로 보인다. 1970, 1980년대에 청년기를 보낸 여성들은 몸에 대한 주체 형성을 강조하는 한편, 남성 중심 사회의 억압에서 여성의 몸이 해방되어야 한다는 1세대 페미니스트들의 영향을 많이 받았다. 대학에 여성학 강좌가 생겨났고, 주부들은 아침 프로에 등장하는 여성학자들의 조언에 귀를 기울였다. 청바지에 펑퍼짐한 맨투맨 티가 상징하는 유니섹스 모드가 유행했고, 여성의 외모 가꾸기는 남성 중심 사회의 여성 억압이라고 비판됐다. 이런 관점에 선 여성들은 여성의 몸을 대상화·상품화해서는 안 된다고 보는 외모 콤플렉스의 '비판형'에 해당한다. 그러나 알면서도 어쩔 수 없이 상품화에 끌려다니는 여성이 많았고, 외모 콤플렉스의 유형도 외모 가꾸기를 추구하면서 자책하는 '갈등형'과 혼재된 경우가 많았다.

그러나 1990년대 중반 이후 등장한 포스트페미니스트들[7)]은 여성다움에 대한 재평가를 강조하고, 1세대 페미니스트들의 여성성 억압을 비판하기 시작했다. 여성성의 회복으로 남성 중심 사회의 가치 전복을 꿈꾸었고, 여성의 매력이 여성적 권력을 획득하는 자산이 될 것이라는 주장까지 등장했다. 요즘 20대들에게 호응을 얻고 있는 캐서린 하킴Catherine Hakim의 《매력 자본erotic capital》[8)]이 그런 주장의 중심에 있다. 하킴은 부르디외가 말한 경제 자본(자본, 토지 등 재정적인 이득을 발생시키는 자원과 자산의 총합), 문화 자본(교육을 통한 인적 자본과 문화적 지식과 문화적 가공물의 총합), 사회 자본(인맥, 사회적 관계 자산)에 매력 자본을 더했다. 하킴은 이성을 매료하는 외모와 태도가 매력 자본이라면서 매력 자본도 자산 가치를 창출하는 자율적 가치로 인정해야 한다고 본다. 연예인이나 여성의 성공 사례를 보면, 실제로 이성을 매료하는 외모와 태도가 경제 자본이나 사회 자본만큼 이익을 창출한다는 것이다. 특히 매력 자본은 여성에게 유리한 자산인데, 남성의 성적 욕망이 여성에 비해 크기 때문에 수요와 공급의 관계에서 여성이 매력 자본을 이용해 우월한 위치에 설 수 있다는 것이다. 따라서 지식 자산만 인정하고 신체적 자산을 무시하는 이전 세대 페미니스트들의 관점은 가부장제에 동조하는 셈이라고 비판한다.

외모를 가꾸고 매력 지수를 높이는 노력이 자기 발전의 중요한 요소라는 주장은 신체의 가치를 인정하고 외모 가꾸기에 대한 자기비하를 털어 버릴 수 있는 이념적 토대가 된다. 이런 주장은 신세대 여성들에게 상당한 호응을 얻고 있다. 여성성에 대한 부정적 감정을 털어 버리고 적극적으로 여성성을 추구할 수 있

〈표 4〉 외모 콤플렉스 유형

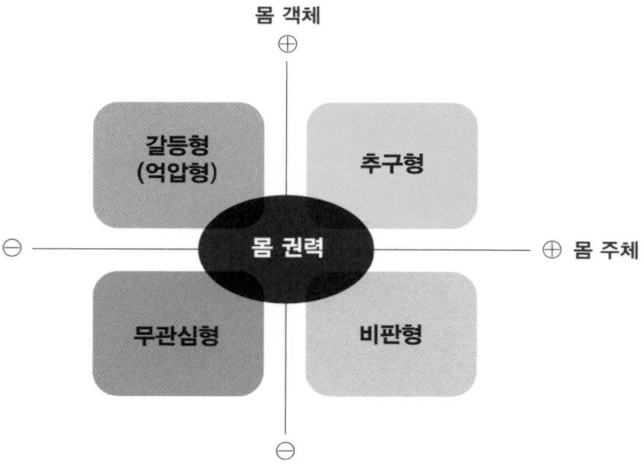

는 이념적 기반이 마련된 셈이다. 이렇게 매력 자본을 긍정하는 여성들의 외모 콤플렉스를 '추구형'으로 분류한다. 앞에서 말한 외모 콤플렉스의 유형에 '무관심형', 즉 외모에 대해 고민한 적도 없고 관심도 없다고 답한 경우까지 더해 네 가지 외모 콤플렉스 유형으로 나눌 수 있다. 〈표 4〉에서는 몸을 가꾸기의 대상으로 보는 태도를 몸 객체로, 몸에 대한 자기 판단과 자기결정권을 강조하는 태도를 몸 주체로 표시했다. 몸 객체 쪽으로 갈수록 대상화가 심해지고 몸 주체 쪽으로 갈수록 자기결정권이 강화된다. 각각의 유형에 따라 어떤 특성이 있는지 살펴보자.

첫째, 추구형이다. 몸에 대한 자기결정권을 주장하며 스스로 자기 몸의 감시자 구실을 적극적으로 수행한다. 이들은 몸의 주체로서 적극적으로 몸을 개발하고 가꾼다. 자기 계발론이나 매력 자본이 이념적 기반이 되어 신세대들에게 주로 나타나는 유형이다. 미용 산업의 상업주의나 성 상품화의 공격에 무차별적으로 노출될 수밖에 없는 것은 문제다.

하이힐은 중요한 날이거나 예쁘게 보이고 싶은 날 신는다. 가령 데이트를 고급스러운 레스토랑에서 하거나 회의를 할 때 신으면 내가 좀 더 단정해 보이고, 길어 보이고, 부티나 보여서 좋다. 바지를 입었을 때 한국 사람은 비교적 종아리가 짧기 때문에, 다리가 길어 보이는 효과를 주는 것이 하이힐이다. 연예인들도 일반인인 우리와 키가 비슷하지만 높은 굽으로 다리가 훨씬 가늘고 길어 보이며, 비율 또한 좋아 보이는 효과를 준다. 한마디로 예뻐 보이려고, 옷 태가 좋아 보이기 위해서 하이힐을 신는다. — 24세, 직장인

둘째, 갈등형 또는 억압형이다. 몸에 대한 주체적 판단이 약하고, 사회적 흐름에 끌려다니며 외모를 가꾸는 유형이다. 몸이 대상화된다는 페미니스트들의 비난을 두려워하지만, 외모 가꾸기를 게을리 했을 때 있을 사회적 불이익도 두렵다. 대다수 여성들이 속하는 유형일 것이다. 이들은 몸에 대한 통제력이 약해서 해도 불안, 안 해도 불안이라는 열등 콤플렉스에 시달릴 가능성이 크다.

눈을 뜨는 힘이 약해서(안검하수) 이마에 주름이 생기고 눈이 답

답해 보인다고 해서 쌍꺼풀 수술을 했다. 눈이 환해지니까 사람이 더 시원해 보인다. 가끔. 주위 사람들은 안 했을 때가 더 매력적이었지만 하고 나서도 괜찮다고 하는데, 그러면서 자기도 할까 고민하기도 했다. 성형을 해서 자신감이 생기고, 더 편해지는 것 같다. 조금 주눅 들었던 모습에서 자신감을 얻은 기분이다. 요즘엔 눈 정도는 시술이라고 하니까……. 근데 또 다른 곳이 하고 싶기도 하다." — 24세, 취업 준비생

셋째, 비판형은 1세대 페미니스트들의 영향을 강하게 받은 유형이다. 몸에 대한 주체적 판단을 중시하고 남성 중심 사회의 성 상품화나 여성의 대상화에 대해 비판적이다. 그러나 여성성에 대한 자기 부정의 측면 때문에 신세대들의 자기 계발론이나 포스트페미니스트들의 공격에 위축되어 있다.

대학에 들어간 후 학교 행사나 교수님들로부터 자주 들었던 말은 '자아실현'이었던 것 같다. 청바지와 면 티를 주로 입었던 것도 남학생들과의 평등함을 추구하는 우리 나름의 문화였다. 지금도 중요한 회의가 있을 때면 여성스러움을 강조하는 옷을 피한다. 그런데 요즘 후배들의 과감한 노출을 볼 때면 직장에 무슨 패션쇼 하러 오는 건지, 누구 보라고 그러고 다니는지 알 수가 없다. 그렇지만 또 한편으로는 그들의 당당함이 부럽기도 하다. — 53세, 직장인

넷째는 무관심형으로, 외모를 운명이라고 생각하는 유형이다. 외모 가꾸기에 '관심 없다'고 답하는 사람들로 항상 20~30% 정도를 유지한다. 이들은 신체적 가치보다는 삶의 다른 가치가 중요하다고 보거나 신체적 가치에 대해서는 체념한 경우다. 신체적 가치를 덜 중요하게 여기는 사람과 체념한 사람은 신체에 대해 무관심한 이유가 좀 다르지만 현상적으로는 외모 가꾸기에 관심 없다는 태도로 드러난다.

> 외모에 대해 특별히 관심이 없다. 주위를 살펴보면 1년 365일 '다이어트'란 말을 입에 달고 살고, '성형을 하고 싶다'고 말하는 사람이 너무 많다. 항상 주변에 여자가 많은 환경에서 지냈기 때문에, 외모에 집착하고 신경 쓰는 사람들을 많이 봤다. 특히 누가 봐도 마른 동생이 살이 쪘다며 다이어트를 하고, 주변에서 누구나 예쁘다고 하는 친구가 자신의 외모가 마음에 들지 않는다며 울 때는 쉽게 공감이 가지 않는다. 성형도 하나도 안 하고, 그 흔한 다이어트도 한 번 안 했지만 나는 현재의 삶이 아주 즐겁다. 맛있는 걸 잔뜩 먹고, 내가 하고 싶은 것들을 하는 데도 하루가 짧다는 생각이 든다. 삶에는 외모보다 중요한 게 더 많다고 생각하기 때문에, 다른 사람의 시선이 두려워서 외모에 집착하고 싶지는 않다. — 27세, 직장인

최근 외모 콤플렉스에 대한 논쟁에서 쟁점은 앞의 네 유형 중 추구형과 비판형의 대결로 보인다. 자기 계발론과 여성성의 귀환

속에 추구형이 급성장하면서 각성된 섹시즘의 시대가 열리고 있다. 그렇지만 몸이 발전과 기술 개발의 대상이 될 때 우리가 감수해야 할 몸의 위험성이 늘어나는 것도 사실이다.

취향 문화와 기술의 결합

몸을 통해 계급의 취향을 반영하고 계발하는 과정에 적극적으로 개입하기 시작한 것이 기술이다. 1988년 10월 17일《스포츠서울》은 서울·경기 지역 1000명을 대상으로 조사한 결과 87.5%가 성형수술을 하고 싶다는 충동이 있지만 부작용, 자연미의 감소, 수술 비용 등의 이유로 망설이고 있다는 기사를 실었다. 지금은 기술의 위험성에 대한 부담이 줄고 있으며 단순 기술에서 관리 기술로 세련되었다.

기술은 우리 삶의 양식을 구성하고 변화시킨다. 현대는 몸의 시대이면서 기술의 시대다. 이 두 가지가 결합하는 것이 몸의 관리 기술, 성형, 다이어트, 운동 등 몸을 둘러싼 다양한 관리와 개발의 기술이다. 이 기술들은 '신'지식이라는 후광과 함께 우리 삶으로 틈입한다. "어머 새로 개발된 다이어트 방법이 효과 짱이래!", "○○성형외과에 새 기계 들어왔다는데, 주름이 완벽하게 제거된대.", "실리콘보다 좋은 소재가 개발됐다는데, 가슴 성형해볼까?" 완벽한 기술에 대한 소문이 새로움이라는 신흥종교로 우리를 끌어들인다.

'외모는 무엇입니까?'라는 질문에 '노력이다'는 70%, '운명이다'는 30%였다. '성형수술을 하고 싶다고 생각한 적이 있습니까?'라는 질문에는 60.8%가 '그렇다'고 답했다. 이처럼 노력해서 가꾸는 것이라는 인식은 몸이 기술과 관리의 대상이 되는 데 전제가 된다.

'성형수술로 예뻐진 친구들을 보면 어떤 마음이 듭니까?'라는

〈표 5〉 당신은 성형수술로 예뻐진 친구를 보면 어떤 마음이 듭니까?

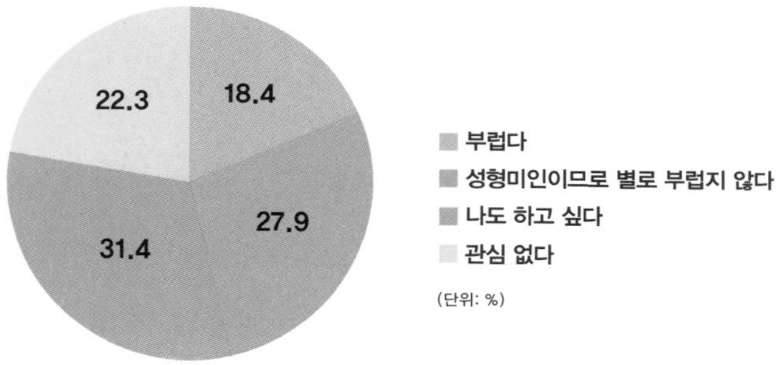

〈표 6〉 주위에서 당신에게 성형을 권한다면 어떻게 하겠습니까?

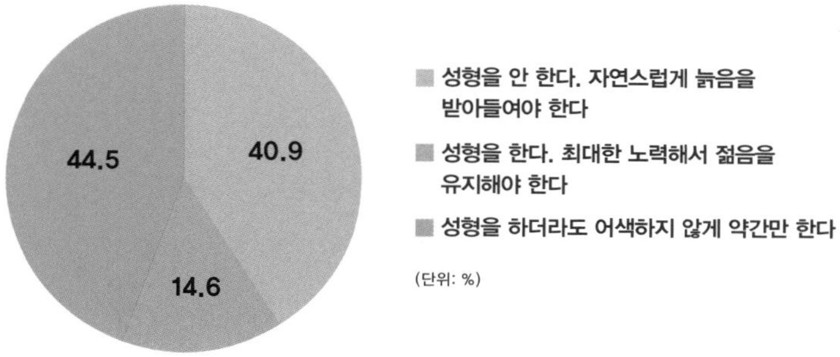

질문의 답변을 보면 성형을 하고 싶기도 하지만 거부감과 두려움도 있음을 확인할 수 있다(〈표 5〉). 성형 유혹을 많이 받을 때는 '늙어 간다고 느낄 때'이며 성형을 해도 어색하지 않게 약간만 한다는 응답자가 44.5%로 가장 많았다(〈표 6〉). 이런 결과들은 성형 미인에 대한 거부감이 있지만 자연스럽다면 받아들이고 싶다는 이중적 감정을 보여 준다. 자연 미인처럼 보일 수만 있다면 과연 기술을 거부할 수 있을까? 몸이 노력의 결과라고 생각하는 시대에 노력의 한계, 경계는 어디까지인가? 다리를 자르고 쇠를 박아서 키를 늘이는 것은 비윤리적일까? 인터넷에 떠도는 연예인의 어린 시절 사진과 현재 모습을 비교하며 같은 사람인지 알아볼 수 없다고 비웃는 것은 잘못일까?

〈미녀는 괴로워〉는 일본 만화를 우리나라에서 영화로 만들어 흥행에 성공한 경우로, 성형 미인으로 다시 태어났지만 추녀 시절의 소박하고 착한 성품을 버리지 못한 여성의 이야기다. 미인이지만 미인으로서 자만심이나 우월감이 없는 주인공이 진정한 사랑을 찾는 이 이야기의 재미는 미인이면서 여전히 추녀였을 때의 성품과 행동을 보여 주는 좌충우돌 상황의 아이러니다. 예를 들어, 주인공은 카페에 들어가서도 추녀 때 주로 앉던 귀퉁이 자리를 찾으려는데 카페 직원은 카페 중앙에 그녀를 앉히려고 하여 승강이를 벌인다. 미녀에 대한 세상의 대접이 낯설고 당황스러워서 주눅든 추녀의 모습이 우습기도 하고 슬프기도 한 이 작품은 외모와 성형에 대한 우리 사회의 이중적인 가치관을 보여 준다.

인공 미인에 대한 실제 사회의 시선은 우호적이지만은 않다. '인조인간'이나 성형 괴물을 뜻하는 '성괴' 같은 조롱 조의 언어와, 악성 댓글의 대상이 되는 연예인의 성형수술 전후 사진만 보아도 자연 미인의 우월적 지위는 여전하다. 그러나 '인공 미인'과 평범한 여자의 관계에 대해서는 셈법이 복잡해진다. 그래도 미인이 평범녀보다는 낫지 않나 하는 입장과 인공 미인으로서 누리는 이익이 부당하다는 입장, 노력의 대가를 인정해야 한다는 입장과 자연법을 어겨 부도덕한 사람으로 보는 입장으로 복잡해지는 것이다.

가장 인공적인 시대인 지금 시대가 추구하는 자연주의 가치에 대한 이야기를 이쯤에서 해야 할 것 같다. 최근 화장품의 트렌드는 한마디로 자연주의다. '웰빙'의 대유행과 함께 자연에서 추출한 원료를 내세우며 "먹지 마세요. 피부에 양보하세요."라고 말한다. 머리도 얼굴도 큰돈을 들여 잔뜩 꾸민 결과는 '자연스러움'이다. 우리는 전혀 꾸미지 않은 것처럼 보이기 위해 잔뜩 꾸미는 시대에 살고 있다. 이런 자연주의에 대한 집착은 인공적인 기술에 기대면서도 자연을 거스르는 것에 대한 두려움을 반영한다.

'노력'인가, '운명'인가? 철학자들은 몸을 자신의 운명으로 받아들여야 할지, 노력으로 극복하고 발전시켜야 할지를 두고 고민해 왔다. 근대의 성장 서사에서 몸도 성장 발전과 무한한 기술력의 대상이 됐지만, 그 결과는 핑크빛이 아닌 듯하다. 외모 가꾸기를 통해 매력 자본을 키워야 할지, 그것을 여성에 대한 억압의 지속이라고 비판해야 할지 결론을 내리기는 어렵다. 그러나 젠더화된 몸[9)]이 여성에게도 남성에게도 지나친 짐이 되고 있지는 않은지 생각해 봐야 할 것이다. 남성과 여성을 가르는 이분법적 인식에서 좀 떨어져서 '몸'을 다시 보면, '몸'은 생각보다 훨씬 다양하고 다채로운 개성과 자유의 장소가 될 것이다.

몸은 어떻게 단련되는가: 내면화의 방식

세상 어느 나라 사람이나 별다르지 않았습니다. 테헤란의 여성들은 어떻게든 이란 사람처럼 보이지 않으려고 코뼈를 뭉갠 후 다시 세우고, 베이징 여성들은 키를 더 크게 만들려고 다리를 부러뜨리고 인공뼈를 삽입했습니다. 댈러스의 여성들은 마놀로 블라닉이나 지미 추 구두를 신으려고 발뼈를 깎아 냈습니다. 세계 어느 곳이든 내가 만난 여자들은 대부분 자기 몸의 특정한 부분을 마음에 들어 하지 않았습니다. 그 부위를 작게 만들거나 고치는 데 적잖은 시간과 노력을 들였죠. 그들의 약상자는 그 부위를 마음에 들게 바꾸는 데 약효가 있다는 약들로 가득 차 있었습니다. 그들의 옷장은 그 부위를 가리거나 감싸는 옷들로 가득 차 있었습니다. 그들은 몸이라 부르는 자신만의 작은 세계를 위해 존재하는 것처럼 온통 거기에만 시선을 고정한 채 멋대로 지배하고 씻고 바르고 째고 독재를 했습니다. 믿기지 않는 일은 30여 년을 급진적 페미니스트로 살아온 나 같은 사람도 똥배에 대해 생각하는 시간이 많다는 점입니다. 더 솔직히 말하면 나를 괴롭히며 정

신을 흐트러뜨리는 주범이지요. — 이브 엔슬러, 《굿 바디》[10]

〈버자이너 모놀로그〉라는 연극으로 우리나라에서도 잘 알려진 이브 엔슬러Eve Ensler는 자신도 똥배에 집착하고 있다고 고백한다. 그녀가 만난 세계 여러 나라의 여성들은 자신의 몸 이곳저곳을 맘에 들어 하지 않았고 고치고 싶어 했다. 그들의 이야기를 담은 《굿 바디Good Body》는 몸은 끊임없이 관리되고 교정의 대상이 되어 왔다고 말한다. 의학, 과학, 스포츠 산업의 결합 속에서 몸을 평가하는 기준은 아주 세분화된다. 비만 지수도 체지방 지수로 세분화·구체화될 정도다. 이렇게 평가 기준이 세분화될수록 우리 몸에 대한 관리 소홀, 죄의식, 공포심이 커질 수밖에 없다. 비만 기준과 노화 척도를 읽다 보면 나 자신이 초라하고 한심해짐은 물론이다.

일반적으로 여성들의 신체 의식을 객체화된 신체 의식이라고 설명한다. 신체 감시, 신체 수치심, 외모 통제 신념[11]은 객체화된 신체 의식을 구성하는 세 요소다. 스무 살의 탱탱한 얼굴과 아름다운 몸매를 유지할 수 있도록 끊임없이 자신을 감시하고 관리하고 처벌하는 감시자로서 자신의 몸을 바라본다는 것이다. 여성들은 자신의 신체에 대한 감시가 유독 엄격한데, 이런 신체 감시는 실제 생활에서 여러 양상으로 드러난다.

19세기에 히스테리와 우울증이 여성들의 질병이었듯이 식이장애는 21세기 여성들의 대표적 질병이다. 지금과 같은 풍요의 시대에 풍요를 상징하는 풍만한 여성 대신 왜 마른 몸을 이상형

〈표 7〉 언제 가장 성형수술을 하고 싶다는 생각이 듭니까?

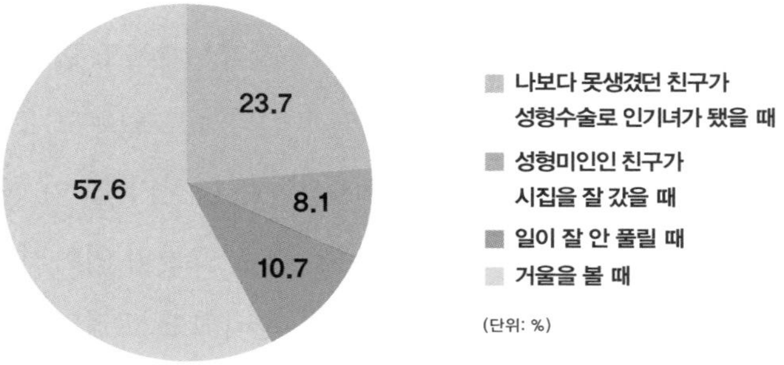

으로 삼는가에 대해서는 다양한 연구가 있다. 그 가운데 출산에서 자유로워진 대신 애인의 외모를 이상형으로 삼으면서 자본주의는 마른 좌골을 외모의 이상형으로 삼기 시작했다는 설이 가장 큰 설득력을 얻고 있다.[12] 작은 엉덩이와 여성적 곡선이 강조된 마른 몸의 이상형은 주기적인 변형이 약간 있지만 근본적으로는 마른 몸을 유지하면서, 어머니형 외모가 아닌 애인형 외모를 추구한다. 정신분석학적으로 이런 마른 몸은 천박한 풍요에 대한 무의식적 거부를 상징한다. 천박한 부의 소비에 대한 죄의식이든 세련된 부의 소비(기부가 가장 세련화된 부의 소비인 것처럼 직접적인 부의 과시는 혐오의 대상이다)든, 직접적인 풍요를 상징하는 뚱뚱한 몸이 아닌 세련되고 관리된 부를 상징하는 마른 몸이 21세기 미의 이상형이 된 것이다.

문제는 마른 몸의 선호가 여성에게 끼치는 영향이다. 비만한 몸에 대한 비난이 미학적, 의학적, 과학적 담론들을 통해 생산되고 유포되면서 여성들의 비만에 대한 두려움은 공포 수준이다. 비만이 사회적 질병이 되고 사회적 관리의 대상이 된 가운데 특히 식이장애는 남성보다 여성의 질병이 되었다.

> 뒤에선 뚱뚱한 여자들 게으르다, 관리 못 한다, 미련하다 다들 욕하면서 앞에선 뚱뚱한 건 죄가 아니라구? 뚱뚱한 게 왜 죄가 아니에요? 뚱뚱한 거 죄 맞아요. 아님 내가 왜 여길 나왔겠어요? 노출증 환자도 아니고. 몸에 꽉 달라붙는 에어로빅복 입고 쇼 하면서 왜 이러고 있겠냐구요! 못생기면 못생겨서 재수 없다. 뚱뚱하면 뚱뚱해서 재수 없다. 알게 모르게 사람 교묘히 윽박지르면서 자긴 아닌 척, 고상한 척, 세상 통달한 척하는 사람들이야말로 훨씬 더 재수 없거든요! 그거야말로 구역질 나는 위선이에요! 〈다이어트의 여왕〉의 최대 스타는 분명 송준희였다. 그녀는 '극단적 다이어트'라는 이 기괴한 세계가 만들어 낸 괴물이자 마녀였다. — 백영옥, 《다이어트의 여왕》[13)]

TV 다이어트 대회 프로그램의 경쟁과 공포를 다룬 소설 《다이어트의 여왕》 중 한 대목이다. '뚱뚱하고 못생긴 게 죄'라고 당당하게 '외모 지상주의'를 외치는 이 인물을 통해 우리 사회의 단면을 볼 수 있다.

젠더화된 몸, 도달할 수 없는 목표

심각한 다이어트와 성형 중독. 수많은 스펙 쌓기 경쟁에서 지치다 보면 외모 가꾸기 중독에 빠지기 쉽다. 그나마 내가 마음대로 통제할 수 있는 대상이 몸이고, 외모 가꾸기는 여자들이 선택하기 유리한 방법으로 생각되기 때문이다.

그런데 젠더화된 몸은 다양성이 없다. 우리가 남성의 몸이나 여성의 몸으로 구별하는 이상적 이미지가 역삼각형 '빨래판 복근'의 남성, '쭉쭉빵빵'한 여성처럼 흔히 생각하는 이상형으로 고정되어 있을 때 몸의 다양성이나 개성은 숨 쉴 공간이 없어진다. 흔히 '강남 미녀'라 불리는, 얼굴과 몸매가 똑같은 여성이 우리가 소망하는 목표라면 어쩔 수 없다. 성형을 선택할 수밖에. 현대인의 외모 지상주의는 이제 여성만의 문제가 아니라 전 인류의 문제이기 때문에, 젠더의 시각으로 보는 좁은 해석을 벗어나야 한다는 지적도 있다. 거대한 소비사회의 신체화가 외모 전쟁이라는 해석에서다. 의상, 미용, 성형, 다이어트, 피트니스 등 몸의 관리는 그 소비 항목을 무한히 늘려 나간다. 몸의 관리는 소비사회에서 무한한 소비를 창출하는 방법이다. 이런 소비 창출은 항상 젠더화된 몸과 결합되어 작동한다. 다양한 외모가 무시된 채 동일한 목표를 향해 돌진할 때 우리의 경쟁심과 소비 욕망은 극을 향해 달려간다. 획일화된 기준에서는 거의 모든 몸이 결함투성이이고 고칠 곳도 많아진다. 그래서 소비사회에서 남자의 몸·여자의 몸이라는 이분법적 목표는 더욱 협소하고 구체화된 표준으로 구성된다. 까다로운 목표일수록 도달하려는 욕망을 자극하기 때문이다. 얼핏 20년 전과 비교해도 최근 외모의 이상형은 더 복잡하고 까다로운 조건으로 변모해 왔다. 외모 콤플렉스를 젠더의 시각에서 분석하고 젠더화된 몸을 문제 삼는 이유는 외모 콤플렉스가 몸 가꾸기 열망과 좌절을 추동하는 도달할 수 없는 목표를 만들어 내기 때문이다.

여성의 외모 가꾸기에 대한 변화된 관점을 추적하다 보면 기술이 점점 더 복잡하게 깊숙이 얽히고 있다는 것을 알게 된다. 그리고 그 기술은 여성과 남성으로 극단적으로 양분된 가치와 결합되어 있다. 그 기준으로 보면 내 몸은 늘 불만투성이고 기술로 교정된 신체를 욕망하게 된다. 젠더의 시각을 거두고 몸을 바라본다면 생각보다 다채로운 몸의 다양성을 발견할 수 있지 않을까? 늘 감시당하고 처벌받는 몸이 아니라 나만의 것을 발견하는 쾌락의 장으로서 몸이 복원될 수는 없는 것일까? 이런 고민들이 우리가 여전히 몸을 젠더의 문제로 바라보고 성찰해야 하는 이유다.

5

지적 콤플렉스

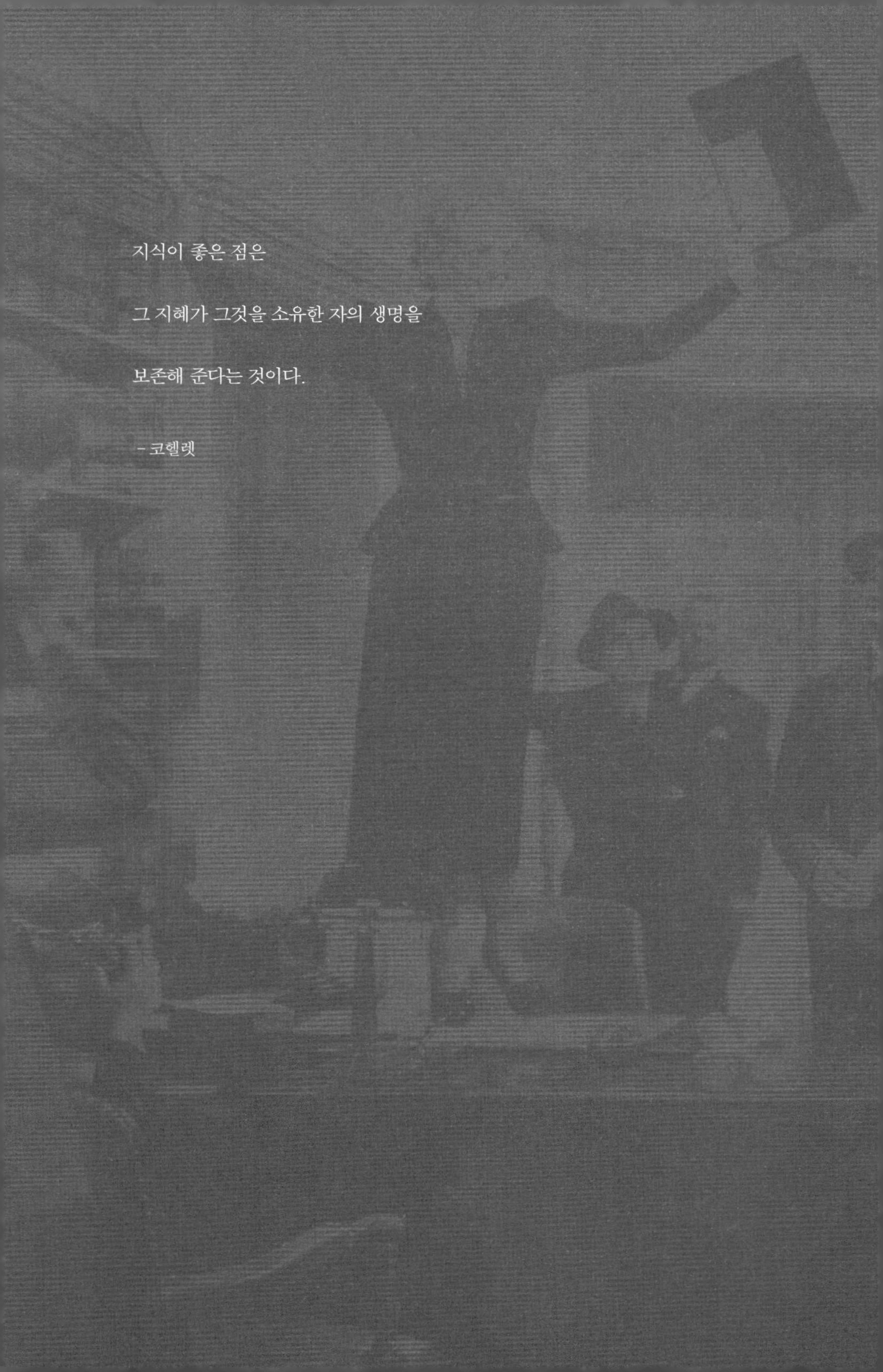

지식이 좋은 점은

그 지혜가 그것을 소유한 자의 생명을

보존해 준다는 것이다.

– 코헬렛

똑똑한 여성, 20년의 변화

여자 머리는 새 머리.

안경 낀 여자가 첫 손님이면 종일 재수가 없다.

암탉이 울면 집안이 망한다.

여자가 나서서 되는 일이 없다.

여자가 너무 많이 알면 팔자가 세다.

여자가 똑똑하면 시집 못 간다.

여자는 그릇 한 죽만 셀 줄 알면 된다.

무재주 상팔자.

적당히 배워 시집이나 가지.

20년 전만 해도 이런 말은 흔히 들을 수 있는 말이었다. 당시 여성의 지적 콤플렉스는 '여성은 남성보다 지적 능력 면에서 열등하다.'라는 통념을 여성 스스로 내면화해 여성들이 지적 능력의 추구에 소극적이고, 혹시라도 똑똑하고 당찬 여성으로 보이지 않을까 우려하는 것을 의미했다. 더 나아가 여성에게 지적 능력은 '덤'으로만 존재했다. 즉 '현모양처'를 벗어나지 않는 선에서 세련됨을 더해 주는 '장식'으로 여긴 것이다. 한마디로 '똑똑한 여성은 매력이 없다.'라는 통념이 여성 내부를 검열한다고 보았다. 이는 남성의 지적 콤플렉스와는 대조적인 것이었다. 남성은 '지적으로 여성보다 우월하다.'라는 통념이 정체성을 형성하고 있었기 때문에, 지적 열등감을 보상하기 위해 과다 경쟁을 하거나 가장 안전하고 흔하게는 여성을 평가절하함으로써 쉽게 지적 우월감을 충족할 수 있었다.

당시 이런 사회적 통념을 조장하는 주범으로서 주목한 것은 '교육'이다. 부모가 아들과 딸에 대해 다른 기대와 태도를 보이는 가정 내 사회화, 여학생과 남학생에게 각각 가사와 실업을 선택하게 하는 공식 교과과정, 성별에 따라 달라지는 교사와 또래 친구들의 기대와 태도 및 교훈이나 급훈 등의 숨은 교과과정은 남녀에게 서로 다른 지적 능력을 기대하게 만든다고 보았다. 여성과 지적 능력은 부정적 관계에 있었다. 여성들이 '착한 여자'·'외모'·'신데렐라'와 '긍정적이고 적극적' 관계였다면, '지적 능력'·'성性' 그리고 직업 및 사회생활에서의 성공은 되도록 피하고 싶고 드러내고 싶지 않은 '부정적' 관계였다.

지금 이런 이야기에 대다수 여성, 특히 젊은 여성들은 "어느 시대 이야기야?" 하고 놀라워할 것이다. 이들은 가정과 학교에서 동등한 교육을 받아 왔으며, 간혹 이런 성차별적인 발언을 하는 사람을 성차별주의자라고 비난하거나 시대에 뒤떨어진 사람으로 여길 것이다. 20년 동안 세상은 그만큼 변했다. 최소한 제도권 교육에서는 여학생의 지적 추구를 제한하는 교과과정이 없으며 숨은 교과과정에서도 드러내고 남녀를 다르게 대하지는 않는다. 한두 자녀가 대부분인 오늘날의 가정에, 게다가 최근에는 부모들의 딸 선호 경향까지 더해져서, '여자니까 적당히 배워 시집이나 가라'고 하는 부모는 없다. '실력이 있다면' 딸을 전폭 지원하겠다는 분위기다. 여성의 지적 열등성을 조장하는 주범으로 지목되던 교육은 가장 크게 변한 분야가 되었다. 교육에서 성평등을 의식하고 반영하려고 노력한 결과라고 할 수 있다. 대학 진학률·대학 졸업률·대학원 진학률·수석 졸업자·각종 고시 합격률 등 각종 학업 성취 통계에서 여성이 차지하는 비율을 보면, 더는 그들이 과거와 같은 '지적 콤플렉스'에 시달리지 않는다는 것을 알 수 있다. 여성에게 지적 능력은 추구의 대상이 되어 여성과 지적 능력은 긍정적 관계를 이루게 되었다. 이제 남녀 모두 지적 우월 경쟁에 뛰어들었고, 여성도 지적 우월성을 열망하면서 현실에서는 지적 열등감[1]에 시달린다.

현대인의 지적 콤플렉스

'지적 콤플렉스'라고 하면 사람들은 대개 지적 열등감을 떠올린다. 지적으로 동등하거나 우월해야 한다는 생각이 바탕에 깔려 있기 때문이다. 지적 열등감은 구체적인 상황에서 남과 비교하며 발생하는 복합 심리로서 상대적인 개념이며 경쟁 사회에서 더욱 심화된다. 출발점과 경쟁 과정에 존재하는 조건의 차이가 무시되고 오직 결과만으로 비교할 때 지적 열등감을 극복하기는 참으로 어렵다.

〈런닝맨〉이라는 TV 프로그램은 등장인물들이 주로 달리기만 하는 단순한 내용으로 이뤄져 있지만 선풍적인 인기를 끌고 있다. 이 프로그램의 인기 요소 중 하나는 비록 만들어 낸 것일지라도 등장인물들의 개성과 능력이 서열화되지 않고 매번 새로운 상황에서 경쟁을 펼친다는 것이다. 등장인물 사이의 경쟁에서 우열은 없고, 보는 사람은 그들 가운데 아무하고나 자신을 동일시해도 열등감 없이 대리만족할 수 있어서 유쾌하다. 하지만 이것은 가상공간에서 펼쳐지는 게임이기 때문에 가능한 유쾌한 경쟁이다. 현실에서는 각자의 개성과 능력이 서열화될 뿐만 아니라 자본주의사회의 '지적 자본'으로 연결된다. 마이클 샌델Michael J. Sandel은 모든 것이 매매 대상이 되면 돈이 있고 없음에 따라 모든 차별을 만드는 '부의 분배 문제'와 가치 절하라는 '부패의 문제'가 발생한다고 지적한다.[2] 경제적 개념이 아닐 때 지식은 인격의 도야나 지적 성장의 매개로서, 쓴다고 해서 고갈되거나 함께 나눈다고 해서 줄어드는 것이 아니다. 그러나 경제적 개념이 되면 지식은 교환의 대상이 되고 제한된 재화로서 소유와 관리의 대상이 된다. 그 구체적 형태가 바로 졸업장과 자격증이며, 대학원 진학과 유학은 몸값을 올리기 위한 투자다.

지적 능력이 자본화되고 그 가치가 돈으로 환산되면, 기회의 불평등이 고착되고 지적 카스트를 형성하며 지적 능력의 가치가 변질된다. 이미 교육은 '시장'이 되었고 대학은 더는 상아탑이 아닌 '자격증 장사 브로커'가 되었으며, 학생은 '쓸모 있는 상품', '더 비싼 가격표를 가진 자'[3]가 되기 위해 자격증을 향한 무한 경쟁에 돌입했다. 스승과 제자는 이해에 따라 협상하는 관계가 되어, 학생은 선생에게 "이게 취업에 도움이 되나요?"라고 묻고 이에 선생은 취직 잘 시키는 게 더 중요한 일이라는 무언의 압박에 시달린다.

시장화된 교육 현장에서 학점은 취업에 큰 영향을 주기 때문에 학점에 대한 오늘날 대학생의 태도는 과거 대학생의 그것과 사뭇 다르다. 역설적이게도 학구열이 높아지면 높아질수록 점점 더 기회는 부족해져서 남보다 더 배우지 않을 수 없는 교육의 '역생산성'[4]을 가져온다. 대학 4년 졸업은 옛말이 되었다. 각종 인턴 경험과 해외 어학연수, '스펙 여행' 등으로 재학 기간은 점점 길어지고, '취직하면 졸업한다.'라는 말까지 나올 정도로 교육은 무한 연장된다. 지적 콤플렉스가 문제되는 이유가 여기에 있다.

지적 콤플렉스는 구체적으로 '학력 콤플렉스'와 '학교 콤플렉스'로 나타나고, 오늘날 새롭게 등장한 '스펙 콤플렉스'나, 각종 임무 완수와 관련해서 '능력 콤플렉스'로 나타난다. 주변에서 쉽게 볼 수 있는 특정 학군에 들어가기 위한 위장전입을 비롯해 부정 입학, 학력의 위조나 과장, 논문 표절 등의 사례는 우리 사회에 이미 지적 콤플렉스가 넓게 퍼져 있음을 보여 준다.

지적 콤플렉스가 표출되는 방식은 두 가지가 있다. 지적으로 우월해지기 위해 지나치게 노력하는 것, 그리고 다른 면에서 우월감을 찾아 콤플렉스를 보상하는 것이다. 전자는 '자기를 높이기'다. 사회생활을 막 시작하는 젊은이들에게서 두드러지는 끝없는 스펙 쌓기 현상은 완벽을 향해 늘 질주하면서도 충족되지 않는 스펙 인플레이션을 가져온다. 과거에는 사회의 통념이 은연중에 지적 콤플렉스를 강요했다면 지금은 스스로 자신을 옭아매는 형국이다.

요즘 잘나가는 전공에 유학까지 다녀왔다. 남들은 나보고 나름 좋은 스펙을 가졌다고 말하지만 나 스스로는 아직도 멀었다고 생각한다. 해도 해도 늘 부족하다고 느끼고 기회가 주어져도 도전을 하기보다는 미리 때 이른 포기를 하고 다음을 기약한다. 그러다 보니 친구들은 벌써 취직해 사회인이 되었는데 나는 여전히 각종 자격증 취득 공부를 하고 있는 것이 또 스트레스가 된다.

— 26세, 구직자

후자인 '남을 낮추기'는 끝없는 노력이 필요한 '자기를 높이기'보다 쉬운 방법으로, 가장 흔한 것이 상대를 무시하는 속칭 '갑질'이다. 권력의 우위에 있는 사람이 자기 지위를 이용해 상대를 깎아내림으로써 상대적으로 자기가 높아진다고 느끼는 것을 말한다. 재력이든 학력이든 남부러울 것 없이 가진 자들이 휘두르는 거대 권력으로서 '갑질'도 문제지만, 스스로 '갑'이라고 인식조차 하지 않을 수많은 미시 권력들이 비논리적 비상식적으로 상대를 깎아내리는 갑질도 문제다. 자신이 '을'에게서 가진 것을 제대로 대우받거나 인정받지 못한다고 믿는 지적 열등감을 확산시키기 때문이다. 오늘날과 같은 치열한 경쟁 사회에서는 영원한 '갑'도 영원한 '을'도 없다. 그저 모두가 쉴 틈이 없이 '갑'과 '을'을 반복 교대하면서, 무시하고 무시당하는 지적 콤플렉스는 점점 확대되고 깊어진다.

여성이라고 지적 우월을 열망하는 데 예외는 아닐 것이다. 경쟁력은 강할수록 좋고, 남보다 앞서는 것을 마다할 여성은 없어 보인다. 그러면 과연 지적 콤플렉스에서 남녀 차이는 이제 없어졌을까?

20년 전에 여성이 지적 능력을 쌓을 기회가 차단되는 것에 주목하며 기회의 개방을 요구했다면, 지금은 기회를 개방했는데도 사회 진출에서 남녀 격차가 여전한 데 주목한다.[5] 여성의 사회적 성취[6] 성적표는 솔직히 실망스럽고 당황스럽다. 모든 것이 다 갖추어졌다는데 나타난 결과는 여전히 미약할 경우 혹자는 쉽게 여성의 노력이나 의지가 부족한 탓이라고 말하고,[7] 이것이 여성 천성론으로 이어져 남녀의 차이를 더욱 공고히 하는 계기가 되기도 한다.[8]

여성들이 오늘날 개인의 탓으로 돌리는 많은 열등 요소들이 실은 여전히 불평등한 환경의 결과라면, 여성들은 더는 과도한 노력을 통해 지적 열등감을 극복하려고 할 것이 아니라, 더욱 교묘하게 여성을 과소평가하고 무시하는 환경으로 시선을 돌리고 이를 분석해야 한다. 이에 필요한 것은 다음과 같은 질문이다.

여성과 지적 능력 추구의 부정적 관계는 정말 사라졌을까? 여성들은 모두 사회적 성공을 원하는가? 지적 능력 추구와의 긍정적 관계는 남성에게만큼 여성에게도 온전한가? 여성들은 모두 사회적 성공을 이룰 수 있게 되었는가? 지적 성취에 따른 보상이 기대에 미치지 못하거나, 사회적으로 성공해도 보상이 적지는 않은가? 만일 과거의 부정적 관계가 완전히 없어지지 않았고 현재의 긍정적 관계가 온전한 것이 아니라면, 지적 능력 추구에 대한 여성의 심리는 더욱 복합적으로 분열하게 될 것이다. 대표적인 예가 지적 능력을 추구하기는 하되 시끄럽지 않은, 한마디로 '세련된 여성스러움'이다. 이것이 문제가 되는 이유는 직설적이고 가차 없는 성차별주의나 과격한 페미니즘보다 더 영향력 있는 '온정적 성차별주의benevolent sexism'[9]로 여성 개개인의 내면에 쉽게 자리 잡기 때문이다.

카산드라 이야기

지적 능력 추구에 관해 긍정적 방향과 부정적 방향을 모두 안고 있는 현대 여성의 모습은 그리스신화의 카산드라를 닮았다. 뒤(과거)에서 잡아당기는 상황에서 앞(미래)으로 나아가야 하는 운명이 같기 때문이다. 트로이의 공주인 카산드라는 예언 능력은 있으나 설득력이 없다는 저주를 받았다. 카산드라는 트로이의 전쟁과 패배를 예언했지만 아무도 믿지 않았고, 오히려 허위 사실을 유포했다는 비난을 받았다. 카산드라에게 이러한 능력이 생긴 이유는 아폴론이 그녀의 미모에 반해 예언 능력을 주었기 때문이라고도 하고, 카산드라가 사랑을 조건으로 예언 능력을 달라고 했기 때문이라고도 한다. 이 이야기에서 중요한 것은 카산드라가 아폴론의 사랑을 거부해 '설득력을 빼앗기'는 저주를 받았다는 사실이다.

카산드라 콤플렉스, 카산드라 신드롬, 카산드라 딜레마 같은 말은 경제, 정치, 의학, 심리, 페미니즘, 환경 등 여러 분야에서 많이 쓰인다. 예언력은 아주 매력적이고 경쟁력 있는 지적 자산이 될 수 있다. 날씨 예보만 해도 때로는 매출이나, 선거운동, 선거 결과 등에까지 영향을 미치기 때문에 아주 중요한 정보가 되는데, 미래를 내다보는 능력이라면 누구라도 갖고 싶을 것이다. 그러나 아쉽게도 카산드라는 예언이 적중해도 아무도 듣지 않는 데다 유언비어를 퍼트리고 불안을 조성한다고 오히려 사회적 비난의 대상이 된다. 그래서 '카산드라'는 예언에 귀를 기울일 사회적 분위기가 아직 조성되지 않은 상황에서 너무 시대를 앞서 가서 인정받지 못하거나 이해받지 못하는 사람의 운명을 가리키는 말이 되었다.

카산드라가 여성이라는 점에 주목해 보면 카산드라의 '예언력'은 또 다른 의미로 해석할 수 있다. 카산드라의 예언력은 바로 현대 여성의 지적 능력의 특성을 보여 준다.

몇 가지 설문 조사 결과부터 살펴보자. 남녀의 지적 능력 차이에 대해 여성들이 어떻게 생각하고 있는지를 물었을 때, 직관력만 빼고는 거의 모든 분야에서 남녀 차이를 못 느끼겠다고 응답했다(〈표1〉). 90.2%의 여성은 여자가 남자보다 지적으로 열등하지 않다고 생각했고 여성 본인에게 물었을 때도 남자와 지적으로 동등하다고 생각하는 비율이 80.9%로 압도적이고 더 우수하다고 생각하는 비율도 11.2%에 달했다. 현대 여성은 지적 능력에서 성별 차이를 느끼지 않고 있으며 모두 지적 우월 경쟁에 '올인'할 수 있다고 기대한다는 것을 알 수 있다. 여성과 지적 능력이 긍정적 관계가 된 것이다.

〈표 1〉 지적 능력 차이에 대한 일반적 견해

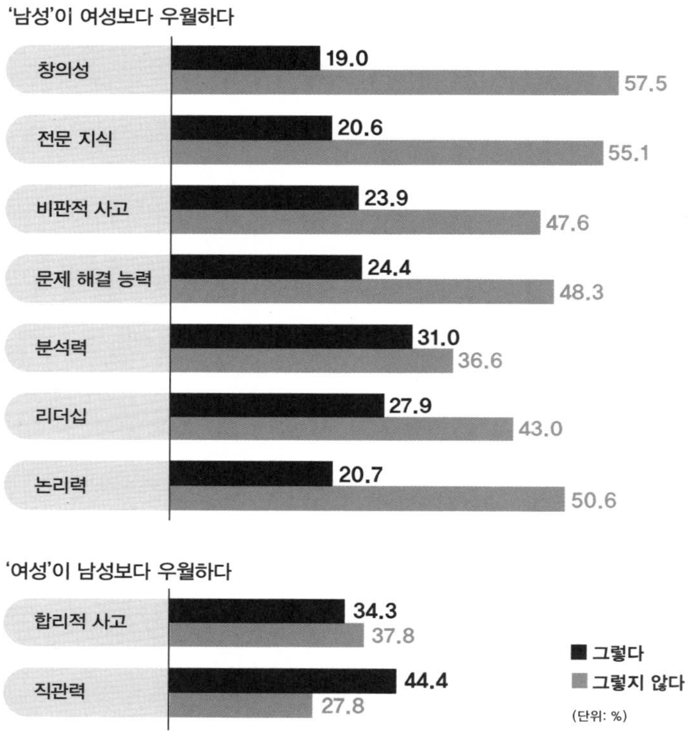

〈표 2〉 당신은 언제 지적으로 남자보다 열등하다고 느끼셨습니까?

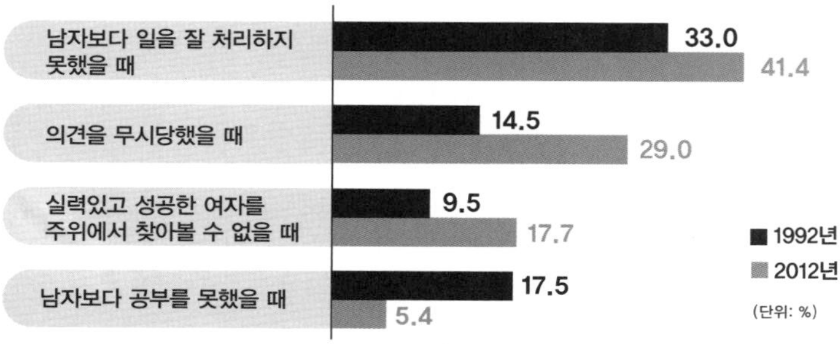

그러나 구체적인 상황에 부딪쳤을 때는 여전히 남성에 비해 지적 열등감을 느끼고 있었다. 20년간의 변화를 보기 위해 1992년 조사 때와 똑같이 '언제 지적으로 남자보다 열등하다고 느꼈는지'를 물었더니 '남자보다 일을 잘 처리하지 못했을 때', '의견을 무시당했을 때', '실력 있고 성공한 여자를 주위에서 찾아볼 수 없을 때' 순으로 응답자가 많았다(〈표 2〉). '남자보다 공부를 못했을 때'라는 답은 12%나 줄어 지적 능력에 대한 일반적 견해와 일치했다. 반면에 부족한 일 처리 능력 때문이라는 답은 절반에 가까웠고, 의견을 무시당했을 때와 롤모델 부재 시에 열등감을 느낀다는 비율은 거의 두 배로 증가했다.

최근 여성의 학업 성취도가 남성과 비교해 뒤쳐지지 않음에도 일 처리 능력을 성별과 연결지으면서 남성보다 일 처리를 못한다고 느끼는 것은 일 자체보다 일을 둘러싼 절차나 처리 과정에서 어떤 장애를 겪는다는 의미일 수 있다. 그래서 지적 열등감이

〈표 3〉 여자가 남자보다 지적인 면에서 열등한 이유는 무엇이라고 생각합니까?

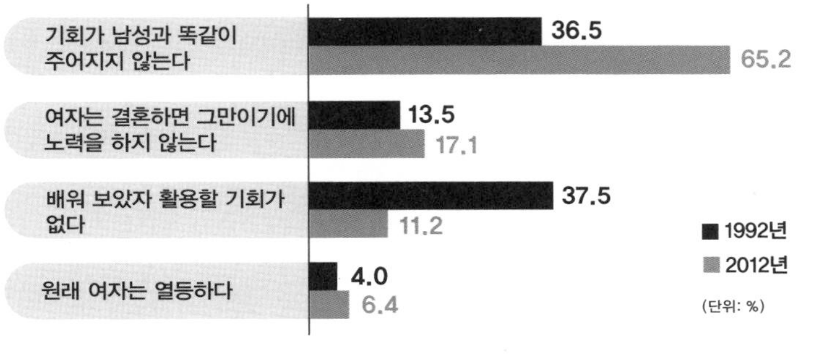

발생하는 원인에 대해 물어보았다(〈표 3〉). 20년 전에는 '배워 보았자 활용할 기회가 없다.'를 먼저 꼽았는데, 지금은 '기회가 남성과 똑같이 주어지지 않는다.'를 가장 큰 원인으로 보고 있다. 과거에는 아예 기회를 차단한 것이 문제였다면 지금은 기회가 불균등하게 주어진다는 데 문제가 있다는 것이다. 성차별이 사라졌다는 대외적인 구호와 달리 실제로는 여성이 여전히 불리한 환경에 있다는 것을 여성들 스스로 인식하고 있다. 결혼과 여성의 천성이 원인이라는 답도 소폭 늘었다. 긍정적인 지적 능력 추구 환경에서는 으레 이런 응답이 줄어들 것이라는 예상과 달리 뜻밖의 결과다.

그러면 현대 여성의 지적 콤플렉스 양상인 '일 처리 능력 부족', '의견 무시', '롤모델 부재'를 카산드라의 고민인 '설득력 없음', '비호감', '사랑의 부재'와 연관시켜 구체적으로 살펴보자.

카산드라의 고민 1: 설득력 없음

정보 통신 사회에서 중요한 것은 사실 자체보다는 사실의 효과적 전달이다. 넘쳐나는 정보를 효과적으로 전달하기 위해 온갖 전략과 전술을 동원하고 시간과 돈을 투자한다. 설득력이 없으면 내용이 없는 것과 마찬가지기 때문이다.

카산드라는 좋은 정보, 즉 적중하는 예언 능력을 가지고 있었지만 이를 전달할 통로인 설득력은 없었다. 기존 담론은 카산드라에게 설득력이 없었다는 데서 끝난다. 그러나 설득력이 어떻게 형성되는가를 살펴보면, 여성으로서 설득력을 얻는 것 자체가 또 하나의 과제이며 출발점이 결코 남성과 같지 않다는 것을 알 수 있다.

설득력은 어떻게 이루어지는가? 아리스토텔레스Aristoteles는 《수사학Rhetoric》에서 설득력을 이루는 세 요소로 에토스, 로고스, 파토스를 들었다. 에토스란 말하는 사람에 관한 것으로, 인성이나 윤리·덕목 면에서 사회적 권위가 있다면 설득력을 갖는다. 로고스란 말의 논리에 관한 것으로, 조리 있는 이야기는 설득력을 갖는다. 파토스란 듣는 사람에 관한 것으로, 듣는 사람이 듣고 싶어 하는 말이 설득력을 갖는다. 카산드라가 설득력을 잃었다는 것은 이 세 요소 중 어떤 면이 빠졌다는 뜻이다. 말하는 사람이 신이 아닌 인간이고 남성이 아닌 여성이기 때문이라면 에토스의 결여이고, 두서없이 말하거나 광기에 사로잡혀 횡설수설했다면 로고스의 결여이며, 트로이 대중의 기대에 어긋난 말을 했다면 파토스의 결여다.

현대 여성과 연결해서 보자면, 논리가 정연하고 듣는 이의 눈높이에 맞춘 말도 '여자'가 하면 무조건 거부당하는 경우가 있다. 이것이 바로 에토스에 관한 문제다.

현장에서부터 근무를 시작했는데, 나이 든 남자 직원이 사무실에 들어오면 눈으로 일단 입사 동기 남자 직원부터 찾는다. 그리고 그가 없으면 그냥 나가 버린다. 너무나 속이 상해서 상사에게 가서 푸념을 하면 "그 사람들 자기 엄마 말도 안 듣는 사람들이야." 라고 별로 대수롭지 않게 여긴다. 입사 동기인데도 남자 직원에게만 일이 몰리니까 그도 너무 힘들어한다. 요즘 같은 취업 전쟁 상황에서 주위 친구들의 부러움과 하소연을 들을 때마다 그만둘 생각을 접고 참고 견디기로 마음먹지만 매일매일 마음이 멍투성이다. — 25세, 회사원

대놓고 내색은 안 하지만 여자 직원을 기피하는 현상은 어느 분야를 막론하고 흔히 벌어진다. 기피의 수준을 넘어 적대감을 갖는 경우도 있다. 예를 들어 인사 담당자들은 솔직히 여성을 뽑고 싶지 않다며 불평한다. 여성들이 자기 일만 챙길 뿐 함께 적극적으로 일을 도모해 보려고 하지 않는다는 것이다. 이는 성취에 대한 객관적 판단이 아니라 여성이 직장에 얼마나 적합한가에 대한 주관적 판단으로 보이며, 여성은 '적합성 시험' 통과를 위해서도 고군분투해야 한다.[10] 앞의 사례처럼 겉으로는 기회가 동등하기 주어지는 것 같아 보이지만 내부적으로는 그렇지 않아서 일을 배울 기회를 박탈당하기 쉽다.

여성적인 말하기 방식 때문에 설득력을 얻지 못한다면, 로고스에 연관된 문제다. 일반적으로 여성이 남성보다 언어 능력이 뛰어나다고 하지만 이는 주로 부부 싸움과 같은 사적인 상황에서나 유용할 뿐, 사회에서 통용되는 언어 코드로 볼 때 여성적 말하기 방식은 여전히 감정적이고 신경질적이라는 통념이 있다. 이에 대해 남성뿐만 아니라 여성들도 공감하며 동조하기도 한다.

남편의 회사에는 여자 직원이 많다. 남편은 남자 직원이 편한 눈

치다. 일을 맡기면 남자 직원은 묵묵히 회사일이 다 그러려니 하고 받아 넘기는데, 여자 직원은 불평과 불만이 많고, 감정적으로 말을 해서 피곤하다고 한다. 수긍이 가지 않는 것은 아니다. — 55세 전업주부

좀 더 나은 직장을 찾고 있었고, 화상으로 취업 인터뷰를 했다. 그리고 불합격 통보를 받았다. 나는 내가 지원하려는 자리에 필요한 모든 자격 요건을 갖추고 있다고 생각했기에 왜 떨어졌는지 이해할 수가 없었다. 옆에서 나를 지켜보고 있던 아들이 나중에 그랬다. "엄마, 표정이 너무 슬퍼 보였어." 내 삶이 힘든 건 사실이지만, 솔직하고 진솔하기보다는 적극적이고 도전적으로, 쾌활해 보이도록 표정 관리를 했어야만 했다. — 53세, 시간강사

사회적으로 통용되는 언어 코드는 같은 단어라도 성별에 따라 의미가 달라지는 것들이 많다. 여아가 남아보다 언어 능력이 좋다는 연구 결과와 달리 사회에서는 남성의 발언권이 더 크고 설득력이 높기 때문에 남성이 말을 더 잘한다고 여기기 쉽다. 심지어《화성에서 온 남자 금성에서 온 여자》의 논리처럼 '여자=관계지향적'이라는 통념이 거의 이론처럼 굳어졌지만 직장 분위기를 화기애애하게 만드는 주인공은 대부분 여성이 아니라 남성이다. 그뿐만 아니라 남자 직원들 간, 남녀 직원 간 분규는 비교적 해결하기 쉬운데 여자 직원들 간 분규는 쉽게 해결되지 않아서 여성은 흔히 분쟁을 일으키는 장본인으로 여겨지기 쉽다. 결국 여성

이 더 가졌다는 언어 능력과 직관력과 관계 지향성은 모두 대내용對內用·가정용이며 사회적 코드에 맞는 대외용 능력으로서는 부족하다고 인식하고 있는 것이다. 이런 인식이 누적되어 사소한 일 처리 방식의 차이가 업무 능력의 결여로 간주되고, 일 처리를 완벽하게 하려는 노력은 사소한 데 신경을 쓰고 대범하지 못하다는 평가로 이어진다.

사회에서 통용되는 이성적이고 냉정한, 남성적 말하기 방식이라는 것을 따른다고 해도 설득력을 얻지 못하는 경우도 있다. 이는 파토스에 연관된 문제다. 듣는 사람이 여성스러운 태도를 기대한다면, 자기주장을 강건하게 직접적으로 표현하는 방식을 낯설어하는 상대방에게 감동을 주지 못하고 결국 설득에 실패한다. 상대의 눈높이에 맞추지 못했기 때문이다. 이런 여성은 같은 여성에게서도 공감을 얻지 못하는 경우가 많고, 특히 멘토로서는 부적합하다고 여겨진다.

> 전공과는 조금 다른 직장을 구해 모든 것이 낯설고 모든 것을 배워야 했다. 멘토가 되어 줄 사람을 찾고 있었는데, 여성 상사는 매사에 똑 부러지고 원리·원칙대로 하는 사람이었지만 목소리가 커서 의외로 적이 많았다. 반면에 남성 상사는 다정다감하고 친절했으며 내가 배울 수 있도록 인내심을 가지고 기다려 주었다. 사회생활을 하는 친구들에게 물어보았더니, 그들도 비슷한 이야기를 했다. 한 친구의 보스는 여자인데, 실력은 있지만 후배를 키워 주지 않는다며 인간미가 없다고 불만이었다. — 30세, 연구원

직장에서 여성은 더는 꽃이 아니며 변화된 사회에서 외향적이고 진취적일 것을 요구받지만, 남자처럼 직장생활을 하면 목소리 큰 여자로 낙인찍히기 일쑤다. 같은 태도에도 남성에게는 논리적이라고 하고 여성에게는 따진다고 한다. 직업 세계에서는 여전히 유연하고도 세련되게 자기주장을 하는 여성을 기대하며, 결코 기존의 여성성을 버리라고 권고하지 않는다. 그래서 오늘날 여성들은 내심으로는 동의하지 않지만 대외적으로 '여성스러움'을 표방하는 전략을 택해 '고개를 숙이고 묵묵히 일만 열심히'[11]하게 된다. 낙인에 대한 두려움에서 오는 일종의 방어적 선택인 셈이다. 이것이 남성과 다른 점이고, 여성으로서는 해도 곤욕스럽고 안 해도 곤혹스러운 부분이다.

에토스, 로고스, 파토스를 고려해 설득력을 높인다면 협상력이 커지고 여자도 남자만큼 일 처리를 잘할 수 있을 것이다. 그러나 단순히 설득력을 높이기 위한 노력은 한계가 있다. 세 요소 모두 결국 듣는 사람의 태도와 관련되기 때문에 기존 틀에 맞추는 노력밖에 안 되는 것이다. 설득력이 기존 통념에 얼마만큼 부합하느냐의 문제라면, 그리고 사회가 여전히 남성을 중심에 둔 신뢰감과 문법과 정서에 무게를 둔다면, 설득력을 높이려는 여성의 노력은 한계를 가질 수밖에 없고 노력을 하면 할수록 여성에 대한 기존 통념을 여성 스스로 재생산하고 공고히 하는 결과를 가져온다. 그래서 기존 인식의 틀을 바꾸려는 노력, 즉 청중의 판단 기준을 바꾸려는 노력을 함께해야 한다.

〈표 4〉 설득력의 구성 요소 및 설득력 없음의 예

	에토스	로고스	파토스
청중의 판단 근거	말하는 사람의 인성과 관련: 신뢰감	말의 논리와 관련: 메시지	듣는 사람의 감동과 관련: 기대감
카산드라의 경우	아폴론이 아닌 카산드라	광기에 사로잡힌 횡설수설	트로이 전쟁의 불씨인 헬레나를 저주하고 공포심 조장
현대 여성의 경우	남자가 아닌 여자	감정적·사적 언어	직접적·자기주장적 언어

카산드라의 고민 2: 비호감

사람들은 진실보다는 가상의 달콤한 꿈을 선호한다. 꿈꾸게 하는 대상을 환대하고, 현실을 직시하게 하는 대상은 혐오하고 박대한다. 그렇기에 기존 인식의 틀을 바꾸려는 노력을 하다 보면 저항에 부딪칠 확률이 높다. 트로이전쟁의 화근이 된 헬레나는 트로이 사람들에게 환대를 받은 반면, 전쟁을 막기 위해 헬레나의 정체를 밝히려고 그녀의 베일을 벗기고 머리카락을 자르려고 한 카산드라는 허위 사실 유포하고 사회불안을 조성한다는 누명을 쓰고 박대를 받았다.

앞서 설문 조사 결과(〈표 2〉)에서 보았듯이 '의견을 무시당했을 때' 남자보다 열등감을 느끼는 여성이 20년 동안 두 배로 늘었다. 그동안 여성의 지적 성취를 감안한다면, 이는 못 미침에서 오는 열등감이라기보다는 가지고 있는 것을 제대로 평가받지 못하고 대우받지 못하는 데서 오는 열등감이다. 남성들이 사회의 변화를 인정하지 않고 여전히 여성들을 무시하고 낮춤으로써 지적 우월감을 얻으려고 하는 것이다. 지적인 여성의 존재를 부정하고 외면하고 싶은 욕망은 이들에게 부정적 이미지를 덧씌움으로써 이들의 업적이나 성취를 하찮은 것으로 만든다. '독한 여성', '마녀', '악녀'는 이렇게 만들어지며, 상대적으로 이들은 무시하고 조롱하기가 쉽다.

과거에는 여성에 대한 통념이 주로 가정과 제도권 교육을 통해 형성되고 고정되었다면, 오늘날에는 대중매체가 그런 구실을 한다는 면에서 압도적이다. 제도권 교육에서 여학생의 학업 성취가 눈부시게 진보하고 성평등의 사회적 통념이 형성되었지만 아이러니하게도 제도권 교육이 사회에 미치는 영향력이나 무게감은 예전만큼 강력하지 않다. 그 대신 TV나 영화, 인터넷이나 소셜네트워크서비스 같은 대중매체들이 강력하게 개인의 사회화를 주도한다. 미국의 경우 1960년대 말에서 2000년대 중반 사이에 가족 수입에서 (TV, 인터넷, 휴대전화 등) 오락을 위한 소비가 차지하는 비율이 7배 늘었다. 우리는 그 어느 때보다 대중매체에 둘러싸여 살고 있는데, 대중매체는 직접적이기보다 잠재적으로 더 강력하게 우리의 정체성, 꿈, 희망, 야망, 공포를 형성하는 구실을 하고 있다.[12] 대중매체에서 그리는 여성의 이미지 역시 그대로 여론이 되고 사회적 통념이 된다.

사람들이 여성 보스나 권력을 가진 여성을 접하는 것은 현실에서보다는 주로 미디어, 그중에서도 TV를 통해서가 대부분이다.[13] 현실에서 고위직 여성의 비율은 10%에도 한참 못 미치지만[14] 각종 매체에서 고위직·전문직 여성은 실제보다 과대 재현되고 있다. 사람들은 매체의 재현을 보며 여성 문제는 다 해결되었다고, 평등을 넘어 여성 우위의 시대가 되었다고, 그러므로 이제는 남성 쿼터제가 필요할 정도라고까지 착각하게 된다.

대중매체가 재현하는 성공한 여성들의 모습에는 일정한 패턴이 있다. 우선 변화된 시대를 대표하는 인물로 치켜세운 뒤 뭔가 부족하다는 식으로 흠집을 내며 끌어내리고 비난하거나 희화화하는 것이다. 이 여성들에 대해서는 감정과 슬픔을 유발하는 파토스로 접근하는 것이 아니라 어울리지 않는 고귀함과 저급함을 결합시키거나 하찮은 것에 아주 심각함을 섞어서 웃음을 초래하는 점강법, 즉 바토스bathos[15]로 접근한다. 이것은 드라마나 영화에서 흔히 확인할 수 있다. 파토스가 보는 사람이 자신을 드라마의 인물과 동일시하게 함으로써 감정을 고조해 공감을 불러일으킨다면, 바토스는 인물에 공감하지 못하도록 거리를 두어 그 인물을 안심하고 비웃고 비난할 수 있게 한다. 또 파토스가 주로 역경에 처한 주인공에 대한 것이라면, 바토스는 그런 주인공을 힘들게 하는 주변 인물을 대상으로 삼는다. 드라마에서 잘나가는 '악녀'들은 바토스의 대표적인 대상인데, 이런 패턴을 지속적으로 접하다 보면 성공한 여성에 대한 부정적 이미지가 의식에 자리 잡고 그들의 사회적 성취를 대수롭지 않은 것으로 경시하게 된다.

대중매체의 영향은 여성들에게 모순된 태도를 가져온다. 여성들은 대중매체를 통해 바토스의 대상이 된 성공한 여성들을 보면서, 자신은 그 부류에 속하지 않다고 여기고 매체에서 보여 주는 대로 무시하는 행위에 동조한다. 그럼으로써 일종의 우월감을 맛볼 수도 있는데, 그것은 적어도 자신은 그들처럼 어리석은 선택을 하거나 무자비하지 않다는 안도감이다. 수전 더글러스에 따르면, 이는 아이러니한 시청이다. 사람들이 욕하면서도 계속 드라마를 보고 평을 하는 이유는 화면 속 인물들이 부유하고 응석받이에 아름답지만 당신은 그들을 판단하고 조롱할 수 있으므로 그들보다 낫다는 권력 환상을 제공하기 때문이다. 대중매체에 전적으로 매료되지 않는 것처럼 보일 수 있게 하면서 실제로는 매료되게 한다는 것이다.[16)]

결국 대중매체 속 성공한 여성은 여성들에게 자신과 무관한 타자가 된다. 그러나 거리가 가까워서 그들이 바로 자신의 미래 모습일 수도 있다고 생각될 때면 여성들은 딜레마에 빠진다. 지적 성취의 청사진이 그려지지 않을 때, 다른 여성들이 겪고 있는 어려움이 나라고 해서 비켜 갈 것 같지 않으며 비난받고 무시당할 것이 뻔할 때 목표를 향해 달려갈 것인가를 놓고 주저하게 된다. 이는 성공한 여성이 여성들에게조차, 심지어 자기 자신에게조차 별로 호감을 주지 않으며 롤모델이 못 되는 이유다.

직업에서 성공한 여성에 대한 첫 반응은 남녀를 불문하고 하나같이 '독한 여성'이다. 이 말이 비난이건 칭찬이건, 이 바닥에서 독하지 않고서야 그 자리까지 갈 수 있었겠느냐는, 인정과 비웃음이 반반 섞인 말이다. 남자들에 대해서는 절대 '독하다'는 표현을 쓰지 않는다. 설령 쓴다고 해도 거기에 비웃음은 없다. 나에게는 그저 요원한 자리이기 때문에 한 번도 내 문제라고는 생각해 본 적이 없다. 그냥 '그들'일 뿐이다. 별로 따르고 싶은 생각도 없다. 생각을 하게 되면 너무나 많은 문제와 고통들이 함께 밀려오기 때문이다. — 29세, 회사원

제주 서귀포를 떠나 서울에서 근 30년 기자 생활을 했다. 왕뚜껑, 마녀(마감녀) 소리를 들으며 일중독자로 휴가도 없이 살았다. 여자가 그 세계에서 살아남기 위해서는 그럴 수밖에 없었다. 정치부 기자로, 편집장으로, 남보다 1.5배 더 일하면서 25년간 특종 전쟁이라는 전쟁터의 사령관으로 있었지만 합종연횡하는 정치 현실은 취재 열기를 꺾었다. 피로감이 누적되면서 몸에 이상은 없는데 자꾸 아팠다. 걷기 시작했고 휴가를 위해서는 기자 생활을 그만두어야 했다. 평생 힘겹게 쌓아 올렸던 일을 그만두고 나이 오십에 산티아고로 떠난다고 했을 때 어머니로부터 '미친년'이란 소리를 들어야 했다. — 서명숙, 〈길을 걸으며 비로소 나 자신과 만나다〉[17)]

오늘날 면접이나 추천에서 실력 다음으로 중시되는 것이 성격이라고 하는데, 더 정확하게 말하면 '호감도'다. 셰릴 샌드버그 Sheryl Sandberg에 따르면, 호감도는 직업적 성공의 주요 요소로서 다른 사람들과 잘 지낼 수 있다고 믿는 것과 관련이 있으며, 여성들은 여성이라는 이유로 직업적 성취가 부정적인 인상을 줄까 봐 침묵해야 한다는 압박감을 가지고 있다.[18)] 자기계발서나 성격 개조 프로그램 들은 호감도나 성격이 더는 타고나는 것이 아니

라 노력의 대상이라고 말하지만, 설득력과 마찬가지로, 호감도를 높이는 것만으로는 한계가 있다. 기본적으로 호감도는 기존 통념에 근접할수록 높아지고 비호감은 거기서 벗어날수록 높아진다. 이런 관점에서 직업적 성공을 이룬 여성에 대한 비호감[19]은 이들을 여전히 예외적이고 통념을 벗어난 존재로 보는 일종의 문화지체 현상이고 현실 부정이다.

시각을 달리해서 좀 더 다양한 사회와 문화를 지향하는 관점에서 보면, 비호감은 개성이 될 수 있다. 따라서 단순히 호감도를 높이기 위한 노력만 하기보다는 비난과 비판에 맞설 능력을 키우는 것이 중요하다. 무시하는 행위는 무시당하는 사람에게 열등감을 안겨 주지만 동시에 무시하는 사람의 열등감을 반영한다. 상대를 잘 들여다보고 분석하면 역으로 본인이 가진 능력과 장점이 드러날 것이다.

카산드라의 고민 3: 로맨스의 부재와 '만약'

사회는 홀로 있는 성공한 여성을 여전히 '뭔가 불완전'하고 '뭔가 부족'하다고 본다. 카산드라가 예언력을 갖고도 설득력을 빼앗긴 것은 결국 아폴론의 구애를 거절했기 때문이다. 전통적으로 남성의 전유물이었던 지적 능력을 여성이 가지려고 할 때 늘 전제되는 것은 남성의 존재, 다시 말해 로맨스다. 여성이 카산드라처럼 사랑을 거부하고 홀로서기를 시도하거나 사랑보다 지적 능력에 더 관심을 둘 때, 여성이 가진 지적 능력은 불완전한 것이 된다.

직업적으로 성공한 여성들의 로맨스 부재를 암시하는 방법은 여러 가지가 있다. 미혼 여성은 거의 예외 없이 '노처녀'라는 점을 부각하고, 기혼 여성의 경우 사회적·직업적 성공과 업적보다는 가정 문제를 부각하거나 혼인 및 가족 관계를 먼저 언급해 그가 가진 지적 능력을 상쇄하거나 부차적인 것으로 만든다. 예컨대 아이에게 문제가 있으면 대뜸 "엄마가 밖으로 돌아다니니까."라거나 "이기적으로 자기 일에만 빠져 있으니." 하고 비난하기 쉽다. 또는 아무개의 딸이니 부인이니 하면서 어떤 식으로든 남성과 관련된 면을 우선적으로 부각한다. 최근 프랑스 사회당의 대통령 후보였던 마리 세골렌 루아얄Marie-Ségolène Royal이 올랑드Francois Hollande 내각의 환경에너지부 장관으로 내정될 때, 언론은 그녀를 소개하면서 우선 올랑드 대통령의 동거녀였다는 것을 기사 제목으로 올리고 그다음에야 사회당 대통령 후보였음을 밝혔다.

남성의 경우, 사회적·직업적 성공이 로맨스의 부재 때문에 불완전하게 취급되지는 않는다. 오히려 남성에게 로맨스는 마치 전리품과도 같이 성공에 따르는 것이다. 이를테면 '007 시리즈'의 제임스 본드가 대표하는 남성은 어려운 임무를 완수하면 로맨스가 저절로 따라온다. 흔히 아들을 둔 엄마들은 이렇게 말한다. "공부 잘해서 출세만 해. 여자들은 줄줄이 따라오게 되어 있어." 설령 사랑이 따르지 않아도 남성은 별로 손해 볼 것이 없다. 이미 수행 성과만으로도 충분한 보상을 받기 때문이다. 이처럼 남성과 지적 능력은 긍정적 관계이며 지적 능력은 많으면 많을수록 좋다.

그에 반해 여성과 지적 능력은 여전히 부정적이고 소극적인 관계다. 과거에는 지적 능력이 선택의 문제라서 그것이 없어도 별로 흠이 되지 않았지만 지금은 필수가 되었다는 점이 달라졌다. 그럼에도 불구하고 여전히 여성의 지력은 그 자체로서 평가받기보다 불가분의 관계인 사랑과 함께 평가받는다. 오늘날 여성들은, 특히 젊은 여성들은 사회적·직업적 성공 열망을 최우선으로 하면서 결혼과 가정에 대한 열망도 놓지 않는다.[20] 경제활동의 기회가 확장되었지만 여성들은 사회적 성공에서의 관건은 어떤 배우자를 만나느냐에 달려 있음을 충분히 인식하고 있다. 샌드버그 역시 성공하려는 여성들에게 사회생활에서 가장 먼저 고려해야 할 점은 배우자 선택이라고 조언하며, 성공한 여성들 중 대다수도 남편이 아니면 성공할 수 없었다고 말한다. 어떤 배우자를 만나느냐가 오늘날 여성의 사회적 성공 여부에 직결되어 있음을 말해 준다. 현대판 '뒤웅박 팔자'인 셈이다.

만약 카산드라가 아폴론의 사랑을 받아들였다면 어떻게 되었을까? 사랑도 얻고 설득력도 얻었을까? 카산드라는 예언력을 통해 자신이 늙으면 아폴론이 자기를 버릴 것임을 알고 사랑을 거부했다고 한다. 그 사랑이 영원하지 않을 것임을 내다본 것이다.

여성이 직업적 성공과 사랑을 모두 얻는 경우는 드라마에서 흔히 볼 수 있다. 그런데 이 드라마들에서 주목할 것은 사랑을 얻는 순간 여성의 능력은 배경이 되고 늘 사랑이 전면에 부각된다는 점이다. 전문직 여성을 주인공으로 등장시키는 드라마는 대부분 결론이 같다. 드라마 초반에 화려하고 매혹적인 볼거리를 제공한 여성의 사회생활은 끝으로 갈수록 병풍이 되고 결론은 늘

'사랑'뿐이다. 로맨스 드라마에 전문직 여성이 등장하는 것이 새로운 유행인지, 아니면 전문직 여성을 등장시켜도 드라마의 궁극적 목표는 늘 동일하게 로맨스인지는 보는 방향의 차이지만 확실한 것은 여성의 직업과 로맨스가 패키지로 간다는 점이다. 〈표 5〉를 보면 2007년 전까지는 TV 드라마는 거의 멜로가 중심이고 전문직을 감초처럼 보태는 경향이 컸다면, 2007년 이후 본격적으로 전문직 중심의 서사 구도가 확대되고, 2009년 이후 다루는 직업은 다양해졌지만 서사 구도의 중심은 다시 멜로로 이동했다.

앞서 〈표 3〉에서 본 것처럼 지적 열등성의 이유로 '여성은 결혼하면 그만'이라는 생각은 여전하며, 20년이 지나는 동안 오히려 비율이 높아졌다. 이것은 무엇을 말하는가? 여성에게는 로맨스가 지적 능력을 완전하게 해 줄 것으로 기대되지만, 정작 로맨스를 갖춘 다음에는 그것이 지적 성취에 장애가 된다는 말이다.

> 미혼일 때 그리고 결혼 초까지만 해도 수재 소리를 들으며 자리도 일찍 잡아 정착했던 동료들……, 유학 시절 매우 촉망을 받았던 그들인데 10여 년이 흘러 지금 근황을 물어보면, 많은 친구들이 아쉬움에 한숨을 쉬며 들려주는 이야기가 있다. "걔? 아줌마 다 됐지 뭐……." — 50세, 교수

여성은 결혼과 함께 나태해져서 더는 노력하지 않는 것일까? 사회적 야망이 없어지고 현실에 안주하는 것일까? 여성의 사회적 성공 앞에 결혼이 장애일까? 고학력 여성, 직업에서 성공한

〈표 5〉 전문직 드라마의 중심 서사 구도(직업/멜로) [20]

	직업 중심	직업+멜로	멜로 중심
2000년	메디컬센터(의학)	이브의 모든 것(아나운서)	
2001년			호텔리어(호텔리어)
2002년		리멤버(검사)	라이벌(골프)
2003년			보디가드(경호원) 때려(복싱)
2004년			매직(마술)
2005년			변호사들(법정) 달콤한 스파이(교통순경, 경찰) 내 이름은 김삼순(파티쉐) 패션 70s(패션) 온리유(요리)
2006년			오버더레인보우(대중음악계, 가수) 진짜진짜 좋아해(청와대 요리사, 청와대 경호원) 불량가족(가족대행서비스업체)
2007년	일단 뛰어(경찰) 하얀거탑(의학) 에어시티(항공) 히트(수사) 외과의사 봉달희(외과) 쩐의 전쟁(대부업)	뉴하트(흉부외과) 개와 늑대의 시간(국가정보원 요원) 마왕(수사)	커피프린스 1호점(바리스타) 로비스트(로비스트)
2008년	강적들(청와대 경호원) 베토벤 바이러스(클래식) 종합병원2(의학) 스포트라이트(보도국 기자) 식객(요리)	그들이 사는 세상(방송국 드라마 제작국) 내 여자(조선업) 밤이면 밤마다(문화재청, 고고학자) 온에어(방송, 연예계)	대한민국 변호사(변호사) 신의 저울(법정) 떼루아(와인)

2009년	열혈장사꾼(자동차 세일즈) 스타일(패션잡지)	파트너(법정) 드림(이종격투기)	결혼 못하는 남자(건축) 신데렐라 맨(의류업) 트리플(피겨스케이팅) 카인과 아벨(의학)
2010년	산부인과(의학)	제빵왕 김탁구(제빵업) 파스타(요리·파스타)	신데렐라 언니(양조업) 국가가 부른다(9급 순경, 정보국요원) 개인의 취향(가구 디자이너, 건축설계사) 런닝, 구(마라토너) 검사 프린세스(법정)

여성 들이 점점 늦게 결혼하거나 아예 결혼을 하지 않는 경향은 적어도 여성에게는 결혼과 직업적 성공이 동시에 이루어지기 어려움을 보여 주는 반증이다. 오늘날 여성들에게 사회생활과 결혼생활을 병행하는 것은 '꿈'이고 양자택일이 '현실'이다.

내가 일하고 있는 이 분야에서는 아예 고위직에 있는 여성을 본 적이 없다. 성과급제이기 때문에 여성에게 결코 불리하지 않고 해 볼 만하지만 어느 단계 이상이 되면 여성들이 거의 다 회사를 그만둔다. 아직 결혼 전이지만 만약 내가 이 분야에서 계속 일을 하겠다고 하면 결혼은 포기해야 할 것 같다. 그들이 일을 그만두는 것이 결국은 병행을 해 보려고 하다가 할 수 없어 하나를 포기한 것이기 때문이다. — 30세, 회사원

직업을 택해 사회에 남는 여성은 점점 외로워진다. 앞선 조사 결

과(〈표 2〉)에서 보았듯이 '실력 있고 성공한 여자를 주위에서 찾아볼 수 없을 때' 열등감을 느낀다는 응답이 20년 전보다 두 배 가까이 증가했다. 사회생활을 하는 여성들이 눈 씻고 찾아봐도 여자 선배를 볼 수 없을 때, 나를 이끌어 줄 여성 멘토를 찾아볼 수 없을 때, 키워 주고 싶은 여자 후배가 없을 때, 이들은 남성에 비해 열등감을 느낄 수 있다. 샌드버그의 표현을 빌자면, "한 해 한 해 갈수록 동료 가운데 여성은 점점 적어지고 점점 더 자주 방에서 여자는 나 혼자가 되는 것이다."[22)]

여성 롤모델의 경우, 지나치게 높은 수준의 엘리트 여성 지도자는 예외적인 존재로 여겨져 여성들에게 오히려 부정적인 영향을 미친다고 한다. 사기를 떨어트리기 때문이다. 반면에 중간 수준이나 비엘리트적인 여성 지도자는 열망의 대상으로서 동일시할 수 있기 때문에 여성들에게 긍정적 영향을 미친다고 한다.[23)] 앞서 보았듯이 대중매체에 재현된 성공한 여성에 대한 이미지는 한편으로는 여성 평등을 기정사실화하는 과대 재현의 효과를 가져오면서 다른 한편으로는 부정적 이미지를 확대한다. 그러나 현실에서 만날 수 있는 성공한 여성들은 긍정적인 롤모델로 여성들에게 지대한 영향을 미칠 수 있다. 반대로 여성에게 직업 세계의 구체적이고 도달할 여지가 있는 여성 롤모델이 부재하면 이는 곧 남성과 여성 간에 꿈의 격차를 만든다.[24)]

또 다른 '만약': 꿈꾸기

《꿈꾸는 다락방》의 이지성은 '부의 격차보다 무서운' 것은 '꿈의 격차'라고 말하며 우리 사회에 '꿈꾸기'의 중요성을 알렸다. 꿈꾸기의 구체적인 예를 살펴보자. 미셸 오슬로Michel Ocelot의 실루엣 애니메이션 〈프린스 앤 프린세스Princes et Princesses〉(1999)에는 여섯 가지 에피소드가 있는데, 그중 '마녀La Sorcière'는 우리에게 어떤 식으로 꿈꿀 수 있는지를 따뜻하고도 유쾌하게 보여 준다.[25] 이 작품에서 마녀는 디즈니 애니메이션 〈인어공주The Little Mermaid〉에 나오는 전형적인 마녀처럼 못생기거나 심술궂지 않으며 사랑을 얻기 위해 남을 위험에 빠뜨리지도 않는다. 오슬로의 마녀는 무엇보다도 자기 자신을 사랑하며, 대단한 지적 소유자로 자신의 성에 아름다운 도서관과 정원을 직접 설계해 짓고 운영하는 멋진 기술자다. 우리도 카산드라의 예언력을 꿈꿔 볼 수 있다. 아폴론에 기대어 얻는 능력, 그래서 설득력이 없고 호감도 얻지 못해 아류 취급을 받는 능력이 아니라 스스로 설 수 있는 능력 말이다.

꿈은 우선 꿀 자리가 있어야 하는지도 모르겠다. 꿈을 꾸어 보려고 해도 도무지 여지가 없을 때는 꿈을 꾸라는 말이 헛헛하고 공허해질 수 있다. 그러므로 꿈의 터를 만드는 일, 조금이라도 여지를 만드는 일을 함께해야 한다. 그리스신화의 '카산드라'는 비유이자 신화일 뿐이다. 비유는 반쪽의 진실이고 신화는 인간사를 설명하기 위한 도구일 뿐 인간의 운명을 고정하지는 않는다. 그러므로 신화는 새로 쓰일 수 있고, 그러려면 우선 인간사를 새로 써야 한다.

인디언은 말을 타고 달리다가도 가끔 서서 뒤를 돌아본다고 한다. 영혼이 제대로 따라오고 있는지 확인하기 위해서라고 한다. 숨 가쁘게 돌아가는 이 시대를 살면서 잠시 서서 숨을 고르고 자신에게 이렇게 물어보자. 우리가 추구하는 이 끝없는 경쟁과 스펙 쌓기가 과연 내 삶을 보존해 주고 더 나아가 우리 사회를 기쁨과 행복의 터로 만들어 줄 것인가? 알면 알수록 쌓으면 쌓을수록 나를 짓누르고 꿈의 여지를 점점 더 없애 버리는, 요컨대 나를 죽이는 지식은 아닌가?

6 / 성 콤플렉스

억압된 것은 돌아온다.

단 비틀리고 왜곡된 형태로.

– 지그문트 프로이트

성, 어디까지 왔나

덕훈 섹~스.

인아 흠…… 정사.

덕훈 성교.

인아 자다.

덕훈 그 짓.

인아 밤일.

덕훈 참, 섹스에 대한 말 무지하게 많다, 그지? 퍽fuck~!

인아 오~ 좋아. 본색을 드러낸다 이거지, 떡!

덕훈 떡? 떠억? 잘 한다 아주. 요건 몰랐을 거다. 빠구리~!

인아 흠, 그럼 나는…….

덕훈 빠구리 알아?

인아 음!

덕훈 허, 너 아는 거 많다? 응?

인아 많지 그럼!

덕훈 참 내.

인아 씹!

덕훈 씹? 잘~ 한다.

인아 빠구리보단 낫다.

덕훈 알았어, 알았어. 오케이, 오케이. 흠, 어렵네…… 아, 박다!

인아 어우, 못됐어. 뭘 박아? 그치만 좋아. 야하니까. 큭큭…… 동침!

덕훈 아, 동침, 동침…… 아~ 동침 까먹었다. 아이 참…… 뒷치기~.

인아 땡~!

덕훈 왜?

인아 그건 특정 체위잖아. 자, 하나 둘…… 없지, 없지? 난 있는데~ 끝! 앗싸 이겼다~

덕훈 치, 지도 없으면서. 야, 내가 먼저 한 거니까 너도 하나 더 대야 이겨~. 해 봐! 없지? 하나 둘…….

인아 (지그시 쳐다보다가) 사랑.

덕훈 (할 말을 잃은)

인아 나 이겼지? 어떻게 사랑을 빼놓냐?!

덕훈 쳇, 지도 제일 늦게 생각났으면서.

인아 아니야, 젤 먼저 생각했어. 근데 자기한테 듣고 싶어서 참은 거야.

덕훈 풋, 치이.

영화 〈아내가 결혼했다〉(2008)에서 주인공 덕훈과 인아가 침대에서 나누는 대화다. 다정하고 야하며 성적 솔직함이 가득하다. 이 대화에서 성행위를 가리키는 말들은 비속어에 가깝다. 말하는 사람이나 상황에 따라, 친밀함에 따라, 경험에 따라 성이 얼마나 다양하게 표현되는지 엿볼 수 있다.

성을 가리키는 말만 다양하고 은밀한 것은 아니다. '성' 하면 무엇이 떠오르는가? 어떤 이는 사랑을, 어떤 이는 결혼을, 어떤 이는 섹스를 떠올릴 것이다. 그런가 하면 성폭력이나 성희롱을 연상하는 사람도 있을 것이고, 성 산업과 오락, 포르노나 임신을 생각하는 사람도 있을 것이다. 이처럼 성은 여러 의미로 해석될 수 있어서 성을 이야기할 때면 매번 서로 어떤 의미로 쓰는지를 확인해야 할지 모른다.[1)]

더욱이 성은 인터넷, 스마트폰 등을 통해 무차별로 무한 증식되어 남녀노소 누구나 논의할 수 있는 대상이 되었고, 우리 생활 주변에는 인간의 성적 욕구나 말초적 신경을 자극하는 것들이 넘쳐난다. 성폭력, 성희롱, 강간, 치정에서 동성애, 동성 결혼 합법화 논의에 이르기까지 성과 관련된 온갖 사건이 하루도 빠짐없이 발생하고 있다. 최근에는 성욕 없는 무성애자들의 커밍아웃까지 있었다. 긍정적이든 부정적이든 우리는 '색을 권하는 사회', '유혹의 시대'를 살고 있다.

그럼에도 〈아내가 결혼했다〉는 많은 남성을 불편하게 하고 많은 여성을 당혹스럽게 한다. '남편이 결혼했다'라고 했어도 그럴까? 아마 그렇지 않을 것이다. 프리드리히 엥겔스Friedrich Engels가 말했듯이, 우리가 명목상으로는 일부일처제지만 그 안에 남성이 매춘과 간음 등 일부일처제의 한계를 넘어서는 자유를 누리게 하는, 실상 일부다처제를 포함한 결혼 제도에 길들었기 때문이다. 이 영화는 일부일처제에 딴죽을 걸고, 여성이 중심이기에 문제적일 수 있는 일처다부제의 가능성을 돌아보게 한다. 영화 〈결혼은 미친 짓이다〉(2001)에서는 여성이 결혼 제도에 대해 문제를 제기하고 결혼과 외도를 병치해 보려고 했다. 〈아내가 결혼했다〉에서는 아내의 일탈에서 더 나아가 아예 두 결혼을 결합시키고 공동의 아이까지 시도한다. 두 영화 모두 '결혼'이라는 단어를 쓰지만, 실제 내용은 '사랑'과 '성'을 씨실과 날실로 삼아 짜여 있다. 그리고 사랑(연애)하면 결혼하고, 결혼해야만 합법적인 성관계를 할 수 있다는 우리의 통념에 도전한다.

이 영화들이 그려 내는 풍경이 유쾌한 상상이나 가상일 수만은 없다. 현실에서 사랑 없는 결혼이나 사랑 없는 성, 성 없는 결혼이나 성 없는 사랑(무성애자), 결혼 없는 사랑이나 결혼 없는 성을 무수히 목격하기 때문이다. 이 모두를 사회적 제도나 통념에 따라 예외로, 비정상으로, 비도덕적인 것으로 몰아붙인다면 이러한 성과 사랑은 소외되고 콤플렉스로 이어진다. 그래서 성에 대한 섣부른 정의로 또 하나의 통념을 만들어 성을 가두기보다는 시선을 돌려 통념을 점검해 볼 필요가 있다. 결혼 안에 성과 사랑을 묶는 것이 무리가 아니었을까 하는 의구심을 품는 것이다.

이 글은 20년 시차를 두고 실시한 설문 조사 결과를 비교하면서 성에 대한 우리의 태도와 그 변화 양상을 바탕으로 복합적으로 드러나는 성 콤플렉스들을 살펴볼 것이다.

성에 대한 태도는 어떻게 변했나

1990년대 초 우리 사회에서 성은 한마디로 남성은 적극적이고 여성은 소극적이어야 한다는 이중 규범이 지배적이었고, 여성은 이를 내면화해 성 콤플렉스를 앓고 있었다. 20여 년이 지난 오늘날, 남녀 모두가 성에 적극적이며 다양한 양상을 보이고 있다. 성에 관한 거의 모든 것이 개방되었고, 이중 규범 따위는 없어졌으며, 남녀 모두 거리낌 없이 내밀한 성을 이야기하고 그렇게 해야만 할 것 같은 분위기가 만연해 있다. '과잉 성애 사회'라고 할 만하다. 그런데 과연 현실에서도 성이 그만큼 자유로워졌을까? 실제로 여성들의 성 의식과 성 행동은 어떤가?

혼전 성관계, 말하지 않는 것이 좋다

2012년 조사에서 미혼 여성의 성관계에 대해서는 각자의 선택이라는 태도를 보여 주었다. '미혼 여성이 성관계를 해도 괜찮다.'에 대해 '그렇다'(33.3%), '보통이다'(33%), '그렇지 않다'(33.7%)의 비율이 비슷했다. 긍정적이든 부정적이든 어느 한쪽에 치우쳐 있다면, 그것은 콤플렉스로 작용할 소지가 있다. 하지만 이렇게 의견이 골고루 분포된 것으로 볼 때, 미혼 여성의 성관계에 대한 통념이 없는 것으로 해석할 수 있다.

그럼에도 혼전 성 경험이 없음을 위장하기도 한다. '결혼 전 남자 친구가 혼전 순결에 대해 묻는다면 성 경험이 없다고 말하는 것이 좋다.'라는 의견에 대해 '그렇다'(42.5%)가 '그렇지 않다'(31.7%)는 답변보다 많아 본인과 직접 관련해서는 다른 태도를 취한다는 것을 알 수 있다. 혼전 순결을 가장한다는 것은 순결 의식에서 여전히 자유롭지 못하다는 뜻이다. 이를 입증하는 것이 혼전 순결의 당위성에 대한 태도다. 2012년 조사에서 '결혼 전까지 여자는 육체적으로 순결해야 한다.'라는 문항에 61.5%가 '그렇다'고 답함으로써 20년 전보다 성에 대해 보수적임을 보여 준다.

요즘 '혼수에 아이도 포함된다.'라는 말이 있을 정도로 혼전 임신이 흔해진 것을 보면 미혼 여성의 성이 자연스러워졌음을 추측해 볼 수 있다. 그러나 미혼 여성의 성이 결혼으로 이어지지 않을 경우에는 혼전 순결 의식이 여전히 행동을 제약하며, 이런 모순에서 혼전 순결을 가장하는 것으로 나타난다.

결혼에서 성관계, 중요한데 불만스럽다

'결혼 생활에서 성관계가 중요하다.'라고 생각하는 여성(63%)이 '그렇지 않다'는 여성(9%)보다 압도적으로 많았다. 반면에 기혼자들의 성생활 만족도를 물었더니 '만족한다'는 답이 37.4%였다[2)] 결혼에서 성관계가 중요하다는 것은 당위적이고 이상적인 생각을 반영한다. 그러나 실제 결혼에서 성생활 만족도가 상대적으로 낮은 것은 이상과 현실 간 격차를 드러낸다. 중요하다고 생각하는데 만족도가 낮을 때 쉽게 짐작할 수 있는 현상은 무엇일까? 배우자나 결혼에 대한 불만, 그리고 배우자의 외도일 것이다.

'배우자 이외의 사람과 성관계를 할 수 있는가'에 대해서는 '그렇지 않다'(74.7%)는 답이 압도적이었다('그렇다'는 10.6%). 혼전 성관계에 대해서는 어느 정도 개방적이지만, 혼외정사에 대해서는 여전히 개방적이지 않은 것이다. 이런 의식을 가진 상태에서 배우자나 자신이 외도 상황에 직면했을 때는 혼란을 겪을 수도 있다는 것을 미루어 짐작할 수 있다.

영화 〈바람난 가족〉(2003)에서는 시어머니, 아들, 며느리가 모두 바람이 난다. 가족 구성원 각자의 결혼 생활은 성관계에 초점이 맞춰져 있고 불만에 대한 해결책은 결혼 바깥에서 찾는다. 영화의 주요 메시지는 성관계에 대한 성찰이다. 등장인물들이 결혼제도 밖의 파트너와는 솔직한 관계를 맺는다는 것에 주목할 필요가 있다.

성관계의 주도권, 여자여도 괜찮다

성관계를 누가 주도하는 것이 자연스러운가에 대해서는 응답자들이 각자 생각대로 할 문제로 여기고 있다. '남자가 먼저 요구하는 것이 자연스러운가'에 대해 '그렇지 않다'(34.9%)는 답이 '그렇다'(31.9%)보다 약간 많았고 '보통'(33.1%)이라는 답을 포함해 대체로 답이 골고루 분포되었다.

반면에 '성관계를 여성이 먼저 요구하는 것에 대해선 어떻게 생각하는가'를 물었을 때는 '괜찮다'(85.2%)는 답이 '아니다'(14.8%)를 압도했다. 성 해방 담론을 받아들이고 있거나, 적어도 받아들여야 한다고 생각하는 것을 알 수 있다. '성관계를 요구할 때 능숙하게 대처해 오해받을까 두려워 조심한다.'라는 문항에 대해서도 '그렇지 않다'(45.2%)가 '그렇다'(21.8%)는 답의 두 배였다. 적어도 남녀 관계에서는 이제 여성이 성적 표현에서 소극성을 가장할 필요를 느끼지 않는다고 짐작할 수 있고, 이것도 개방된 성 의식의 반영으로 볼 수 있다.

이런 결과와 얼핏 모순되어 보이는 또 다른 결과로, 여성이 성관계를 먼저 요구할 수 없는 이유를 물었을 때 '먼저 요구하면 정숙한 여자가 되지 못하며 여자는 성에 소극적이고 자제해야 한다.'라는 답이 70.1%였다. 1992년(79%)에 비하면 9% 줄었지만, 성에 적극적인 여자로 보일까 봐 두려워하는 것은 여전했다. 여성이 성관계를 먼저 요구할 수 있다고 생각하지만, 막상 실행하기는 주저되고 두려운 것이다. 소수 의견이긴 하지만 여성이 성관계를 먼저 요구할 수 없는 이유로 '성욕을 느끼지 못한다.'가 1992년 조사 때 11%에서 13.3%로, '성욕을 느낀다는 것이 혐오스럽다.'도 0.9%에서 5.7%로 늘어난 것이 눈에 띈다. 현대 사회에서 여성은 성에 적극적이어야 한다는 통념에 대한 저항과 성 불감증이나 성 혐오증이 함께 증가한 것으로 보인다.

적극적인 성, 아직 불편하다

우리 주변에 나도는 성적 표현물에 대한 태도는 어떻게 달라졌을까? '타인 앞에서 성과 관련된 기사나 만화를 보게 되었을 때 어떻게 하느냐'는 물음에 '보고 싶지만 주위 시선을 의식해 참는다.'라는 답은 57.5%에서 30.9%로 26% 정도 줄었고, '아무 거리낌 없이 본다.'라는 답은 10%에서 28.1%로 늘었다. 성적 표현물을 접했을 때 주위 시선을 덜 의식하게 되었음을 알 수 있다. 그 대신 주관적 판단과 관련해서는 '비도덕적이라 보지 않는다.'라는 답이 15.5%에서 19.4%로 늘어난 반면, '여성을 비하하는 내용이라 보지 않는다.'는 답은 17%에서 11.7%로 줄었다.

성적 표현물을 접했을 때의 태도와는 달리, 그것을 적극적으로 찾아서 보는 것은 여전히 불편해했다. '에로틱한 영화에서 정사

장면이나 성적 묘사 장면에 어떤 태도'를 보이는지 물었더니 '어색하지만 아무렇지 않은 척하며, 쑥스러워 몸짓이나 표정, 말 등을 얼버무린다.'라는 답이 20년 전(82.5%)보다 10% 늘어 92.8%인 반면 '보통 때처럼 즐기며 본다.'라는 답은 6%에서 1.7%로 줄었다.

설문 조사 결과에서 가장 눈에 띄는 변화는 성지식 습득 경로가 변화한 것이다. '중학교 이후 가정이나 학교에서 체계적인 성교육을 받은 적이 있는가'라는 물음에 '없다'는 답이 1992년 70%에서 2012년 36.9%로 크게 변화했다. '있다'는 답의 경우, 1992년에 잡지·소설 등 인쇄 매체(46%)-친구(23%)-부모와 학교 기관(12%) 순이었는데 2012년에는 부모와 학교 기관(43.4%)-인쇄 매체(12.2%)-친구(4.9%)순으로 바뀌었다. 20년 전에는 인쇄 매체나 친구들처럼 닫힌 경로를 통해 성교육을 접했다면, 지금은 부모와 학교 기관처럼 열린 경로로 접하는 것이다. 이 결과를 통해 성교육에서 도덕적 측면이 더 강조되었을 가능성을 짐작하게 된다. 이런 성교육은 변화된 현실과 괴리감을 낳을 수 있다. 캐서린 하킴에 따르면, 어머니로부터 성교육을 받은 딸이 그렇지 않은 여성보다 더 엄격하게 성의 검열을 받는다고 한다.[3] 따라서 전략적으로 성적 소극성을 가장할 여지가 크다.

베일에 감춰진 네 가지 성 콤플렉스

성 콤플렉스에 대한 설문 조사 결과에서 두드러진 사실은, 20년 전과 견주어 여성들의 성 의식이 자유분방하고 다양해진 것은 맞지만 혼전 순결이나 정절 등에서 여전히 부자유할뿐더러 '열린 성'과는 거리가 멀다는 점이다. 뜻밖의 결과일 수도 있고, 충분히 예측할 만한 결과일 수도 있다.

우리가 과거와 현재를 견줄 때 과거에 억압적이었던 것이 현재는 개방적이 되고, 과거의 문제가 더는 존재하지 않는다고 착각하기 쉽다. 그러나 과거와 현재라는 '시간'은 '공간'으로도 존재하며 한쪽에서는 억압이, 다른 한쪽에서는 개방이 동시에 진행된다. 특히 성에 관한 억압은 은밀하고 집요하게 천성처럼 내면화되어 있다가 개방을 경험하면서 세대마다 사람마다 과거와 현재가 혼재되어 의식과 행동을 굴절시킨다. 과거의 논의가 과거로 끝나지 않고 현재 진행형으로 계속될 수밖에 없는 이유다.

이번 설문 조사 결과에 기초해 성에 대한 태도를 크게 네 가지로 정리할 수 있다. 과거부터 이어진 수동적이며 억압된 성, 근대 이후 해방된 낭만적 성, 새로운 현대적 양상인 위장하는 능동적 성, 소비적이며 과시적인 담론으로서의 성이다. 이것은 물론 한 세대나 한 개인에게 고정된 성 콤플렉스라기보다는 개인마다 처한 상황이나 목적에 따라 적극적으로 드러내거나 무의식적으로 숨기는 태도에서 읽을 수도 있다. 개인적 사례와 역사적 배경을 통해 베일에 감춰진 네 가지 성 콤플렉스를 살펴보자.

수동적 성 억압

과거에는 순결 의식과 정절론을 비롯해 기회 차단과 본성론, 팔자론 같은 노골적인 억압 이데올로기들이 여성을 성적 소극성에 묶어 두었다. 서구에서는 결혼 전까지 여성을 수녀원에 감금하기도 했다. 여성의 혼전 순결을 확실히 보장하기 위해서였다. 아프리카나 이슬람 문화권에서 '세정'이니 '정화'니 하는 이름으로 벌어지는 여성 할례는 성감대를 제거함으로써 여성의 출산 기능만 강요하는 인습이다. 이슬람 문화권의 히잡이나 차도르, 우리나라 개화기까지 여성이 외출할 때 쓰던 장옷 등은 몸을 가림으로써 이동식 격리 장치 기능을 했다고 할 수 있다.

개인차는 있지만 언뜻 보기에 억압 같지 않은 것들이 지금까지 내려오고 있다. 주로 아버지나 오빠가 딸이나 누이에게 행하는 갖가지 규제가 그렇다. 연애를 금지하거나 귀가 시간을 제한하거나 외박·여행·유학 등을 금지하고, 심지어 자전거 타는 것을 막음으로써 여성의 활동을 제한한다. 한번 각인되면 평생 고정되는 것 가운데 하나가 성 규범이다. 여성의 경우 이런 규제와 규범을 내면화하면 본성이나 운명처럼 받아들이게 된다.

마흔 살에 남편을 잃고 세 아이를 혼자 키웠다. 남편을 잃은 뒤로 성관계를 가져 본 적도 없지만 해 보고 싶다는 마음을 가져 본 적도 없다. 사느라 힘들거나 여유가 없어서가 아니라, 결혼하면 일부종사해야 한다고 생각했기 때문이다. 여러 차례 유혹이 있었지만 거절했다. 그렇다고 후회되는 것도 아니다. 남편이 살았을 때도 남편하고 하는 성관계가 막 좋았던 것 같지 않고 그저 그랬다.
— 65세, 주부

세대 안에서도 개인차는 있지만 대개 60대 이상의 여성들은 '섹스는 그저 그런 것'으로 여긴다. 여성의 성적 소극성이나 성 불감증, 나아가 성 혐오증은 페미니즘에서 주장하듯 그동안 억압받아 온 사회화의 결과일 수도 있고, 몇몇 과학적 논의에서 주장하듯 여성의 본성일 수도 있다. 다른 한편으로는 남성의 성적 태도에 대한 불만을 표시하는 일종의 '섹스 파업'일 수도 있다.

남편이 술을 마시고 와서 억지로 성관계를 요구할 때마다 나를 물건 취급하는 것처럼 느껴져서 하고 싶은 마음이 싹 달아난다. 결혼 초기에는 그냥 아무 느낌 없이 봉사하는 자세로 누워 있을 때가 많았는데, 요즘은 애들 방에 가서 잔다. 남편이 꼴 보기도 싫고, 더 이상 남자로 보이지도 않고 재미도 없어서 그냥 한 지붕 아래서 같이 사는 사람으로만 느껴진다. — 39세, 결혼 10년차 주부

문제는 남성 중심의 성관계에서 여성은 선택할 여지가 많지 않다는 데 있다. 다른 여성으로 대체될 수 있는 상황에서 기본적인 권리 주장, 즉 대등한 성적 파트너로 대우해 달라는 요구는 묵살되기 쉽다.

낭만적 성 해방

요즘 여성의 의식에도 남성의 에로스적 사랑 개념이 자리를 잡아 가는 듯하다. 젊은 남녀가 길거리에서 노골적으로 애정을 표현하는 모습도 자주 눈에 띄고, 젊은 여성들끼리 모여 성에 대한 고민과 경험담을 스스럼없이 털어놓는 일도 흔해졌다. 이런 분위기에서 성 경험이 없으면 오히려 이상한 사람 취급을 받을 정도이며 점점 여성들도 기회가 있다면 비교적 자유롭고 가벼운 마음으로 성관계를 하는 풍조로 바뀌고 있다.

그런데 남녀 관계를 에로스로만 생각하면 어떤 문제가 발생할까? 남녀가 연애를 하게 되면 '어디까지 갔느냐'가 중요한 관심사가 된다. 손 잡기, 키스, 애무를 거쳐 섹스까지 했다면 흔히 '갈 데까지 갔다'는 표현을 쓴다. 남자들이 주로 생각해 온 에로스적 사랑 개념이 여자들에게까지 확산된 것이다. 그럼에도 섹스를 남녀 관계나 사랑의 최종 목표로 삼을 때 상처받는 쪽이 누구일지는 뻔하다.

> 남자 친구와 스킨십을 하다가 얼떨결에 첫 경험을 하게 되었다. 솔직히 좋은지도 모르겠고, 하고 난 뒤 우울해져 한동안 남자 친구와 말을 하지 않았다. 이걸 왜 하는지, 이래도 되는 건지 후회가 컸다. 이 사람이 내 순결을 줄 만큼 괜찮은 사람인가에 대해 계속해서 의심이 들었고 준비 없이 갑작스러운 경험으로 혹시 임신이 된 건 아닌지 고민했다. 사랑을 나눌 때는 둘이었지만 결과는 혼자 책임져야 것을 절실히 깨달았다. — 22세, 대학생

연애 관계에 있는 남녀는 여자와 남자, 즉 사회가 기대하는 남성과 여성의 성역할 구도에 들어서게 된다. 사회적 역할과 압력이 다른 여성과 남성에게 성과 사랑의 의미도 달라진다. '여자는 사랑을 원하고 남자는 섹스를 원한다'거나, 사랑하면 남자는 여자에게서 순결을 '받을 만하다'고 생각하고 여자는 남자에게 순결을 '줄 만하다'고 생각하는 것도, 여성과 남성에게 달리 적용되는 이중 규범 탓이다. 여성에게 섹스는 사랑하고 사랑받는다는 보상을 얻기 위해 치르는 대가에 불과하고, 그럴 때 순결은 낭만적 사랑과 결혼을 실현하기 위한 조건이 된다. 남자는 섹스를 위해 여성의 '유일무이한 낭만적 사랑'을 이용하는 셈이다. 결국 성은 여성을 억압하고 기회를 차단하는 데 결정적 구실을 한다.

억압을 없애려는 요구는 프랑스 68혁명의 '금지된 것을 금지한다.'라는 구호에 잘 요약되어 있다.[4] 68혁명과 여성해방운동을 포함해 세계적인 사회운동에서 행동의 해방은 말의 해방으로 표출되었다. '사랑'이라는 말 하나도 문제가 되는 상황에서는 '사랑'을 말하는 행위 자체가 저항이 되고 해방이 될 수 있기 때문이다. 우리나라에서도 유신 시절인 1970년대에 검열과 판금, 단속 조치 속에서 〈별들의 고향〉(1974), 〈영자의 전성시대〉(1975), 〈바보들의 행진〉(1975), 〈겨울여자〉(1977) 등 호스티스, 창녀, 연애를 다룬 영화 들이 양산되었다. 얼핏 보기에 암울한 시대와 어울리지 않는 듯한 성과 사랑 이야기지만 당시의 억압적인 사회 분위기에 대한 고발과 저항의 담론으로 쓰였다는 것을 짐작할 수 있다.

여성운동을 통해 성 담론이 쏟아져 나오고 성 억압 이데올로기가 언어적으로 해체되었다. 예를 들어 극작가 이브 엔슬러가 만든 연극 〈버자이너 모놀로그The Vagina Monologues〉(1996)는 금기시된 여성의 신체 부분인 질(버자이너)을 둘러싼 갖가지 사연을 통해 상처받은 여성들의 이야기를 들려주었다.

그럼에도 낭만적 성 해방 담론은 한계와 모순을 드러낼 수밖에 없다. 순결과 정절 이데올로기가 각종 금지 형태로 구체화된 억압 앞에서, '열린 성 담론'은 '개방적이어야 한다'는 또 다른 억압 이데올로기가 될 수 있기 때문이다. 여성을 가부장적 성의 희생물로 다루면서 여성의 몸을 계속 상업화하는 영화나 기획 들은 여성을 주체가 아닌 대상으로, 희생자로만 복제하고 재생산하는 장본인이 되기도 한다.

68혁명, 여성해방운동, 사회운동에 대한 평가가 늘 양면적인 것처럼 낭만적 성 해방 담론이 성에 대한 인식을 근본적으로 변화시켰지만, 동시에 자본과 경제 논리 앞에서는 무력해지거나 왜곡된 성 담론으로 변질될 수도 있다. 한국 사회에서 '낀 세대'라고 부를 수 있는 낭만적 성 해방 담론 세대(대략 30~50대 여성)는 성평등 의식과 교육 수준이 높지만 실제로는 '남성 중심 사회'의 '유리 천장'에 부딪치고 비혼非婚과 저출산 현상을 처음으로 경험하고 있다. 의식은 구세대 성 규범의 영향을 받으면서도 실제 행동은 그 규범과 달리하거나 신세대와 비슷한 성 의식을 갖지만 성 행동이 그것을 따라가지 못하는 괴리를 겪는다. 결국 이런 모순 상태 속에서 직업을 갖고 경제적으로 독립했음에도 불구하고 더 은밀한 의존관계, 이를테면 성적·애정적·심리적 의존관계에 매여 점점 콤플렉스를 극복하기 어려워진다.

능동적 성 위장

여성의 성은 이율배반적이다. '성녀'와 '악녀' 사이에서 아슬아슬하게 줄타기를 하며 '정숙해 보이지만 놀 땐 노는 여자'가 되어야 하는 것이다. '정숙한 여자'는 쾌락적인 성에서 보면 성욕이 부족한 여자로, 남성이 성욕을 다른 데서 충족하는 원인을 제공하게 된다. '노는 여자'라고 안심할 수 있는 것도 아니다. '남성은 공격적, 여성은 수동적'이라는 성 관념에서 벗어나 성을 밝히는 '창녀'라는 낙인과 혐의에서 자유로울 수 없기 때문이다. 결국 정숙한 여자로 보이는 것도 노는 여자가 되는 것도 자칫하면 비난의 대상이 되기 쉽다. 이런 선택의 결과로 현재의 여성들은 과거 세대에서처럼 고정된 성 정체성을 갖는 것이 아니라 상황에 따라 끊임없이 변신해야 하는, 전략과 전술에 따라 취해야 하는 '가면' 같은 성, 유동적이고 부유하는 성 정체성을 지닌다.

위장하는 성은 우리 사회의 선택 이데올로기 이면에 존재하는 '자아의 외주화' 현상과도 밀접하다. 사람들은 자신이 무엇을 욕망하고 무엇을 원하는지조차 알 수 없게 되었고, 그럴수록 심리상담사·코치·멘토 등 전문가들이 '나'를 대신하여 연애에서 결혼에 이르기까지, 행복한 성생활이나 성적 매력이 넘치는 직장생활까지 '자아'를 도와주고 코치하고 훈수를 두는 서비스들에 의존한다.[5]

문제는 자아를 외주화할수록 주체는 없어진다는 데 있다. 자발적으로 선택한 듯 보여도 실은 주체가 '위장'과 '가면'으로 이루어지고 관심은 주체가 아닌 '가면'에 집중된다. 영리한 기획 같아 보이지만 결국 자발적이지도 정직하지도 못한 선택으로 자아의 실체는 점점 비어 간다.

과시적 성 담론

영화 〈처녀들의 저녁식사〉(1998)나 〈싱글즈〉(2003), 미국 드라마 〈섹스 앤 더 시티〉(1998~2004)를 보면 사람들의 의식에서 미혼 여성의 성은 이제 터부도 문젯거리도 아닌 일상으로 자리 잡은 것 같다. 여성들끼리 성에 관한 이야기를 즐기거나 야한 영화를 보는 이유는 여럿 있겠지만, 무엇보다 성에 대한 생각과 경험을 나누면서 판타지와 해방감 또는 동질감을 느껴서일 것이다. 이런 분위기에서는 성 경험이 없다는 것이 모임에서 배제되는 조건이 될 수 있으며, 성은 공감이나 결속의 끈이 된다. 그래서 성 경험이 대화의 주제일 때 대화에 동참하기 위해 성 경험이 없는데도 있는 양 꾸미기도 하는 것이다.

> 나는 친구들과 모여 수다 떠는 걸 즐긴다. 친구들은 나를 분위기 메이커라며 좋아한다. 엠티 때 혹은 여행지에서 간혹 은밀하게 성 경험을 털어놓는데, 친구들이 그런 이야기를 재미있어할 뿐 아니라 서로 비밀스러운 것을 공유했다는 느낌이 들기 때문이다. 그럴 때면 나는 의식적으로 더 수다스러워진다. 성관계를 그럴듯하게 지어내 경험이 있는 것처럼 굴게 된다. — 23세, 대학생

오늘날 성은 과시적 담론 속에서 오락처럼 다루어진다. 재미로, 게임으로, '쿨'하다는 증거로 성을 대하면서 광고와 연예 프로그램에서 '성'이 들어가면 대박이 나기도 하고 결혼을 둘러싸고 벌어지는 성 이야기가 오락으로 소비되기도 한다. 성이 오락화되면서 일상생활에서도 성 이야기가 주된 관심사이자 오락거리가 되어 성 담론이 부풀려진다.

억압되고 차단된 성이 적어도 언어적·표현적 해방을 거치면서 인식면에서는 성의 자유를 누리는 듯 보이지만, 성을 둘러싼 여성의 상황은 갈수록 분열되고 강박적으로 꼬여 혼돈 자체가 되고 있다. 어떤 규범도 없어 보이는 성 규범이 실은 강력한 규범이 되어 혼란을 경험하게 하고 그때그때 전략적으로 성 규범을 이용해 보도록 유혹하지만, 자칫 잘못된 길에 들어서거나 성에 대한 관념과 행위가 어긋나면서 성 콤플렉스를 갖게 된다.

사랑, 결혼, 성의 함수관계

성 콤플렉스가 발생하는 원인을 찾기 위해 결혼 안에 성과 사랑을 가두는 것에 대한 의심에서 출발해 보자. 사랑하니까 결혼한다는 생각은 근대 이후 낭만적 결혼 관념에서나 가능한 것이고, 그 전에는 얼굴도 안 보고 시집가고 장가가는 일이 다반사였다. 중세까지만 해도 결혼은 부를 소유한 사람들에게나 해당하는 일이었고, 가진 것이 없는 이들에게 결혼은 필수가 아니었다. 엥겔스의 말처럼, 부르주아사회에서 결혼의 조건은 당사자의 계급적 처지에 따라 달라진다. 결혼은 가문과 가문의 결합이라는 정략적 의미가 있었으며, 부와 부를 합쳐 더 큰 부를 만드는 것이 궁극적인 목적이었다.

낭만적 결혼은 성을 허용하는 유일한 제도였을 뿐 아니라 누구나 적령기가 되면 하는 것, 해야 하는 것이었다. 낭만적 결혼은 되도록 경제적 측면을 감추고 '성격'이 맞아야 한다는 데(환상 커플) 초점을 맞춘다. 그런데 오늘날 결혼은 다시 낭만적 결혼 전으로 돌아가는 것 같다. 결혼에서 경제적 측면에 다시 힘이 실리고 있다. 등록금 대출 때문에 채무자로서 대학을 졸업하고도 일자리를 구하기가 힘든 가난한 젊은이들은 결혼 시기를 점점 늦추거나 아예 결혼을 접기도 한다.

일반적으로 결혼이 줄었다지만, 실제로는 계급적 처지에 따라 결혼율에 차이가 있다. 다시 말해, 결혼율 감소는 주로 하층 계급에 해당하며 고소득 계층에서는 오히려 결혼율이 증가하고 있다.[6] 경제적으로 안정된 결혼은 더욱 큰 부를 낳고 다음 세대로 부를 대물림함으로써 계층 간의 결혼율 격차를 더욱 벌려 놓는다.

문제는 여성도 성에 대한 의식과 행동이 개방적이고 자유로워졌다는 데 있다. 경제적 안정을 추구하는 결혼 속에서도 여성들은 성적 욕망을 찾게 되고, 그래서 이제는 남편의 바람처럼 아내의 바람도 드문 일이 아니다. 기존에는 아내들이 혼외정사를 하는 원인으로 빈곤한 부부 생활에 대한 욕구불만, 남편의 외도에 대한 복수, 인격적 대우를 해 준 남자와의 연애 등이 거론되곤 했다. 하지만 이는 도식적 해명에 지나지 않는다. 남자가 밖에서 애인을 만들어도 집에서 아무렇지 않게 아내를 안을 수 있듯이, 여성도 가정을 무너뜨리지 않는 한 남편 이외의 남자와 관계해도 상관없다고 생각하지 않을까? 실제로 여자들은 자신의 외도에 대해 죄책감을 갖는 경우가 거의 없다고 한다.[7] 여자는 두 사람을 동시에 사랑할 수 없다든지, 여자는 몸과 마음을 분리할 수 없다든지 하는 여성의 성에 대한 신화는 남자의 희망적 관측에 불과하다. 혼외정사에 대한 여성의 태도가 남성이 육체적 사랑을 대하는 태도와 비슷해지고 있다.

확실히 오늘날에는 남녀의 사랑이 육체적·성적 사랑에 초점이 맞춰져 있고, 성생활을 부부 관계의 중심으로 여긴다. 그렇다면 성이 결혼 생활을 결정짓는 데 막강한 힘을 발휘하는 현실은 어떤 모습일까?

외도로 유지되는 가정

아이러니한 일이지만 부부가 각자 외도함으로써 결혼 생활을 유지하는 경우가 있다. 가정을 깨지 않는 한 남자도 여자도 상대의 외도를 보고도 못 본 체한다. 배우자의 외도가 가정 파괴로 이어지지 않는 것은 우리만의 가족주의 때문일 것이다. 외도하면서도 가정을 무너뜨리지 않겠다는 데는 자녀나 세상의 이목 등이 원인으로 작용하겠지만, 그보다 경제적 원인이 크다. 가정을 무너뜨린다면 대개 여자 쪽은 경제력이 없어 곤란해지고, 남자도 아내 없이는 아무것도 할 수 없어서 낌새를 채고도 추궁하지 않으려는 것이다.

> 언제인지는 알 수 없지만 남편이 바깥에서 여자를 만나고 있다는 낌새가 분명했다. 올해 마흔다섯, 중년의 나이에 새삼 남편의 몸이 그립다거나 하지는 않지만 그렇다고 성적으로 무감각해진 것은 아니다. 남편이 여자와 즐기고 있다고 생각하면 자존심도 상하고 속절없이 늙어 가는 나 자신이 허무해지곤 했다. 그런 내 처지를 이해한다며 친구가 나서서 남자를 소개해 주었다. 딱히 좋아하는 것은 아니지만 가끔 그를 만나 스트레스를 푼다. 죄의식은 없다. 어차피 남편도 이혼을 생각하지 않고 있는 터에 나를 탓하는 것 같지 않다. — 45세, 결혼 15년차 주부

가정을 무너뜨린다는 것 말고는 외도에 제동을 걸 명분이 없다. 혼외정사를 지속하면서 정도껏 서로를 속이며 가정의 해체만은 막는 것이다. 자신이 하는 행위만큼 상대도 한다고 냉정하게 생각하면서 말이다.

정서적 이혼으로 지탱하는 가정

서로 남처럼 여기며 결혼 생활을 유지하는, '쇼윈도 부부'도 있다. 이들은 한집에 살면서 일상의 일은 협조하고 사회적 모임에 함께 참석해 다른 사람들 앞에서는 별일 없는 것처럼 행동하다가 집에 들어서면 각자 방으로 들어간다. 그러면서 가정사가 담장 밖으로 흘러 나가지 않도록 고통을 끌어안고 산다.

부부(44세 아내와 46세 남편)는 일요일이면 함께 교회에 나간다. 사람들은 늘 차분하고 조용한 부부를 바라보며 '부부 싸움도 안 하게 생겼다'며 칭송한다. 예배를 마치고 집으로 돌아온 부부는 각자의 방으로 들어가 문을 닫는다. 각방 쓴 지도 5년, 마음의 문을 닫은 지 오래다. 정서적 이혼 상태지만 실제 이혼은 하지 않았다. 가정은 조용히 유지된다. 아내는 자녀를 돌보는 일에 집중하고 남편은 회사 일에 몰두한다. 그러다 문득 아내는 거실 소파에 앉아 생각한다. '창밖으로 뛰어내려 버릴까?' 말끔하게 양복을 차려입고 출근하던 남편도 생각한다. '이대로 차를 몰아 전봇대를 받아 버릴까?' —《한겨레》, 2011. 10. 14.[8)]

과거 같으면 집이 안채, 사랑채로 나뉘어 부부가 서로 다른 공간에서 생활했기 때문에 섹스리스 부부라도 이상할 것이 없었을 것이다. 하지만 오늘날에는 성관계가 없거나 횟수가 적은 결혼생활은 비정상으로 여기며 각종 치료제와 상담사까지 동원하는 등 질병이나 치유의 대상이 되곤 한다. 그럼에도 결혼 상태를 유지하는 것은 그 편이 경제적으로 이롭기 때문이고, 이때 가족은 '생활 공동체'나 '경제 공동체'다.

이혼으로 허물어지는 가정

결혼하고도 친정 엄마에게 첫아이를 맡기고 직장을 다녔다. 처녀적부터 하던 외국인학교장 비서 일인데, 일이 고되지 않았고 돈벌 욕심도 컸다. 그런데 둘째를 낳을 무렵 대학 동창끼리 모여 창업한 사업이 망하자 남편의 성격이 돌변했다. 하루하루가 견디기 힘들었다. 이혼이 흉이 아니라는 주변 사람들의 충고와 이혼하라는 엄마의 다그침에 결국 이혼을 결심했다. 가족을 경제적으로 책임지지 못하는 것도 진저리가 났지만 아직 젊은 나를 다독여 성적으로 만족시켜 주지 못하는 남편의 무능력도 싫었다. 두 아이가 걱정되지만 내가 행복해야 아이들도 행복할 수 있다고 믿는다. — 38세, 직장인

국제적으로 통용되는 이혼율 산정 방식인 조이혼율(인구 1000명당 이혼 건수)로 볼 때 우리나라는 1990년에 1.1건에서 2003년에는 3.4건에 이를 정도로 계속 증가했지만, 그 뒤로는 지속적으로 감소해 2012년 현재 3년 연속 2.3건이다. 그렇지만 OECD 평균 조이혼율은 웃돈다.

통계청 자료를 보면, '성격 차이', '경제 문제', '배우자 부정', '가족 간 불화' 등이 주요 이혼 사유다. '성격 차이'는 늘 1위를 차지하며 '가족 간 불화'는 2000년에 '경제 문제'보다 더 큰 갈등의 원인이다가 조이혼율이 가장 높던 2003년 이후 '경제 문제'에 2위를, 2008년에는 다시 '배우자 부정'에 3위를 내준다.[9] 2010년 현재 이혼 사유 1위와 2위인 '성격 차이'와 '경제 문제'는 성과 결혼의 함수관계를 압축적으로 보여 준다. '이혼 사유, 성격 차이? 성性적 차이겠죠'라는 기사[10] 제목에서 보이듯, 흔히 성격 차이는 성적 차이를 에둘러 말하는 것으로 이해된다. 3위인 '배우

(단위: %)

이혼 사유 / 연도	성격 차이	경제 문제	배우자 부정	가족 간 불화
2000	40.2	10.7	8.1	21.9
2001	43.1	11.6	8.7	17.6
2002	44.8	13.6	8.7	14.4
2003	45.4	16.4	7.4	13.0
2004	49.5	14.7	7.0	10.0
2005	49.2	14.9	7.6	9.5
2006	49.8	14.7	7.6	8.9
2007	46.9	13.7	7.8	8.0
2008	47.8	14.2	8.1	7.7
2009	46.6	14.4	8.3	7.4
2010	45.4	12.0	8.6	7.3

출처: 통계청, 2010.

자 부정'을 성에 포함시키면 성이 압도적인 이혼 사유라고 추측할 수 있다. 또 4위인 '가족 간 불화'는 대개 경제 문제로 볼 수 있다. 고부 갈등이나 장서 갈등처럼 며느리가 아들 등골을 뺀다는 시댁의 생각이나 사위가 딸 고생시킨다는 처가의 잔소리는 각각 자녀의 경제력이 결혼으로 빠져나가 '가문의 부'가 제대로 관리되지 않은 것에 대한 불만의 표현일 수 있기 때문이다.[11]

'결혼 시장'이라는 말에 드러나듯, 오늘날 결혼에서는 사랑이나 성격보다 경제력이 전면에 나서서 직접 관계를 흥정하고 저울질한다. 인간 행동을 경제학적 관점으로 접근한 게리 베커Gary

Becker에 의하면, 사람들은 혼자 사는 것보다 같이 사는 것이 이익이 된다고 여길 때 결혼하고, 독신으로 살거나 배우자 이외 사람과 있는 것이 결혼으로 인한 육체적·경제적 이익을 넘어선다고 생각하면 이혼을 결정한다. 사람들이 비용이나 효용성을 따져 짝짓기를 추구하는 한 결혼 시장은 존재한다는 것이다.[12] 물론 이에 따르는 어두운 면도 감수해야 한다. 인간의 행동과 결정이 자본의 논리를 따르고 거래의 대상이 되는 한 관계의 불평등, 즉 '갑의 횡포'나 '을의 희생'은 결혼 시장이나 결혼 생활에서도 피할 수 없기 때문이다.

수단과 도구로 이용되는 성

결혼이 없다고 성이 사라지는 것도 아니고, 사랑이 없다고 성이 없어지는 것도 아니다. 결혼에서 성은 충분조건일 뿐 필요조건은 아니고, 성에서 결혼도 충분조건이지 필요조건은 아니다. 결혼과 사랑을 벗겨 내고 성을 육체적 결합으로만 생각한다면, 그 목적은 출산인가 하면 쾌락일 수도 있고 자본이 되기도 한다. 여기서는 성이 어떻게 정의되고 이용되는지, 그에 대한 태도와 문제점은 무엇인지를 살펴본다.

출산의 도구로서 성

오랫동안 성은 재생산의 도구로 이용되었다. 몇몇 과학 담론에서는 남녀의 성관계를 종족 보존 본능으로, 즉 수컷은 가능한 한 많이 퍼뜨리려고 하고 암컷은 최상의 것을 선택하려고 한다고 설명한다. 이는 남녀의 성 행동을 규정하고 남성의 외도와 여성의 성적 소극성을 정상으로 여기게 만든다.

남녀의 성을 출산에만 국한하면 성적 파트너로서 여성의 존재감이 사라지는 반면, 결합의 결과인 아이에게만 집중하게 되고, 재생산을 벗어나거나 막는 행동은 모두 비난의 대상이 된다. 즉 피임과 낙태부터 본인의 잘못이 아닌 불임에 이르기까지 모두 출산 거부로 비쳐져 지탄을 받는다. 그리고 출산을 목적으로 하지 않는 모든 성행위가 예외, 비정상이 되어 성 콤플렉스를 일으킬 수 있다. 불임 부부, 가족계획 부부, 어린이, 청소년, 노인의 성은 성립할 수 없다.

성적 결합이 아이를 낳기 위해서라면 굳이 결혼이라는 울타리가 필요하지 않다. 2011년 유럽연합EU 27개국 혼외출생자 비율은 39.5%이며, 특히 프랑스는 56%로 신생아 10명 가운데 대여섯 명이 혼외관계에서 태어났다. 전 세계가 저출산 문제로 고민하고 있지만 프랑스는 2013년 출산율이 2,08명이었다.[13] 우리나라의 경우 2012년 통계청에 따르면 혼외출생자 비율이 2.1%에 불과하며, 미국 중앙정보국《월드 팩트북》에 따르면 2014년 추정치 기준 한국 합계출산율 즉, 여성 한 명이 평생 출산하는 자녀 수 비율은 1.25명으로, 이스라엘(2.62명), 미국(2.01명), 중국(1.55명), 일본(1.4명) 보다 낮아 224개국 중 219위로 최하위였다.[14] '아내의 몸'이 아니라도 재생산이 가능해서, 난자와 정자를 제공

받은 대리모의 몸을 통해 출산하기도 한다.[15] 그렇다면 재생산의 수단이 아닌 성적 결합은 무엇인가?

쾌락의 수단으로서 성

프로이트 이후 인간은 모두 성욕이 있는 존재가 되었고 성은 쾌락의 수단이라고 여겨 왔다. 성인뿐 아니라 어린이에서 청소년과 노인에 이르기까지 전 세대가 성욕을 가진다고 본다. 쾌락이 목적인 성에서는 결합의 궁극적 목표가 오르가슴에 도달하는 것이다. 따라서 성적 결합의 결실인 아이는 원하지 않은 부산물과 같아서 무시하거나 회피해야 할 대상이 된다.[16]

남녀의 생식기 차이로 설명하건, 성 호르몬 차이로 설명하건 쾌락으로서 성에서는 남녀의 성욕과 성 행동에 차이가 있다고 본다. 한마디로 남성은 공격적이고 여성은 수동적이라는 식이다. 우디 앨런Woody Allen의 영화 〈애니 홀Annie Hall〉(1977)에는 연인이 각각 상담 치료를 받는 장면이 있다. 성관계의 빈도를 묻는 상담사의 질문에 남자는 "거의 안 해요. 일주일에 세 번 정도."라고 대답하고 여자는 "계속 하죠. 일주일에 세 번 정도."라고 상반된 답을 한다.[17] 남자는 늘 더 하고 싶어 하고 여자는 그 정도면 충분하다고 생각한다. 또 남성은 오르가슴에 대한 강박관념이 있고 여성은 오르가슴을 가장한다.

20세기에 성 해방 담론이 넘쳐 났지만 21세기에도 여전히 남녀 성욕의 불균형, 즉 여성은 성욕이 낮고 남성은 성적 결핍 현상이 보편적이라는 생각이 널리 퍼져 있다. 하킴은 경제학의 수요

공급의 법칙을 성욕에 대입해 결핍과 충족으로 설명하면서, 남녀의 가장 근본적인 차이는 30세 이후 벌어지는 성욕의 불균형이라고 본다.[18] 이런 통념은 여성의 낮은 성욕이 불만인 남성이 성을 사거나 성폭력을 행할 수밖에 없다는 논리에 힘을 실어 주고 있다. 남성에게 성과 폭력이 분리되지 않는 이유다. 남성은 화가 나거나 스트레스를 받으면 성욕이 생기지만, 분노했을 때 성욕이 일어나는 여성은 거의 없다. 남성은 성폭력 상황에서 여성의 목숨을 건 저항을 성적 자극으로 받아들인다. 가정 폭력을 예로 들면, 아내를 구타하는 남편들은 자기가 아내를 매로 가르치고 섹스로 화해했다고 여기지만 아내는 맞고 강간당했다고 생각하는 것이다.

쾌락으로서 성은 모두에게 성욕이 있다는 전제에서 출발하지만, '내가 하면 정상, 남이 하면 비정상'이라는 식으로 성욕을 차별화하는 것이 문제다. 노인의 성, 청소년의 성, 동성의 성 등은 존재할 수는 있어도 예외적인 '성욕'으로 여기며, 여기에는 여성의 성도 포함된다.

노인의 성은 '주책'이고 '볼썽사나운 짓'으로 여긴다. 한 실버타운에서 두 노인이 교제했다는 이유로 동료 입주 노인들이 '결혼을 안 할 거면 나가 달라'고 요구했고, 결국 두 사람은 실버타운을 떠나야만 했다.[19] 노인의 성에 대한 우리의 편견을 단적으로 보여 준 사례라고 할 수 있다. 실제 커플인 두 노인의 성과 사랑을 다룬 영화 〈죽어도 좋아〉(2002)가 개봉되어 노인의 성이 잠시 주목받았지만, 대개의 반응은 부정적이었다. 성이 젊고 건강한 사람만의 것이라는 통념을 벗어났기 때문이다.

또 다른 비정상적인 성으로 '발랑 까졌다'고 취급받는 청소년의 성이 있다. 청소년 성 의식 실태 조사에 따르면, 이성 교제 경험이 있거나 현재 교제하고 있다고 한 청소년은 55.3%였고, 그 중 섹스 경험이 있는 청소년은 17%이며, 처음 경험한 시기는 중2 때(31.9%)라는 답이 가장 많았다. 생리적 사춘기를 점점 빨리 겪게 되면서 청소년들의 첫 경험 연령도 급속히 낮아지는 것으로 보인다.[20] 10대에게 성은 이제 외설이나 금기가 아니라 하위문화일 뿐이고 그들의 성 문화는 기성세대의 것을 닮았다.

동성애는 사회적으로 쟁점이 되면서 자연스럽게 사람들의 의식에 수용되고 있다. 하지만 타고나는 성적 경향 때문이라는 그나마 동성애에 적대적이지 않은 해석도 여전히 예외적인 성으로 본다는 한계가 있다. 이성애를 정상에 두고 동성애를 있을 수 있는 일이라면서 결국 일탈이나 병리적 현상으로 간주하는 것이다. 그래서 여성이 '인간'으로 대우받기를 주장하면 사회적 반격을 받듯이, 동성애가 '소수의 성'이 아니라 정상 중 하나라고 주장하면 거센 반발에 부딪친다.

성관계 없는 쾌락이나 쾌락 없는 성관계는 쾌락으로서 성의 범주에서 벗어난다. 포르노를 비롯해 성 산업이 양산하는 관음증적 쾌락은 현대사회의 '섹스에 허기진 금욕적인 결혼'[21]에서 남성들이 성관계 없이도 성욕을 해소하는 수단이다. 포르노는 남성이 만들고 남성의 성적 판타지를 그리며 남성의 성욕을 충족시키면서 상대 여성의 성은 쾌락이 아니라 자본으로 이용할 뿐이다.

자본의 수단으로서 성

사고파는 성의 역사는 인간의 역사만큼 오래되었다. 성매매를 합법화할 것인가 불법화할 것인가, 노동(직업)인가 아닌가, 자발적 선택 행위인가 강제된 착취인가 같은 많은 쟁점이 담긴 문제이기도 하다. 지금까지는 성매매 여성을 일부 여성으로 한정해 생각했다면,[22] 오늘날 성 산업의 경계는 모호해졌다. 새로운 집단이 성 산업에 유입되어 순환 이동하기 때문에 불법이니 범죄니 죄악이니 하는 판단 자체가 무색해졌으며 성 과잉이 정상으로 간주되는 사회다.[23] 2004년 성매매특별법 시행으로 성매매 시장이 일명 사창가라는 오프라인 성매매에서 온라인 성매매로 전환함으로써 더 크고 넓은 시장을 형성했고, 여기에 일반 여성의 성매매 시장 유입이 급증했다고 한다.[24] 성은 어느 때보다 '자본'이 되고 '노동'이 되고 '상품'이 되었다.

사고파는 대상도 성관계만이 아니라 웃음, 친밀함, 편안함, 유쾌함, 스타일 등으로까지 확대되었다. 각종 '도우미'나 서비스 산업의 증가가 이를 말해 준다. 이 모든 것의 핵심에는 '꾸미는 성, 보여 주는 성'이 있다. 옷 입는 기술, 화장, 향수, 보석, 머리 모양, 액세서리 등은 성적 매력 자본의 하나인 '사회적 표현력의 기술'로서 사회적 지위와 부를 표시하는데, 특히 섹슈얼리티를 드러내는 것을 강조한다.[25] 성형에서부터 말하기와 매너, 직장보다 더 많은 시간을 머무는 짐gym, 패션 스타일과 명품 등은 노력해서 얻어야 할 '나'를 구성하는 목록이며, '과시적 소비'를 통해 이루어진다. 한국 여대생들을 보고 외국인들이 놀라는 두 가지가 성형이 대표하는 외모에 대한 관심과 명품 소지라고 하는데, 외모를 가꾸는 노력을 기본으로 하고 부를 '성의 아우라'로 갖추면서 몸값을 높이려는 전략으로 읽힌다.

성적 매력 자본은 부를 가진 이에게는 금상첨화지만, 못 가진 이에게는 설상가상이다. 성적 매력 자본을 갖추려고 노력하는 경우에는 '임금 프리미엄'과 호감도가 커지겠지만, 반대의 경우에는 '임금 페널티'와 사회적 비난에 직면한다. 명품과 성형을 위해 진 카드 빚을 해결하려다 결국 성매매 시장으로 유입되었다는 사례를 접할 때, 성적 매력을 하킴의 말처럼 자산으로 보기는 어렵다. 연예인들의 성 상납 비리 사건과 그것에서 비롯된 자살 등을 볼 때 어디까지가 자발적 매매이고 어디까지가 강요된 매매인지 구별하기가 쉽지 않다. 다만 확실한 것은, 강요된 성적 매력 자본은 노동이고 착취고 학대가 될 수 있다는 사실이다.

성, 내가 선택하는 자유

성에 대한 지금까지의 이야기는 우리 사회에서 끓어 넘치는 성 담론에 장작개비 하나를 얹는 셈일지도 모른다. 그럼에도 이제는 성 콤플렉스에서 자유로워졌다는 착각이나 성-사랑-결혼의 삼위일체가 무너진 성규범의 혼돈 속에서 행여 '잘못된 길'에 들어서지 않도록 우리 시대의 성을 돌아볼 필요가 있다.

예전에는 순결과 정절의 줄타기에서 떨어지지 않으려고 성 콤플렉스에 사로잡혔다면, 지금은 억압된 성의 귀환과 해방에서 비롯된, 도처에 깔린 줄에 걸려 넘어지지 않아야 하기 때문에 성 콤플렉스에서 자유롭지 못한 세상이다. 더군다나 오늘날 성은 '나'의 주체적 선택에 따른 결과라는 통념이 퍼지면서, 이제 성은 강요와 억압 속에서 수동적으로 받아들이는 것이 아니라 자발적 선택의 결과이며 개인의 책임이다. 그럴수록 성을 깊이 있는 시선으로 응시하지 않으면 안 된다.

섹스는 개인과 개인이 서로 은밀한 욕망을 드러내고 자기 신체의 내밀한 부분을 상대방에게 드러내는 것이니만큼 개인과 개인이 결합하는 가장 친밀한 관계라고 할 수 있다. 성은 인간과 인간이 대등하게 만날 최고의 가능성이고, 일부 철학과 종교에서는 최고의 '지知'나 '도道'의 경지를 두 성의 결합에 두기도 한다. 즉 성은 타자와 완벽하게 합일하고 자아를 떠나 세계와 하나가 되는 체험의 가능성이다.

남녀의 사랑은 주로 에로스에 초점을 맞췄으나 실제 남녀의 사랑은 복합적이고도 광범하다. 육체적 끌림이 사라진 뒤에도 (퍼 주며 희생하는 사랑인) '미운 정'이 남거나 (우정 어린 사랑인) '소울 메이트'가 남거나 이기적이고 배타적인 (가족에 대한 사랑과 결혼에서 정절 같은) '내 반쪽'이 되어 다양한 사랑을 이어 갈 수 있다.

오늘날 성관계의 목적이 무엇이든 서로를 소외시키고 도구화하는 성은 재고해야 한다. 성이 두 인격체의 결합이 되지 못할 때 출산에서도 쾌락에서도 여성은 없으며, 자본에서는 모든 것이 교환가치만 갖는다. 자본의 속성대로 남녀 관계가 갑을 관계로 전락한다. 결국 오늘날 많은 문제, 인간관계의 장애와 소통의 부재 등에 대한 가장 근본적인 해결책을 진정한 성관계의 회복에서 찾아야 할지도 모른다. 파트너로서 두 사람의 만남이 진정 어때야 하는지 생각해 볼 때이다.

〈아내가 결혼했다〉로 돌아가, 두 사람이 나눈 대화의 끝에 있는 '사랑'의 의미가 어떤 것인지 생각해 보자. 덕훈이 혼잣말로 고백한다. "사랑! 그렇지! 그녀를 만나고서야 나는, 처음으로, 두 사람의 몸이 만날 때의 이 충만한 기쁨이 섹스도, 정사도, 관계도, 씹도, 빽도 아니고, 물론 먹는 거도, 박는 거도 아니고, 바로, 사랑임을 알았다." 성에서 우리가 구하려고 하는 것은 '사랑'이라는 이름에 감춰진 내적 친밀감, 애정, 협력, 감동 등이라는 것을 깨우친다.

성은 '어린 왕자'가 그토록 갖고 싶었던 그림 상자 속 양의 모습일 것이다. 이를테면 성은 두 사람이 원하는 모습대로 구체적으로 만들어 가는, 자유라는 행위가 아닐까?

7 / 엄마딸 콤플렉스

찾아갈 어머니가 있는 한

결코 완전한 어른이 되지 못한다.

– 사라 O. 주이트

엄마 없이는 못 살아

딸	어디야?
엄마	어디긴 집이지, 왜 무슨 일 있어?
딸	아니ㅜㅜ
엄마	점심은 먹었니?
딸	아니ㅜㅜ 배는 고픈데 뭘 먹지ㅜㅜ
엄마	뭐 먹고 싶은데?
딸	긍게, 뭘 먹지ㅜㅜ 뭐 맛있는 거 없을까ㅜ.ㅜ
엄마	으음, 뭐가 맛있나ㅜㅜ
딸	빨랑 생각해 줘.
엄마	너 파스타 좋아하잖아.
딸	지금은 그 입맛 아닌데ㅜㅜ
엄마	그럼 커피에 빵으로 때워.
딸	에궁, 커피와 샌드위치 콜!!
엄마	저녁에 맛있는 거 해 줄게. ㅎㅎㅎ
딸	오키^.^

엄마와 끊임없이 스마트폰 메신저로 실시간 시시콜콜 이야기를 주고받으며 점심 메뉴까지 엄마가 결정해 주길 바라는 딸들이 늘고 있다. 어렸을 때부터 엄마가 짜 준 일정대로 움직였기 때문에 대학생이 되어서도 애인 없이는 살아도 엄마 없이는 못 사는 딸들이다. 구인 구직 포털 '알바몬'이 2013년에 대학생 839명

(남자 467명, 여자 372명)을 대상으로 조사한 결과 자신이 마마보이라고 답한 사람은 62.9%이고 마마걸이라고 답한 사람은 67.2%로, 남녀 대학생 다수가 엄마와 미분리된 것을 알 수 있다. 이렇게 '마마대학생'이 많은데, 취업 이후에는 아들보다 딸이 엄마와 미분리되는 경우가 많다. 엄마가 짜 놓은 시간표대로 움직이다가 대학 입학 후 혼란을 겪는 것은 성별 차이가 없지만, 아들은 "낳을 땐 1촌, 대학 가면 4촌, 제대하면 8촌, 결혼하면 사돈의 8촌, 애 낳으면 동포"라는 말처럼 대학과 군대 생활을 하면서 자연스럽게 엄마와 이어진 탯줄을 끊게 된다.

사춘기나 대학생 때, 결혼하면서 독립해서도 딸들은 왜 엄마에게서 분리되지 못할까? 엄마 없이는 아무것도 할 수 없을 정도로 엄마와 미분리된 딸들은 대개 엄마딸 콤플렉스가 있다. 엄마딸 콤플렉스는 엄마와 분리되는 것을 두려워하는 심리적 미분리 장애다. 이런 심리적 갈등이 심각해지면 결국 혼자서는 아무 결정도 못하고 엄마의 말을 들어야 마음이 편해지는 '마마걸'이 된다. 마마걸은 의학적으로 '의존성 성격장애'나 '분리불안장애'로 분류된다.

요즘 마마걸·마마보이가 증가하고 있다는 기사들이 심심찮게 나오는데, 마마보이는 심각하게 여기면서도 엄마와 딸의 친밀한 관계, 상호 의존적 관계는 대체로 긍정적으로 여겨 마마걸은 그리 심각하게 다루지 않는다. 엄마와 딸의 동일시를 통한 순환적 관계를 여성적 유대, 자매애로 여기기 때문에 긍정적으로 평가하는 것이다. 이렇게 엄마딸 콤플렉스의 심각성이 가려지지만, 자매애적 유대와 분리불안의 의존 심리는 전혀 다르다. 애착과 혐오를 넘나드는 엄마딸의 미분리 문제는 엄마에게도 딸에게도 스스로 자신의 삶을 성찰하고 꾸려 나가는 힘을 무너뜨리는 심리적 장애가 되고 있다.

엄마딸 콤플렉스의 유형

자책하는 딸: 좋은 딸 콤플렉스

딸은 자신을 위해 투자를 아끼지 않은 부모에게 고마워하고 특히 엄마의 사랑과 희생에 보상해야 한다는 생각을 한다. 아버지는 사회 활동을 통해 자아실현을 하며 자기만의 삶을 살아온 편이지만 엄마는 자신의 꿈을 접고 자식을 위해 정력과 재능을 쏟아 부었던 탓에 연민을 갖는 것이다.

특히 친구 같은 모녀 관계에서처럼 미분리된 딸은 엄마가 원하는 딸이 되어야 한다는 의식이 강하다. 명문대, 좋은 직장, 성공적인 결혼 등으로 엄마의 희생을 갚아 주어야 한다고 여기며 엄마 마음에 드는 딸이 되려고 노력한다. 실패하는 경우 엄마의 자랑스러운 딸이 못 되었다는 것에 죄책감을 가지며, '자책하는 딸'[1)]이 된다. 오늘날 젊은 여성들은 결혼과 직업을 통한 자아실현이라는 선택지를 동시에 갖게 되면서 엄마가 딸에게 요구하는 것 또한 많아졌다. 그 많은 역할을 하려다 보니 딸은 한 가지라도 엄마를 만족시키지 못할까 봐 전전긍긍하며 자책하게 된다.

나의 나약하기 그지없는 실체를 남김없이 까발려서 엄마를 충격에 빠트리는 일은 엄마를 사랑하는 딸로서 상상할 수 없다. 그건 불효다. 나는 엄마가 미래 계획이나 요즘 직장 생활에 대해 물을 때마다 신경질을 내며 방안으로 숨어 버리는 싸가지 없는 태도로 일관했고 아이러니하게도 이 태도가 나의 실체를 숨겨 엄마를 안심시키는 일종의 효도로 작용했다. 이 아슬아슬한 안정을 깨트리고 싶지 않다. 내게 실망한 엄마의 얼굴을 보는 건 세상 무엇보다 무섭다. 아마 모든 딸들이 그렇지 않을까. — 김민서, 《나의 블랙 미니 드레스 2》[2)]

자학하는 딸

신자유주의 시대, 자기 계발 시대에 엄마는 '해선 안 된다'거나 '해야 한다'고 말하지 않는다. '너는 할 수 있다'는 엄마의 말을 좇아서 딸은 끝없이 노력한다. 딸은 엄마가 요구하는 것을 완벽하게 해내려고 노력할수록 자신이 그 일을 다 해낼 수 없다는 것을 안다. 대학 입시와 취업, 결혼과 양육 등에서 성공하기 위해 자발적으로 열심히 노력했으나 '더는 할 수 없다'는 인식에 도달하게 되며, 무한한 선택의 자유가 주어졌는데도 능력이 부족하고 게을러서 못했다는 열패감에 빠지게 된다.

자책하는 딸은 선택한 역할 모두를 노력만 하면 할 수 있다고 생각하지만, 이것은 여성 혼자 해낼 수 있는 게 아니다. 할 수 없는 게 당연한데도 모두가 자신의 선택이라고 생각하기에 자기의 무능 탓이라고 생각한다. 나아가 자신을 낙오자, 패배자, 살 필요가 없는 존재라고 생각하고 자학하는 딸이 된다. 엄마에게 보상하나 못하는 쓸모없는 존재로 스스로를 낙인찍고 파괴적 자책과 자학으로 이어진다.[3)]

"넌 뭐든 할 수 있어!"라는 말을 들으며 자랐지만 성인이 되어 '모든 것을 다 할 수는 없다'는 상황에 놓이면 딸은 절망감에 빠진다. 이럴 때 유일하게 자기 맘대로 할 수 있는 몸을 통제하고자 하는 '절박한 통제 욕구'를 품는다. 신경성 거식증과 폭식증에 빠져 자기 몸을 학대하거나[4)] 더 심한 경우에는 자살을 택하기도 한다.

짜증 내는 딸

엄마가 설계해 놓은 대로 살며 엄마의 사랑과 칭찬을 받기 위해 딸은 자신이 하고 싶은 것을 참는다. 오로지 엄마의 기대에 부응하기 위해 노력하지만 엄마의 요구는 끝이 없다. 처음에는 엄마의 기대를 충족시키지 못해 죄책감을 느끼지만, "너 잘되라고 그러는 거야."라는 말이 자신을 위해서가 아니라 엄마의 욕심에서 하는 말이 아닐까 하는 의문을 갖는다. 그때부터 끝도 없는 엄마의 요구에 '짜증과 신경질'을 부리게 된다.

나를 바라보는 엄마의 눈빛이 이제는 불편하기만 하다. '엄마'라는 단어에서 오던 편안함, 안정감은 어느새 사라지고 의무감과

> 부담감만이 가슴을 짓누른다. 아무 바라는 것 없이 오직 나의 성장만을 지켜보고 기뻐해 주던 엄마는 더 이상 찾아볼 수 없다. 나를 통해 무언가를 실현시키고 싶어 하는 엄마의 얼굴을 보기 시작한 것은 아마도 내가 중학생이 된 다음부터였을 것이다. 엄마와의 대화가 공부, 성적, 대학 이야기로 넘치게 되면서 엄마와 나 사이에는 보이지 않는 벽이 생겼다. (……) 마침내 내가 소위 명문 대학이라는 곳에 합격했을 때 나는 그간 엄마와 나를 갈라놓았던 그 서늘한 느낌의 실체를 직접 볼 수 있었다. 엄마는 나의 합격 소식을 듣자마자 내게 축하한다는 말을 하는 것도 잊고 주변 사람들에게 정신없이 전화를 돌리기 시작했다. "너희 애는 어디 갔니? 뭐라고? 우리 애는 글쎄 ○○대학에 합격했어!" 아마도 엄마에게 그 순간은 오랜 학력 콤플렉스가 해결되는 순간이었나 보다. 하지만 나는 엄마의 반짝거리는 눈빛 앞에서 도저히 함께 기뻐할 수가 없었다. 나는 그때 왜 엄마와 함께 기뻐할 수 없었던 걸까? 엄마의 눈빛에서 나는 왜 앞으로 더, 더 달려야 한다는 무거운 압력만을 느꼈던 것일까? — 한기연, 《나는 더 이상 당신의 가족이 아니다》[5)]

이처럼 자신의 소망을 지원하는 것이 아니라 엄마의 '학력 콤플렉스'를 해소하려는 욕심 때문임을 알게 된 딸이 엄마의 그릇된 욕망에 화를 내어 보지만 소용이 없다. 엄마는 딸이 자신과 다른 독립된 인격체라는 사실을 인정하기 어려워한다. "사랑하니까.", "우리 딸은 내가 제일 잘 아니까.", "딸을 위한 길이니까."라며 자신이 원하는 것을 딸에게 강요한다. 심지어 딸도 진심으로는 그것을 원한다고 생각한다. 어떤 경우에도 자신이 잘못하고 있다고 생각하지 않는다.

딸은 엄마를 이기지 못하고 엄마에게 마냥 분노를 터뜨리지도 못한다. 엄마의 지원과 노력을 엄마의 욕심으로만 보기 어렵기 때문이다. 엄마의 욕심이라 하더라도 자신을 위한 것이고 엄마의 사랑을 부인할 수 없어 짜증만 낼 뿐 분노할 수가 없다. '분노는 어떤 상황을 중단시키고 새로운 상황을 시작하도록 만들 수 있는 능력'이 있으므로 분노를 하면 딸은 엄마와 분리될 수 있으나, 딸은 엄마에게 분노하지 않는다. 대신 어떤 심대한 변화도 일으키지 못하는 짜증과 신경질만 낸다.[6)]

> 서울 명문 대학에 다니는 여대생 이모(20) 씨의 휴대전화는 하루에도 수십 번 벨이 울린다. 딸이 성인이 됐는데도 걱정이 산더미인 엄마의 호출이다. 밤 시간이 되면 귀갓길 걱정에 문자메시지와 전화는 더 빗발친다. 이 씨도 엄마에게 보고하는 게 익숙하다. 가끔 귀찮거나 짜증이 나기도 하지만 엄마 의견이 가장 합리적이라 생각한다. 하지만 갈수록 의기소침해지고 우울증 등의 증세가 심해지는 것은 걱정이다. —《뉴시스》, 2013. 3. 17.[7)]

엄마가 잘못되었다는 것을 깨닫게 되면 엄마와 분리되어 자기 뜻대로 살아야 하지만, 엄마와 미분리된 딸은 신경질만 부릴 뿐 여전히 엄마의 요구대로 살아간다.

온실 속 화초, 마마걸

치열한 경쟁 시대에 부모는 자식이 도태될까 봐 자식의 인생에 자꾸만 관여하게 된다. 그런 부모 밑에서 의존적이고 혼자서는 아무것도 못하는 마마보이, 마마걸이 태어난다. 엄마는 자식의 경쟁력을 키우기 위해 간섭하고 통제한다. 자식의 특성이나 요구와 상관없이 "다 너 잘되라고 그런 거다", "이게 뭐 나 좋자고 하는 짓이냐?" 하며 시키는 대로만 하면 성공할 테니 부모의 말을 따르라고 채근하고 자식 또한 엄마가 시키는 대로 따른다.

특히 딸은 엄마랑 동성이라는 이유로 엄마와 더 밀착 관계를 유지하는 경향이 있다. 엄마는 딸을 자신의 '분신'이나 '제2주자'로 여기고 딸이 자기가 못한 것을 이루어 주길 기대한다. "나처럼 살지 마라.", "네가 잘되는 게 내 행복이야." 하며, 자신의 시나리오대로 살 것을 요구하고 딸에게 모든 걸 투자한다. 엄마가 자식에게 좋은 것 먹이고 입히고 공부시키려고 헌신할수록 딸은 엄마가 시키는 대로 살고 무슨 일이든 엄마의 조언에 따라 결정한다. 그러는 사이에 딸은 엄마와 분리되는 것을 점점 두려워하게 된다.

청소년 시절부터 줄곧 엄마가 짠 시간표대로 학교와 학원을 오가고 대학과 학과를 선택하는 과정에서도 엄마의 입김이 작용한다. 대학생이 되면 엄마 굴레에서 벗어날 거라고 생각하지만 수강 신청부터 동아리 활동, 봉사 활동, 스펙 관리에 이르기까지 엄마의 관여에서 벗어나지 못한다. 엄마가 시키는 대로 하는 동안 뛰어난 성과를 거두어 온 딸은 엄마의 품에서 벗어나기 힘들어진다. 사사건건 엄마의 간섭을 받아 온 딸은 취업과 직장 생활, 더 나아가 결혼 생활까지 엄마의 간섭에서 자유롭지 못하게 된다.

> 엄마는 늘 전폭적인 지원을 해 주셨죠. 그래서 저는 부족한 거 그런 거를 전혀 모르고 살았던 것 같아요. 고등학교 때까지는 엄마의 기대를 저버리면 즉시, 인생이 끝나는 줄 알고 살았기 때문에, 사춘기에 엇나가고 그런 거 없었어요. 그게 제 인생이 끝나는 게 아니라, 엄마 인생이 끝나는 줄 알고 살았던 거죠. 엄마하고 많이 친해요. 엄마가 해 오는 기대가 부담스러울 때도 있지만, 사실 엄마가 해 보고 싶었던 걸 다 저한테 하시는 것 같아요. 엄마가 하시는 말씀이 틀리는 게 하나도 없어요. 이제는 그걸 알겠더라고요. 엄마가 하라는 대로만 하면, 손해 볼 것이 없어요. 물론, 저 마마걸이에요. 저는 인정해요. 근데, 우리나라 애들 중에 마마걸, 마마보이 아닌 애들이 얼마나 있겠어요. — 이지영, 〈20대 중상층 미혼 여성의 계급주체형성에 관한 연구〉[8)]

마마걸은 부모의 과잉보호를 받으며 자란 탓에 온실의 화초 같은 삶을 살게 된다. 온실에서는 예쁘게 자랄지 모르지만 눈보라 치는 추운 곳에 내놓으면 견디지 못하고 쓰러진다. 엄마 없이는 사소한 결정도 할 수 없을 정도로 불안한 삶을 산다. 아침에 버스를 탈지 전철을 탈지도 엄마에게 물어보고 결정하고, 남편과의 사소한 다툼에서 은밀한 부부 관계까지 엄마와 상의해 엄마 말을 따른다. 그러면서 자존감과 삶의 만족도는 점점 떨어지고 심하면 우울증으로 이어진다.

엄마딸 콤플렉스의 탄생

투사적 동일시와 심리적 의존

엄마 세대의 여성에게는 현모양처라는 선택지만 주어졌기에 짐은 무거웠지만 삶은 단순했다. 맏딸 콤플렉스를 분석할 때만 해도 첫딸은 살림 밑천이라는 속담처럼 딸은 남자 형제들의 성공을 뒷받침하는 헌신적인 역할을 부여받았다. 공장으로 남의집살이로 일찌감치 돈벌이를 나서 가계에 보탬이 되다가 시집가서 현모양처가 되는 것이 대다수 딸들의 삶이었다. 성역할에 대한 고정관념에 속박된 시절이었기 때문이다.

지금 여성의 상황은 훨씬 복잡해졌다. 여성들도 현모양처의 삶뿐 아니라 다양한 삶을 선택할 수 있게 되었다. 성공한 직장 여성, 일과 가정을 양립하는 슈퍼우먼, 아이들을 성공시킨 슈퍼맘 등 다양한 선택지가 여성 앞에 놓여 있다. 노력만 한다면 여성도 원하는 삶을 살 수 있을 것처럼 보인다. 그러나 실제로 먹고살기 급급한 대다수 여성에게 일과 가정의 양립은 선택이 아닌 필수다. 어쩔 수 없이 슈퍼우먼으로서 살고 있는데도 사회는 여전히 개인이 선택한 삶이라고 여긴다. 개인이 노력한다면 어떤 삶도 선택할 수 있다는 믿음 때문에 여성들의 삶은 갈팡질팡하며 여러 역할 사이에서 위험한 줄타기를 할 수밖에 없다.

딸이 자기와는 달리 멋지게 살기를 바라는 엄마는 딸에게 자신의 성공 욕망을 투사한다. 이런 투사적 동일시 때문에 엄마와 딸은 엄마와 아들보다 심리적으로 밀착되어 있다. 더 심각한 문제는 엄마가 딸에게 모순된 기대를 갖고 이를 요구한다는 것이다. 딸은 그때그때 이랬다저랬다 바뀌는 엄마의 기대와 상반된 가치 속에서 혼란에 빠진다.[9] 딸은 주체적 삶을 살라는 요구를 받고 여자도 열심히 하면 성공할 수 있다는 말을 들으며 자란다. 그러다 결혼 적령기에 이르면 여자의 인생은 결혼으로 결정된다는 현실 앞에서 분열한다. 사회와 부모가 요구하는 역할을 다 해낼 수는 없기 때문에 딸은 성인이 돼서도 부모와 분리되지 못하고 '나' 자신이 아닌 엄마의 딸로 존재하는 경향이 있다. 엄마의 투사적 동일시와 딸의 심리적 불안이 빚어내는 의존관계가 엄마딸 콤플렉스를 만들어 내는 것이다.

자기 계발 시대에 승자가 되려면 자신을 계속 업그레이드하면서 변화를 추구해 스스로 가치를 높여야 한다. 엄마들은 아이들이 혼자 힘으로 자기 계발을 하기 어렵다고 생각해 세 살부터 대학 입학까지 아이의 매니저가 된다. '내신 관리'를 위해 음악·체육·컴퓨터 등은 초등학교 때 익히게 하고, 좋은 학원 정보를 얻어 학원 시간표를 짜 주고 대학 입시 정보를 구하는 등 아이를 승자로 만드는 온갖 준비와 관리에 매달린다. 자녀가 대학에 입학할 때까지 엄마와 아이가 이인삼각 달리기를 하듯 함께하다 보니 당연히 아이와 엄마가 분리되기는 쉽지 않다.

엄마와 자녀의 이인삼각은 대학에 들어가서도 끝나지 않는다. 오랫동안 한 몸처럼 달려왔기에 서로를 놓기가 쉽지 않다. 최근에는 젊은 층의 취업이 어려워지면서 이런 관계가 취업까지 연장되기도 한다. 엄마는 대학생 자녀의 일정을 계속 관리하고 딸의 교제와 귀가 시간 등 일상생활 전반을 통제하기도 한다.

낸시 초도로우Nancy Chodorow가 《모성의 재생산The Reproduction of Mothering》에서 말했듯이[10] 엄마와 딸은 역할 동일시와 인성적 동일시를 통해 어떤 관계보다도 친밀하고 독특한 애착 관계를 일생 동안 유지하게 되므로, 딸은 엄마로부터 독립하기가 쉽지 않다. 게다가 입시·취업·양육 등을 위해 이인삼각 달리기를 해왔기 때문에 더욱 분리되기 어렵다.

경제적 의존

취업이 힘들어지면서 어른이 되어서도 독립하지 못하고 부모에게 경제적으로 의존하는 자녀들이 늘어나고 있다. 통계청의 인구주택총조사에 따르면 가구주인 부모와 동거하는 30~49세 자녀는 2000년 25만 3244명에서 2010년 48만 4663명으로 두 배 가까이 증가했다. 자녀의 29%가 '경제적 이유 등으로 독립생활이 불가능해' 부모와 동거한다는 조사 결과를 보면, 20, 30대 딸의 경제적 의존은 더할 것으로 짐작된다. IMF 외환 위기와 2008년 세계 금융 위기로 취업하기가 힘들고, 취업하더라도 불안정한 노동이 확산되어 여성 노동자 세 명 중 두 명은 비정규직이다.

대다수 여성뿐 아니라 소위 알파걸에게도 취업의 벽이 높아,

아무리 능력이 있어도 남자보다 취업하기가 힘들다. 이는 주요 기업의 2010년 신규 취업자 성비를 비롯해 기업들의 정규직 남녀 비율로 확인할 수 있다. 2013년 이사분기에 금융감독원이 공시한 자료를 보면 대기업들이 채용한 정규직 중 남성은 80.4%인 반면 여성은 19.6%에 그쳤다. 게다가 여성이 남성보다 많이 합격한다는 공무원 채용 시험의 성별 합격률만 해도 여성의 취업 문은 상대적으로 더 좁아 보인다.[11] 몇 안 되는 좋은 일자리를 얻기 위해 딸들의 교육 기간과 취업 준비 기간은 점점 늘어 가고 있으며 부모에게 의존하는 기간도 길어지고 있다. 딸들은 취업 전쟁 앞에서 다시 엄마와 다리를 묶는다. 부모에게 경제적으로 의존하는 기간이 길어질수록 딸은 성인이 되어도 엄마의 '사랑'이라는 굴레를 뿌리치지 못한다.

아내 역할 의존

엄마에 대한 딸의 의존이 더 강화되는 시기는 결혼 후 자녀 양육기다. 지금 20, 30대 딸은 1990년대부터 활발하게 진행된 소자녀小子女 정책과 여성해방운동의 영향으로 가정 내에서 차별 없이 부모의 지원을 받으며 자랐다. 1990년대에 '여성할당제'가 시행되고 "전문가에게는 남녀가 없습니다. 지금 프로 비즈니스 우먼의 세계로 오십시오."라는 채용 광고처럼 여성의 사회 진출이 용이해지면서 '커리어 우먼'이 등장했다. 여성도 마음만 먹으면 외교관, 의사, 프로 골퍼, 기업 간부, 사업가가 될 수 있게 된 것이다. 여성에게 결혼 말고 사회적·직업적 성공을 통한 경제적 독립의 가능성이 주어진 것이다.

여성의 선택지가 늘어나면서 사회에서 요구하는 이상적인 여성상은 현모양처에서 경제적으로 '독립적인 동시에 남성에게 이익이 되는 것에 기꺼이 순응하고 의존하려는 여성'[12]으로 바뀌었다. 전에는 남편의 요구에 맞춰 주고 자신을 희생하는 현모양처 노릇만 하면 되었는데, 이제는 여기에 돈벌이까지 추가되었다. 게다가 사회에서는 돈과 인내심, 시간과 에너지 등을 투자해 '아이를 가능한 한 최고로 기르기'를 요구하며 여성에게 더 많은 책임을 바란다.[13] 여성의 선택지가 많아지자 부모가 요구하는 이상적인 딸의 모습도 변하고 있다. 결혼을 잘해야 하는 딸의 역할뿐 아니라 사회적으로 성공해야 하는 아들의 역할까지 해야 하는 '여자 얼굴을 한 아들'이길 바란다.[14]

남성이 사회적으로 성공하는 데 아내의 내조가 필요하듯이 딸들도 성공하려면 '아내'가 필요하다. 딸은 사회적 성취뿐만 아니라 가사 노동과 자녀 양육을 동시에 완수해야 하기 때문에 아내의 내조가 더더욱 필요하다. 딸에게 지원을 아끼지 않는 아내 역할의 엄마가 필요할수록 엄마와 딸은 한 몸으로 밀착되어 간다.

정서적 의존

딸이 엄마와 분리되기 어려운 또 다른 이유는 정서적 의존 때문이다. 딸은 엄마가 짜 준 일정에 맞춰 공부하며 교양을 쌓고 취미생활을 하느라 또래 친구와 놀거나 또래 문화를 만들지 못한 채 청소년기를 보낸다. '우정 파괴' 광고로 여론의 뭇매를 맞은 어느 입시 학원 광고처럼 한국 사회에서 친구는 입시나 취업보다 중요하지 않고, 밟고 서야 할 경쟁자일 뿐이라고 가르친다. 20, 30대는 자기 속을 내보이는 친구 관계를 거의 만들지 않으며, 친구란 서로의 필요에 따라 만나고 헤어지는 인맥 이상도 이하도 아니다.

무한 경쟁 시대에 가족 이외에 사회적 결속 상태가 빈약하고 신뢰할 수 없는 것으로 보이기 때문에 딸은 아주 가까운 관계, 즉 엄마와의 관계에서 행복을 찾게 된다.[15] 엄마가 고른 옷을 입고, 엄마가 선택한 연극을 보고, 엄마가 사 준 책을 읽으며 성장하는 동안 무의식중에 엄마의 가치관과 취향을 배운다. 가치관과 취향이 비슷해지면서 딸은 친구보다 엄마와 지내는 것이 더 편할 수밖에 없다. 아들은 엄마와 성이 다르므로 사춘기 이후에는 엄마와 다른 가치관과 취향을 갖지만 딸에겐 그럴 기회가 상대적으로 적기 때문에 친구보다 엄마와 더 친한 경우가 많다.

엄마와 딸은 가치관이 비슷하고 부담 없이 함께 시간을 보낼 수 있는 친구 사이다. 딸이 결혼하고 나면 주부끼리, 출산한 뒤에는 엄마끼리, 새로운 연대감을 만들고 서로 같은 주제를 놓고 대화를 나누면서 동질감이 점점 강해진다. 예전에는 친구와 나누던 연애담 같은 은밀한 이야기나 진로에 대한 고민도 엄마와 함께 나누다 보니 정서적으로도 분리되기 어려워진다.

엄마딸의 미분리를 부채질하는 딸 선호

최근 한국 사회는 '딸바보 시대', '딸 선호 시대'라 할 만하다. 국무총리 산하 육아정책연구소 발표에 따르면 2008년 4~7월에 태어난 2078명의 신생아 가구를 조사한 결과 37.7%가 딸을 원했다고 답해, 아들을 원한 30%보다 많았다. 또 한국보건사회연구원이 전국 15~44세 기혼 여성 4500여 명을 대상으로 조사한 '자녀 가치관과 출산 행태의 변화' 보고서에 따르면 2000년에는 기혼 여성 중 39.8%가, 2013년에는 58.8%가 '아들이 없어도 무관하다.'라고 답할 정도로 남아 선호 사상이 퇴색했다. 아들을 낳기 위해 성별 감별과 낙태를 서슴지 않아 여자 100명당 남자 116.5명으로 남아 선호가 강했던 20여 년 전을 생각하면 격세지감이 있다.

언론에서는 알파걸이라는 새로운 여성이 등장하고 '여풍 시대'가 도래했다고 한다. 여학생의 대학 진학률이 남학생을 앞지르고, 20대의 경제활동참가율도 여성이 남성을 추월했다(20대 경제활동참가율은 2012년 삼사분기에 여성 63.1%, 남성 62.2%였고 사사분기에 여성 61.1%, 남성 61%였으며 2013년 일사분기에는 여성 61%, 남성 60.7%였다). 사법시험과 외무고시의 합격률도 2010년 이후 계속 여성이 앞서고 있다.

수치로만 보면 우리 사회에서 여성 차별은 없어지고 남성이 역차별을 받는 것처럼 보이기까지 한다. 딸 선호 풍조는 여성의 지위가 높아졌음을 의미할까? '여풍 시대'라고 할 정도로 여성의 삶은 좋아졌을까? 무엇보다 엄마와 딸의 관계에는 어떤 영향을 끼쳤을까? 이 의문들에 답하려면 먼저 뿌리 깊은 남아 선호 사상이 약화되고 딸을 선호하는 풍조가 부상하게 된 원인을 살펴보는 데서 시작해야 한다.

딸 둘은 은메달, 아들 둘은 목메달

남아 선호 사상이 얼마나 뿌리 깊었는지를 보여 주는 물증은 많다. 딸의 이름이나 담론을 통해서도 남아 선호 사상이 얼마나 강고했는지를 알 수 있다. '필남必男(반드시 아들을 낳자)', '후남後男(다음에는 아들을 낳자)', '필녀·필순畢女·畢順(딸은 이제 끝내자)' 등 '남아 출생 기원형' 이름[16]을 보면 아들의 탄생은 부모에게 기쁨을 주지만 딸은 태어나지 말았어야 할 존재이며, 딸이 유일하게 대우받을 때는 뒤를 이어 남동생이 태어났을 때였다. "잘난 딸보다 못난 아들이 낫다.", "남편 밥은 누워서 먹고 아들 밥은 앉아서 먹고 딸 밥은 서서 먹는다." 등의 담론에서도 부모에게 딸은 쓸모없는 존재였음을 엿볼 수 있다.

전통적인 가부장제 아래서 여성의 지위는 남편과 아들이 결정했다. '여자 팔자 뒤웅박 팔자'라는 말처럼 여성은 대학을 졸업하고 능력이 있어도 어떤 남편을 만나느냐에 따라 계층과 삶이 결정되었다. 아들은 대를 잇고 노후에 부모를 봉양해 줄 자식이므로 아들을 낳아야 비로소 여성의 몫을 다했다고 여겼다. 특히 아내로서, 엄마로서, 며느리로서 희생하고 인내하며 살아온 여성의 삶은 아들의 출세와 효도를 통해 보상받을 수 있었기 때문에 아들을 바라는 마음이 강했다.

아들을 그토록 원했던 여성들이 이제는 "딸이라서 다행!"이라는 말을 한다. 그런데 이 말에는 딸보다 아들 키우기가 힘든 시대가 되었고 아들은 힘들게 키워 봤자 보상이 없다는 의미가 있다.[17] 남자는 무조건 사회에서 자리 잡아 꾸준히 돈을 벌어야 제 구실한다고 여긴다. 그런데 경제 위기와 실업 증가로 공양은커녕 제구실도 못하면 부모가 그 몫을 감당해야 하기 때문이다.

사회에서는 경제적 위기를 맞을 때마다 남성의 위기를 부풀린다. 실업을 비롯한 경제 위기는 남성들에게 단순한 구직난이 아니라 가족을 책임지는 생계 부양자로서의 삶이 좌절되었음을 의미하며, 더 나아가 남성으로서 존재 이유를 상실했음을 뜻한다. 남성에게 경제력 상실은 '위기'와 '종말'이라고 불릴 정도로 중요한 문제다. 따라서 정규직 일자리를 차지하지 못한 남성은 쓸모없는 잉여 인간이 되며, 가정을 꾸릴 자격도 갖지 못하게 된다.

> 우리는 단군 이래 가장 많이 공부하고, 제일 똑똑하고, 외국어에도 능통하고, 첨단 전자 제품도 레고 블록 다루듯이 만지고 (……) 타이핑도 분당 삼백 타는 우습고 평균 신장도 크지. 악기 하나쯤은 다룰 줄 알고 (……) 우리 부모 세대는 그중에서 단 하나만 잘해도, 아니, 비슷하게 하기만 해도 평생을 먹고 살 수 있었어. 그런데 왜 지금 우리는 다 놀고 있는 거야? 왜 모두 실업자인 거야? 도대체 우리가 뭘 잘못한 거지? — 김영하, 《퀴즈쇼》[18]

아들은 부모보다 학력도 높고 능력도 뛰어나지만 IMF 외환 위기 이후 고용이 불안해지면서 취업도 결혼도 하기 힘들어졌다. 아버지 세대에게는 자연스럽게 주어지던 생계 부양자의 삶이 아들에게는 경쟁해야만 얻을 수 있는 전리품이 되었다. 끊임없이 배우고 경쟁에서 이겨 명문대에 진학해도 취업 전쟁에서 탈락하면 삶도 사회 궤도에서 탈락하는 낙오자가 된다. 아들이 백수가 되면 부모가 경제적 뒷바라지를 감당해야 하고 취업에 성공했다 해도 딸보다 세 배나 많은 결혼 비용을 대야 한다. 그럴 경우 아들에게 노후 돌봄을 기대할 수도 없다. '딸 둘에 아들 하나면 금메달, 딸만 둘이면 은메달, 아들만 둘이면 동메달도 아니고 목메달'이라는 우스갯소리가 말해 주듯, 이젠 아들을 키우는 장점인 노후 의탁이 없어지고 짐만 많아지면서 딸을 선호하게 된 것이다.

온라인 리서치 회사인 마크로밀엠브레인이 2013년에 19세 이상 기혼 유자녀 남녀 1000명을 대상으로 조사한 결과, '출산을 하게 될 경우 희망하는 아이의 성별'로 아들(19%)보다 딸(43%)을 선택한 사람이 압도적으로 많았다. '키우는 재미가 있을 것 같아서', '나중에 효도할 것 같아서' 아들보다 딸을 좋아한다고들 한다. 그럼에도 부모가 딸한테서 바라는 '재미'와 '효도'는 현실적으로는 불가능한 기대 심리에 지나지 않는다. 그리고 이런 기대 심리가 엄마딸 콤플렉스를 심화하는 원인이 된다.

딸을 선호하는 첫 번째 이유로 꼽은 '키우는 재미'에는 사실 '딸이어서 다행'이라는 안도감이 크게 자리한다. "자식은 다섯 살이 되면서 효도를 끝낸다."라는 말이 있듯이, 대개 자식을 키우는 재미는 품 안에서 재롱을 부릴 때 끝난다. 특히 학교에 들어가면서 자식은 경제적 부담을 비롯해 사회 문화적 문제까지도 부모에게 안겨 주기 시작한다. 현실적으로 자식을 키우면서 짊어져야 할 압박감 탓에 딸 키우는 부담이 더 가볍게 여겨지고 더 재미나게 느껴질 법하다. 하지만 실제로 딸 키우기가 아들 키우기에 견주어 결코 수월하거나 여건이 좋은 것은 아니다. 딸도 아들과 다를 바 없이 키우기 어렵고 어떤 면에선 오히려 더 열악하다. 특히 양육이 끝나고 성인으로 독립해야 하는 시기에도 여전히 딸의 삶에 관여하며 책임져야 하는 상황에서 그렇다.

딸은 엄마 세대보다 사회에 진출할 기회도 더 많아졌고 실제로 사회적 성공을 거둔 경우도 많다. 남녀의 사회 능력 격차가 감소해 딸들도 사회적 성공을 거둘 수 있고, 설사 경제적 능력이 없어도 시집가면 전업주부로 큰 걱정 없이 표준적인 삶을 살 수 있다. 문제는 성인이 되어서도 부모에게서 독립하지 못하는 경우다. 결혼도 취업도 못한 '백조'가 되어도 부모의 경제력만 있다면 적적한 부모의 말동무가 되며 부모 곁에서 평생을 살게 된다. 반대로 경제적 여력이 없는 부모를 둔 직장 생활을 하는 딸이라면, 엄마의 손을 빌려 가사와 양육을 해결하고 그 대신 경제적 지원을 하며 밀착 관계를 유지한다.

엄마의 정서적 돌보미

나는 30대 후반인 독신 여성이다. 대학에 자리를 잡은 지 3년 정도 되었다. 좀 더 일찍 교수가 될 수 있었는데 엄마 때문에 대학을 가리다 보니 늦어졌다. 서울에 사는 엄마와 떨어질 수 없어 수도권 대학만 고집하다가 입맛에 맞는 자리를 잡기 어려웠다. 독신인 이유도 엄마를 모시고 살 배우자를 찾았기 때문이다. 30대 중반까지는 결혼하려 소개를 받곤 했는데 지금은 남자를 만나지 않고 있다. 2, 3년 전부터 엄마가 결혼을 하지 말고 함께 살기를 바라는 것 같다. 선택의 순간마다 우선순위는 내가 아니라 엄마여서 결혼할지 말지 고민 중이다. — 30대, 교수

딸 선호의 두 번째 이유인 효도는 정서적 돌봄에 대한 기대 심리에서 비롯된 것이다. 이는 부모가 딸에게 아들과 대등하게 자원을 투자했다는 것을 의미한다. 여성이 출가외인일 때는 딸에게 투자하는 것은 부모의 자원을 '길바닥에 버리는 것'이나 다름없었다. 그런 탓에 아들에게만 주로 투자했고 아들만이 부모 부양의 의무를 졌다.[19] 하지만 자녀를 한두 명만 낳은 부모가 아들딸 구별 없이 투자해 딸도 부모 부양의 의무에서 자유롭지 못하게 된 것이다.

이렇듯 부모가 아들 대신 딸에게 효도를 기대하는 이유는 더 이상 아들을 키우는 특권이 사라졌기 때문이다. 자식에게 투자한 것을 보상받을 수 있을 때만 해도 아들을 선호했지만 지금은 자식에게 투자한 것을 회수할 수 없는 시대이므로 아들보다는 차라리 딸이 낫다고 생각한다.[20] 딸에게서는 경제적 지원을 굳이 받지 않아도 정서적 돌봄을 바랄 수 있기 때문이다. 일례로 병원에 가 보면 환자의 태반이 딸의 간호를 받으며, 이젠 아들이나 며느리가 부모를 수발하는 경우는 드물어졌다.

취업에서 밀려난 딸은 부모의 경제력에 기대 살면서 부모의

정서적·육체적 돌봄을 떠맡고, 나이가 들어갈수록 부모는 딸이 시집을 안 가고 옆에서 자기를 돌봐 주길 바라게 된다. 처음에는 서로의 필요에 따라 묶인 엄마와 딸이 갈수록 서로에 대한 무한 책임을 떠맡으며 엄마딸 콤플렉스에 깊이 빠져들게 된다.

부모의 보호막에 숨다

금융 위기 이후 젊은 층의 취업률이 줄어드는 가운데 여성에 비해 남성의 취업률이 크게 하락했다. 수치상으로만 보면 여성은 취업도 잘하고 잘 사는 것 같다. 하지만 그 속을 들여다보면 남성의 취업률이 낮은 이유는 정규직과 같은 좋은 일자리가 줄어들었고, 남성들은 비정규직에 취업하려고 하지 않기 때문이다. 반면에 여성의 일자리는 대부분 비정규직이고, 대다수 여성이 비정규직이라도 취업하려고 하기 때문에 상대적으로 취업률이 높을 수밖에 없다. 게다가 실업 여성은 엄마나 가족의 보호막에 숨을 수 있기 때문에 남성 백수처럼 두드러지지 않을 뿐이다. 여성은 취업을 못해도 "딸이라서 다행이야!"라는 말처럼 시집가 전업주부로 살 수 있거나 결혼하지 않고 부모에게 키우는 재미를 주는 딸로 계속 살 수 있어서 사회문제로 보이지 않는다. 하지만 남성은 취업에서 밀려나는 순간 생계 부양자라는 헤게모니적 남성성에서도 밀려나 루저가 되므로 딸처럼 부모의 보호막에 숨는 데 한계가 있다.

노동시장에서 여성의 문제는 남성의 문제보다 심각하지만 가족의 보호막에 가려 은폐되고 해결책이 지연되므로 남성처럼 심각해 보이지 않는다. 엄마딸 콤플렉스는 여성의 문제를 더욱 은폐하고 그 해결을 지연하는 구실을 한다. 서로 필요를 채워 주는 엄마딸 생존 공동체는 친밀감과 자연스러운 유대로 감싸여 있어서 문제를 제기하는 것조차 죄책감을 동반한다. '왜'라는 질문이 불가능할 만큼 자연스러운 관계로 여겨지기 때문에 엄마딸 콤플렉스는 더욱 심각한 미분리와 심리적 장애가 된다.

엄마딸에서 엄마와 딸로

내가 어릴 때부터 엄마는 퇴근하자마자 핸드백을 현관에 내던지고 내 공부부터 챙기셨다. 엄마 말로는 그렇게 하지 않으면 내가 무엇 하나 제대로 하지 않는 아이였기 때문이라는 것이다. 하지만 어른이 되어 곰곰이 생각해 보니 내가 제대로 하지 않았던 것이 아니라 엄마가 항상 너무 빠른 것이었다. 내가 어떤 일을 스스로 해 볼 새도 없이 늘 엄마의 '말'이 먼저 있었다. 사춘기가 될 무렵에는 그냥 '내가 하기'를 포기했던 것 같다. 엄마는 내가 어른이 되고 나서도 내 진로며 여행 계획, 심지어 남자 친구 문제까지 지도하려고 하신다. '다 너 잘되라고 하는 소리야. 엄마 말고 누가 이런 말을 해 주겠어?' 하지만 이런 말도 이제는 지겹기만 하다. 나는 지금 그저 어깃장을 놓고 싶은 10대도 아니고, 세상 모르는 20대도 아니다. 내일모레면 서른이다. — 한기연, 《나는 더 이상 당신의 가족이 아니다》[21)]

사람은 성장하는 과정에서 점점 높은 장애물을 뛰어넘는 선수처럼 몇 차례 부모로부터 독립하는 시기를 거치면서 어른이 된다. 일반적으로 서너 살이 되면 부모와 분리된 별개의 존재라는 것을 어렴풋이 자각한다고 한다. 이때부터 정서적으로 조금씩 분리가 시작되어 독립성과 의존성이 뒤섞이며 어린 시절을 보낸다. 하지만 독립하려는 아이의 노력이 자주 묵살되고, 음식에서 외모, 의사 결정, 사회생활 등에서 지속적으로 엄마의 통제를 받는다면 딸아이는 엄마딸 콤플렉스를 잉태할 수밖에 없다. 하지만 사춘기나 늦어도 스무 살 즈음 엄마의 사랑과 헌신이 부담스러워지고, 엄마와 맺은 관계를 자신의 기준과 가치에 비춰 다시 정립하려는 시간이 찾아온다. 이때도 딸은 엄마에게서 독립하기가 어렵다. 필요한 모든 것을 해 주려고 최선을 다하는 엄마를 바라보며 엄마에 대한 연민과 엄마의 기대에 부응해야 한다는 부채감, 자신의 독립이 엄마에게 상처를 줄지 모른다는 걱정에 시달린다. 엄마와의 분리를 '나쁜 것', '죄를 짓는 것'으로 인식하며 엄마딸 콤플렉스가 깊어진다.

출가외인이라는 말처럼 딸은 결혼함으로써 또다시 부모로부터 독립할 기회를 얻는다. 하지만 결혼 후에도 엄마로부터 여전히 분리되기가 힘들다. 성인이 되어도 엄마 품에 감싸여 보호받으면서 엄마가 대신 결정하고 책임져 주기를 바라고, 엄마의 재산과 노동력에 기대어 살며 엄마의 뜻대로 선택하고 삶을 결정하는 것이 효도라고 기만한다. 지금껏 살펴보았듯이 여성에게 (입시, 취업, 결혼 등) 자기 경영과 (자녀 교육 같은) 가족 경영을 요구하는 현실 속에서 자기 착취뿐만 아니라 엄마 착취까지 해야 하는 탓이다. 몇 차례 독립할 기회를 놓치고 나면 엄마딸 콤플렉스를 깨닫는 것조차 어려워진다. 엄마딸이 서로가 있어야만 존재하는 '샴쌍둥이'가 되어 버린 후이기 때문이다.

우선 엄마와 딸의 밀착 관계를 좀 비정한 시선으로 바라볼 필요가 있다. 엄마의 딸 사랑에는 딸을 혼란시키고 길들이는 엄마의 그릇된 집착과 욕심이 한 꺼풀 들씌워 있기 쉽다는 것, 이와 마찬가지로 딸의 엄마 사랑도 엄마의 경제력과 보살핌에 기대려는 딸의 의존적 방패막이 될 수 있다는 것, 이는 서로가 서로에게 진정한 '자기 자신'이 되는 것을 가로막고 여성이 자립해 살 수 없도록 만든다는 사실을 자각해야 한다.

그러고서 물어야 한다. 엄마딸이라는 이 기형적인 존재에서 어떻게 벗어날 수 있을까? 엄마의 꼭두각시 같은 삶에서 독립해 나 자신의 삶을 살려면 무엇을 해야 할까? 엄마에게도 엄마만의 삶을 돌려주고 서로를 자유롭게 놓아주려면 무엇이 필요할까? 이 질문들은 이미 답이 내포되어 있다. 엄마와 딸로 분리되어 스스로 설 수 있을 때까지는 서로에게 좀 모질고 더 강한 사랑이 필요하다는 사실 말이다.

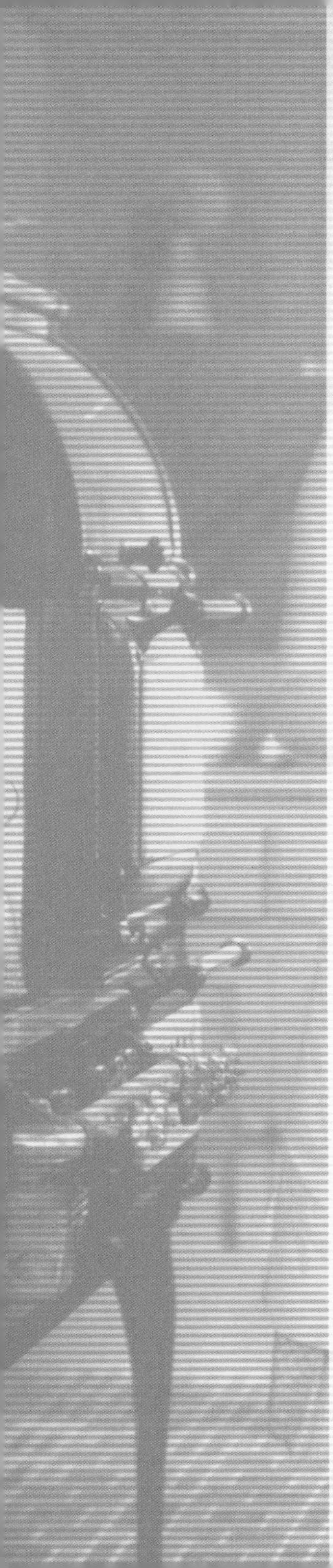

8

/

슈퍼우먼 콤플렉스

먹을 수 있다 한들 다 먹을 수 있을까.

입을 수 있다 한들 다 입을 수 있을까.

– 티베트 속담

슈퍼우먼, 현실에 내려오다

우리는 직장 일과 가정일을 완벽하게 해내는 여성을 '슈퍼우먼'이라고 부른다. 슈퍼우먼은 가사 노동과 육아 문제 같은 가정일의 비중을 상대적으로 더 무겁게 느끼는 기혼 취업 여성과 밀접한 관련이 있다. 이들은 한마디로 여성의 교육 수준이 높아지고 사회 진출이 확대되면서 나타난 현대적 여성이다.

슈퍼우먼은 성별 분업 이데올로기와는 어긋나게 남녀의 영역 구분을 무너뜨림으로써 파격적이고 도발적이며 희망적인 메시지를 전해 주었다. 자기 직업 영역에서 성공한 여성은 취업을 원하는 많은 여성에게 이상형이 된다. 더군다나 육아와 집안일까지 무리 없이 해내면서 사회적으로도 성공한 여성이라면 기혼 여성은 물론이고 모든 여성에게 대단한 능력의 소유자로 비춰질 것이다. 하지만 슈퍼우먼에 대한 선망은 여성의 삶을 고단하게 만드는 주범으로 지목되고 있다. KBS 스페셜 〈당신들의 슈퍼우먼〉(2006) '여성들은 괴롭다: 하루를 3일처럼 사는 여성들'이라는 다큐멘터리는 각 분야에서 성공한 여성들의 삶을 보여 주었다.

> 그래, 밥도 잘해서 아침 챙겨 먹이는 거, 하여간 내가 무슨 잔소리 안 나게 완벽하게 한번 해 보리라. 집들이서부터 밥해 먹이는 것, 빨래하는 것까지 다 제 손으로 쉴 틈 없이 일을 했어요. — 최유라, 방송인

숙제를 해야 되는데 엄마가 오면 하려고 기다리다가 잠이 들어 버린 경우가 있어요. 그러면 그 다음 날 아침에 일어나서 막 울어요. 엄마 기다리다가 숙제 못 했다고. 굉장히 난감해요. 이 문제를 어떻게 해결할까……. — 김세진, 산업은행의 첫 여성 지점장

슈퍼우먼은 바로 이런 여성들을 일컫는다. 그들은 직장에서는 자신이 맡은 역할을 완벽하게 수행하며, 가정에서는 어머니이자 아내로서 가사 노동과 자녀 양육에 희생과 노력을 아끼지 않는다. 그러나 평범한 기혼 여성으로서는 넘보기 힘든 경지에 이른 이 성공 신화의 주인공들도 실은 여러 역할로 고군분투하며 슈퍼우먼 콤플렉스에 시달려 왔음을 토로한다.

'결혼은 필수, 일은 선택'이던 과거 여성과 달리 현대 여성에게 '일은 필수, 결혼은 선택'이다. 예전에는 '자아실현'을 위해 사회적 일을 택했지만 이제는 '생계', 즉 생존하기 위해 일하지 않으면 안 된다. 생존을 위해 남성과 똑같이 경쟁해야 하는 직장 환경에 적응하면서 주부·어머니·아내·며느리라는 상충되는 구실을 수행하는 부담이 가중되었다. 최근에는 여기에 가정 관리자 역할까지 더해지면서 슈퍼우먼에 대한 요구와 의무가 커져지고 있다. 그런데도 현실적 제약은 그대로일 때 여성들이 느끼는 고통은 헤아리기 힘들다. 많은 여성이 슈퍼우먼을 꿈꾸지만 현실에서는 다중 역할에 시달리는 '슈우바라기'가 되기도 한다. '슈퍼우먼'과 '해바라기'를 합한 말인 '슈우바라기'는 슈퍼우먼이 되기를 바라지만 생활의 무게에 힘겨워 늘 동동거리며 아이가 보기에도 다

중 역할 때문에 분주하고 스트레스와 짜증이 섞인 존재다.

> 예전에 아이가 소꿉놀이를 할 때, 한쪽 머리를 비스듬히 해서 장난감 전화기를 받치고, "네! 아…… 네! 네! 어머니! 바로 확인해서 보내 드릴게요." 하면서 연신 다른 한 손으로는 걸레로 거실 장을 닦더라고요. 그러더니 옆집에서 놀러 온 친구에게는 발로 가리키면서 "아휴. 뭐해. 빨리 손 닦고 간식 먹어야지……." 그러더니 또 장난감 식기 세트를 갖다주더라고요. 암튼 아이가 전화 받는 시늉을 하고 연신 이것저것 해 대는 역할을 하며 친구를 얼마나 다그치던지…… 옆집 엄마 보기가 민망했어요. 아마 아이 보기에는 제가 그런가 봐요. — 35세, 학원 강사

슈우바라기의 모습은 확실히 슈퍼우먼과 거리가 멀다. 교육 수준이 높아지고 성평등과 성 역할에 대한 의식이 확산되면서 슈우바라기들은 현실과 이상의 괴리에 더욱 민감해졌다. 이들은 이제 안으로 자신의 부족을 탓하기보다는 바깥에 대고 '더는 멍에를 짊어지기 싫다'고 외치고 싶을 만큼 슈퍼우먼 콤플렉스에 깊이 사로잡혀 있다. 이제 당신 안에 있는 슈퍼우먼을 들여다볼 차례다.

슈퍼우먼 콤플렉스의 진단

다음은 '슈퍼우먼 콤플렉스'에 대한 문항이다. 자신이 슈퍼우먼 콤플렉스에 얼마나 노출되어 있는지를 체크해 보자. '전혀 그렇

지 않다' 1점, '대체로 그렇지 않다' 2점, '대체로 그렇다' 3점, '정말 그렇다' 4점으로 평가한다.

〈표 1〉 슈퍼우먼 콤플렉스 자가진단표

1. 나는 다른 사람에게 일을 맡기지 못한다
2. 집안일을 위해 가사도우미의 도움을 받는 것은 싫다
3. 집 안이 생각대로 정리되어 있지 않으면 기분이 나쁘다
4. 직장에서 집안일을 생각하거나 가정사를 걱정하는 등 일과 가정생활을 구별하기 어렵다
5. 나는 종종 배우자에 대해 불만과 분노를 느낀다
6. 나는 스스로에 대해 자신이 없다
7. 지금의 내 모습에 대해 '생활을 바꾸지 않고서는'이라는 생각을 하며 무력감을 느낀다
8. 남편, 자녀와 많은 시간을 갖지 못하고 집안일에 소홀한 것에 죄책감을 느낀다
9. 나는 나 자신의 건강에 신경 쓸 겨를이 없다
10. 나는 가정이나 직장에서 일을 시작하면 끝마칠 때까지 그만두기가 어렵다
11. 나는 가족이나 남편이 나의 일에 무관심해서 화가 난다
12. 나는 남편이나 자녀에게 일을 부탁하기 어려워하고 내가 꼭 그 일을 해야만 한다
13. 나는 힘들고 하기 싫어도 시댁 식구의 부탁이나 남편과 자녀들의 요구를 들어주는 편이다
14. 직장에서 육아나 가정 문제로 쩔쩔매는 동료나 부하 직원을 보면 무능하다는 생각이 든다
15. 나 자신의 일보다 남편이나 자녀의 일을 먼저 한다
16. 내가 현재 하는 일이나 자원봉사, 공부 등은 가족의 일원으로서 내 역할을 감당하는 데 도움이 된다
17. 열심히 일해도 시간이 모자라 정작 내가 하고 싶은 일을 못 한다
18. 나는 사소한 일에도 신경을 쓴다
19. 나는 무슨 일이 생길 때마다 임기응변식으로 일을 처리하곤 한다
20. 나는 일 처리를 완벽하게 하려고 애쓴다
21. 나는 해야 할 일을 하지 않으면 죄책감을 느낀다

항목별 점수의 총합이 21~28점일 경우 슈퍼우먼 자립형으로 슈퍼우먼 콤플렉스가 거의 없는 여성이다. 슈퍼우먼은 이룰 수 없는 허상이라는 것을 알고 있고, 모든 것을 다 잘해야 한다고는 생각하지 않으며, 할 수 있는 만큼만 하고 남에게 도움을 받는 것에 불편해하지 않는다. 29~63점은 슈퍼우먼 갈등형으로 슈퍼우먼이 될 수 있다는 환상이 있지만 동시에 다 벗어 버리고 싶다는 충동을 느끼곤 한다. 전통적인 성역할 태도를 가지고 있으면서도 구체적인 생활에서는 전통적인 성역할을 수행할 때 갈등하고, 심리적·신체적으로 무리할 때마다 뭔가가 달라져야 한다고 생각한다. 64~84점은 슈퍼우먼 중독형으로 슈퍼우먼의 환상에 완전히 빠져, 전통적인 성역할에 따라 자신이 모든 일을 완벽하게 수행하려고 한다. 무엇을 위해 사는지조차 깨닫지 못한 채 늘 피곤하고 잠을 못 이루며 일의 능률이 오르지 않을 때조차 자신을 탓한다.

슈퍼우먼, 허상에서 이상으로

여성들의 삶 가운데 슈퍼우먼 콤플렉스는 어떻게 자리 잡고 있는지 알아보기 위해 2012년 1월부터 3월까지 전국의 여성 724명을 대상으로 설문 조사를 했다. 1차적으로 전체 여성의 슈퍼우먼 콤플렉스 경향을 살펴본 뒤 기혼 여성 가운데 취업한 여성 253명을 따로 추려 직장과 가정일을 병행하는 데서 오는 슈퍼우먼 스트레스를 조사하고 연령과 직업군으로 나누어 인터뷰했다.

〈표 2〉 기혼 취업 여성의 슈퍼우먼 콤플렉스 유형

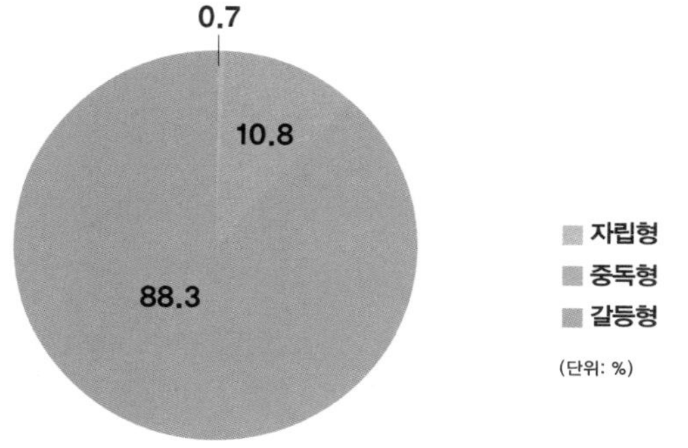

이를 통해 슈퍼우먼에 대한 여성의 인식이 1992년 조사와 비교해서 어떻게 변했는지 알아보았다(〈표 3〉). '당신은 슈퍼우먼에 대해 어떻게 생각합니까?'라는 질문에, 1992년에는 기혼 취업 여성 가운데 '1인 다역을 잘 수행하는 현대 여성'이라며 긍정적으로 답한 비율은 67.5%였고, 2012년에는 75.5%였다. 20년 사이에 슈퍼우먼에 대한 동경과 긍정은 8% 증가했다. 슈퍼우먼에 대한 부정적 견해의 경우, 1992년 조사에서는 '허상이다'라는 응답이 31.2%로 나타났다. 2012년 조사에서는 부정적 견해에 '여러 일에 치여 사는 고달픈 여성'이라는 문항을 추가하여 질문한 결과, 16.2%가 '그렇다'고 답했다. '허상'(6.3%)이라 응답한 것을 합치면 22.5%가 슈퍼우먼에 대해 부정적인 생각을 하고 있었다. 1992년과 비교해 볼 때 슈퍼우먼에 대한 부정적인 인식은 8.7% 줄어든 셈이다.

〈표 3〉 당신은 슈퍼우먼에 대해 어떻게 생각합니까?

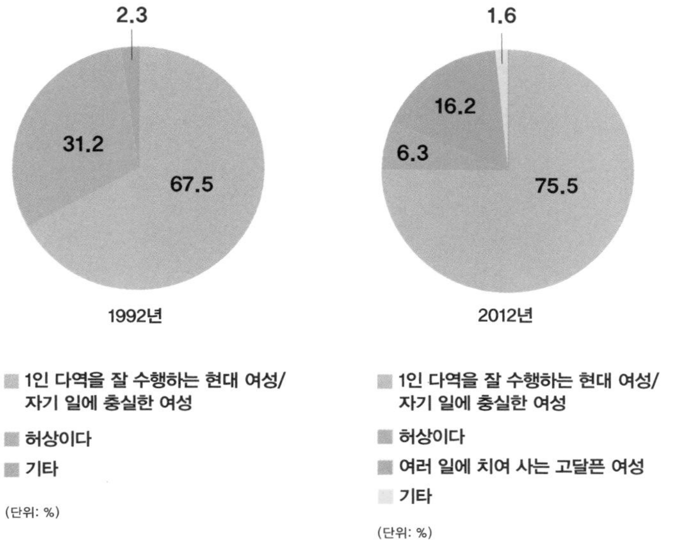

20년 전에 우리는 슈퍼우먼은 이중 부담만 가져오는 허상이므로 벗어나야 한다는 입장이었다. 성별 분업 의식에 매여 갈등하지 말고, 완벽을 추구하지도 말며, 모든 일을 혼자 다 하려고 하지 말고 분담을 요구하자고 했다. 그런데 20년이 흐른 지금 슈퍼우먼은 사라지거나 약화되기는커녕 여성들은 슈퍼우먼 열망 의식에서 벗어나기가 더욱 어려워졌다. 지금 여성들은 '슈퍼우먼으로 살지 말지'를 선택하는 게 아니라 '슈퍼우먼이 되어야만 하는 현실' 속에 살고 있다.

가끔 여자 동료들을 보면, 같은 여자이지만 이래서 여자들이 안 되는구나 싶고, 내가 오너여도 여자는 뽑고 싶지 않겠다 싶어요. 애를 건사할 자신이 없으면 일을 하면 안 되는 거 아닌가요? 저는 여자들이 남자들보다 못한 대우를 받는 게 싫으면, 남자하고 똑같이 일해야 한다고 생각해요. 점심시간에 마트에 가서 장을 보고, 회의 중간에 애하고 문자 하고…… 툭하면 지각하고, 옷매무새 하며…… 이건 프로페셔널하지 않다고 봐요. — 44세, 광고 디자이너

현실적으로 여성이 감당하는 이중 부담의 범위와 강도는 더욱 커졌고, 슈퍼 파워를 발휘해야 할 분야는 더욱 늘어났다. 갈수록 욕망과 기대치는 상승하는데, 그것이 현실로 이어지지 않아 콤플렉스가 깊어지고 있다. 매혹적인 듯 고통스러운 이 '슈퍼우먼 신기루'를 벗기기 위해 슈퍼우먼 콤플렉스의 양상부터 살펴보자.

개인적 콤플렉스에서 사회적 징후로

과거 현모양처가 이상적 여성상인 상황에서 여성의 경제 활동은 대체로 '자아실현'의 방편처럼 여겼기 때문에 일을 하느라 주부·며느리·아내·어머니 역할을 충실히 못할 경우 자책하는 경향이 있었다. 이번 조사 결과는 이런 역할 갈등이 점차 새로운 양상의 갈등으로 불거지거나 능력 갈등으로 변하고 있음을 보여 준다.

일에 자긍심이 있다

설문 조사 결과 두드러진 사실은, 오늘날 슈우바라기들은 무엇보다 자기 일에 자긍심을 느낀다는 점이다. 그리고 최선을 다해도 가사 노동과 경제활동을 혼자서 해낼 수는 없음을 충분히 인식하고 있다. 그래서 기꺼이 도움을 청하고 싶지만, 도움 받을 수 없는 현실에 불만이 높다. 이를 통해 슈퍼우먼 콤플렉스가 개인적 콤플렉스가 아니라 사회적 증상이자 집단적 콤플렉스임을 짐작할 수 있다.

'피곤할 때 도와줄 사람을 찾습니까?'라는 질문에 1992년에는 '내 생활에 간섭받는 것이 싫어 거절한다.'와 '경제적 부담도 되고 일일이 가르쳐 주어야 하므로 귀찮다.'라는 부정적인 답변이 총 73.8%에 이르렀다. 2012년에는 같은 질문에 대해 도움을 원치 않는다는 답변이 39%로 줄고, 도움을 받아 짐을 덜고 싶거나 (42.7%), 언제든 남의 도움을 받아 휴식을 취한다고 답한 비율이 13.8%였다. 절반이 넘는 여성이 혼자서는 힘들다는 것을 인식하고 있으며 도움이 부족한 상황에서 고통을 덜고 싶다고 토로한다.

남들은 맞벌이를 부러워하지만 남편이 작년에 외국인 회사에 스카우트되는 바람에 졸지에 주말부부가 되었어요. 애들이 세 살, 한 살이라 친정에서 살고 있는데, 주말마다 남편이 친정으로 오가는 것도 그렇고 애들도 아빠와 시간을 많이 보내야 할 것 같아 남편 회사 지역으로 발령 신청을 했어요. 다행히 다음 학기부터 근무할 수 있게 되었지만, 둘째도 어린이집에 맡기기에는 너무 어리고 혼자서는 양육이 힘들어서 육아휴직을 고민 중이에요. 남편은 해외 출장이 잦고 야근이 많아 가사도우미 도움을 받고 싶지만, 남편은 틈나는 대로 도와주겠다며 반대해요. 실제로 남편은 주말에 같이 장을 보고 청소도 하지만, 주중에 아이 돌보기는 제 몫이에요. 학교서 시달리고 집에 오면 손 하나 까딱하기도 힘든데……. 게다가 작은아이는 분리불안이 심해 잠들 땐 엄마에게만 매달려요. 애들 뒤치다꺼리하다 손목 인대가 늘어나고 요통이 생겨 힘들어요. — 33세, 초등학교 교사

여성문화네트워크가 전국 30, 40대의 일하는 엄마 1000명을 대상으로 '2014 워킹맘 고통지수'를 조사했는데, 전체 응답자의 90.9%가 일과 가정의 병행에 고통을 겪는다고 했다.[1] 5점을 기준으로 5점에 가까울수록 고통이 큰데, 고통지수가 평균 3.29점으로 2013년의 3.33점보다 0.04점 낮아졌지만 조사한 네 영역 중 고통지수가 가장 높은 사회생활 관련 고통지수는 3.59로 2013년의 3.56보다 늘었다(〈표 4〉). 영역별 어려움에서는 직장 생활과 육아 병행의 어려움(4.03), 직장 생활과 육아 병행의 정책적 지원의 어려움(4.13)이 컸고 육체적 어려움(3.39), 퇴근 후 휴식의 어려움(3.81), 집안일 분담의 어려움(3.76), 육아 분담의 어려움(3.73) 등을 겪고 있다.

하루만 아무도 없는 곳에서 아무 생각 없이 멍하니 있다 오고 싶어요. 요즘엔 내가 뭐하나 싶게 자꾸 깜박거리고, 우울해지고, 그

〈표 4〉 워킹맘 영역별 고통지수

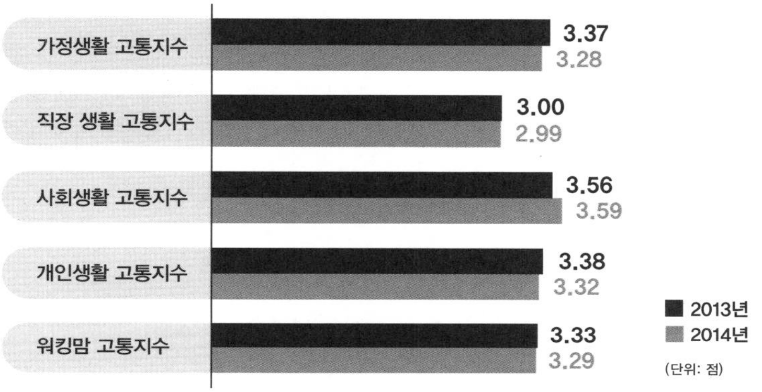

출처: 여성문화네트워크

러다 폭발할 것 같고. 병원에서는 스트레스로 인한 자율신경실조증이라고 잘 쉬라고 하는데. 어떻게 쉬어요, 요즘 하루가 멀다 하고 원어민 수준의 영어 실력에 집안도 빵빵한 똑똑한 후배들이 치고 올라오는데. 이러다 잘리겠다 싶어 야간 대학원에 진학했는데, 이건 전쟁이에요. 퇴근할 때면 늘 가방에 하나 가득 일감을 가지고 가죠. 정신없이 애들 챙겨 재우고 다음 날 애들 준비물 같은 거 준비한 다음, 대학원 과제 하고, 밀린 회사 기획안까지 준비하다 보면 동이 터올 때도 있어요. 하필 대학원 종합시험이 시어머니 육순과 겹쳤을 때는 답이 없더라고요. 평생 한 번뿐인 시어머니 육순 상차림은 집에서 준비해야 한다고 해서 자정 넘어까지 술상 치우고 난 뒤, 부엌에서 울면서 공부한 적도 있어요. 덕분에 승

진도 했지만 남은 것은 오십견과 병원 영수증이죠. — 40세, 전문직

여성도 평생 자기 일을 하며 경제적 책임도 져야 하는 시대, 가정일에 대한 책임을 전적으로 여성에게 돌리며 슈퍼우먼을 바라는 한 워킹맘의 고통지수는 갈수록 높아질 것이다.

외주화된 자아가 필요하다

설문 조사 결과 중 흥미로운 점은 도움을 받는 것에 대한 이중적 태도이다. 질문 중 '당신이 힘들어할 때 도와줄 사람을 찾으라고 한다면 어떻게 하시겠습니까?'라는 문항에서 '경제적 부담이 되더라도 남의 도움을 받아 짐을 덜고 싶다.'가 42.7%, '언제든 남의 도움을 받아 휴식을 취한다.'가 13.8%로 절반 이상의 여성이 남의 도움을 받기를 원한다고 답했다. 반면 또 다른 질문인 '나는 다른 사람에게 일을 맡기지 못한다.'라는 문항에 '약간 그렇다'가 38.3%, '정말 그렇다'가 5.5%로 43.8%의 여성이 그렇다고 대답했다. 남의 도움을 받고 싶어도 다른 사람에게 일을 선뜻 맡기지 못하는 것이다.

양가 부모님께 아이를 맡기는 게 죄송스러워 퇴근 시간 걸음을 재촉하다 보니, 밤마다 부장이랑 맥주도 한잔하고 주말에 골프도 같이 치는 남성 동료에 비해 인사고과 점수가 낮을 수밖에 없다. (……) 사내에서 최고점으로 승진한 여 차장이 말하길, 아이를 좋아하고 책임감 있게 육아와 집안 살림을 적극적으로 도와줄 이모 복

이 여성 성공의 필수 조건이라고 했다. —《헤럴드경제》, 2013. 2. 11 [2)]

전문직 여성이면서 좋은 엄마가 될 수 있다면 더없이 좋겠지만, 경력을 잘 관리하면서 양육도 잘하는 여성의 뒤에는 보이지 않게 나를 도와주는 '외주화된 자아들'[3)]이 있다. 양육과 돌봄의 공백을 메워 주는 다른 여성들이다. 오죽하면 여성의 성공은 믿을 만한 '이모(베이비시터 겸 가사도우미를 이르는 호칭) 복'이라고 하겠는가? 통상 여성 한 명이 사회 활동을 하는 데 그림자처럼 보이지 않는 여성 열 명의 도움이나 희생이 따른다고 한다. 사회 활동이 선택이 아니라 필수가 된 여성의 삶에서 돌봄 노동을 외주화하는 문제는 워킹맘에게 경제력의 필요성을 가중한다.

내가 근무하는 부서에는 기혼 여성이 많다. 기획실이다 보니 야근도 잦고 자연스레 회식을 겸해 비공식 회의가 이뤄진다. 입사 초기에는 아이 때문에 저녁만 먹고 일어서곤 했는데, 말만 회식일 뿐 업무 회의의 연장이다 보니, 나만 모르는 업무 진행이나 변경으로 당황한 적이 많았다. 안 되겠다 싶어 회식 이후 2차, 3차까지 악착같이 남아 있었다. 남편도 늦게 귀가하는 경우가 많아 틈틈이 빨리 귀가하길 독촉하는 아이의 전화도 무시하며 회식에 참여했다. 다른 기혼 여성들은 집에 친정어머니나 시어머니가 함께 살면서 아이를 돌봐 주고 있어서 늦은 귀가에도 부담이 덜한 것 같았다. 나는 열심히 일하는데도 애 때문에 동동거리느라 일을 제대로 못 한다는 눈총을 받는 것 같아 불편하다. — 35세, 기획자 자녀 양육과 돌봄을 위해 친정살이를 하는 사례가 늘면서 장모와 사위 사이에 갈등이 빚어지기도 한다. 남부럽지 않게 교육시키고 결혼을 시킨 딸이 아이 때문에 애를 태우는 모습을 보며 안쓰러움과 사위에 대한 섭섭함에서 장서丈壻 갈등이 생긴다. 그나마 이 경우는 나은 편이다. 친정이나 시댁의 도움을 받을 수 없다면 육아 도우미의 지원을 받아야 한다. 급증하는 '조선족 이모'[4]는 입주해서 아이를 전적으로 맡아 양육한다는 점에서 큰 도움이 되지만, 경제적으로도 막대한 비용을 치러야 할 뿐 아니라 원하는 사람을 쉽게 구할 수 있는 것도 아니다.

과거 자녀 양육의 기능을 공동으로 분담했던 대가족 공동체는 거의 사라지고 유럽처럼 정부의 복지 지원이 잘되는 것도 아닌 상황에서, 도움을 청할 곳이 없는 여성들은 '시장'에 의지할 수밖에 없다. 거기서 사람과 사람의 관계는 '만들어 가는 것'이 아니라 '찾아가는 것'이 되고, '찾는 사람'에게 사람과 사람의 관계는 '창조'가 아니라 '소비'가 된다. 게다가 돌봄에 따르는 감정노동이 상품화되면 그를 소비하는 이들은 감정노동 자체를 자기가 한 것으로 착각하게 된다.[5] 양육을 도우미에게 맡기면서도 그 도우미를 구하고 관리한 '나' 자신이 결국 아이를 키웠다고 생각하고, 그래서 도우미들을 드러내고 싶어 하지 않는다.

슈퍼우먼, 슈퍼맘으로 승부하다

직장 일과 더불어 아내, 주부, 어머니, 며느리 역할로 분산되어 있던 '슈퍼우먼 미션'은 점차 엄마 역할에 초점이 맞추어지고 있다. 살림은 못해도 되지만 자녀 양육만큼은 실패해서는 안 되는 문제다. 자녀가 학교에 들어가면 엄마의 책임이 이전에 비해 본격적으로 커진다. 더군다나 엄마들의 교육 수준이 어느 때보다 높아지면서, 학원 선택·입시 정보 취득·경제력 등 자녀 학업의 뒷바라지가 엄마의 구체적이고 전문적인 과업이 되었다.

젊은 여자들은 "누군 애 안 낳아 봤나?", "애는 저 혼자 키우나?", "참 극성스럽다." 하는 말에도 아랑곳하지 않고 아이 교육에 인생을 건다. 아이가 하고 싶어 하는 것을 할 수 있도록 도와주겠다고 결심하고, 아이들이 하고 싶은 것이 무엇인지까지 나서서 찾아 준다. 그리고 대중매체는 이런 엄마들에게 대치동맘, 타이거맘, 스칸디맘, 헬리콥터맘 등 갖가지 '○○맘'이라는 이름을 붙이며 슈퍼맘 열풍을 더하고 있다. '○○맘'은 크게 명품 엄마와 신위킹맘 등 두 가지로 나뉜다. 명품 엄마는 주로 분당 같은 베드타운에 거주하며 고학력에 전문직이었는데도 결혼과 동시에 일을 그만두고 전업주부를 선택해 아이 교육에 올인하는 여성으로, 중산층 여성의 이상형이다. 반면에 신위킹맘은 교육을 통한 수직적 계급 상승을 열망하는 중산층 여성으로, 이들은 명품 엄마들의 성공 사례를 지켜보며 자신도 해낼 수 있고 해내야 한다고 스스로 최면을 걸면서 자신을 옭아맨다. 이들이 자식의 성공을 위해서라면 뭐든 다 하는, 아이를 위한 슈퍼우먼이 되려고 하는 슈퍼맘이다.

전문대를 나와 결혼과 동시에 퇴직했다가 2년 전부터 가정 어린이집에서 근무하며 밤에는 야간 대학교에서 학사 학위 과정을 밟고 있다. 원래 꿈은 4년제 학위 취득 후 가정 어린이집을 운영하는 것인데, 남편의 사업이 풀리지 않아 어린이집 인수가 어렵고 가계에 도움이 되지 않아 자퇴하고 다른 일자리를 얻으려고 생각 중이다. 직장 동료뿐만 아니라 주위 사람들은 나를 '걸어 다니는 사무실'이라고 한다. 주말엔 한 주간 먹을 반찬과 간식을 미리 만들어 냉동실에 넣어 두고, 새벽 5시에 일어나 남편 도시락을 싸고, 격주로 쉬는 토요일에는 사회복지과 진학을 희망하는 아이의 스펙을 위해 아이와 함께 영아 보호시설에 가서 4시간씩 자원봉사를 한다. — 40세, 보육교사

대형 할인 마트에 오전 9시에 출근해서 저녁 6시까지 주 6일 일한다. 5년 전 갑상선암 수술을 해서 건강관리를 해야 하지만, 점심시간 30분을 제외하고 온종일 서서 일한다. 지금은 임시직이지만, 1년 정도 경력을 쌓으면 점장이 새 매장을 인수할 수 있도록 힘을 써 주겠다고 해서 매일 퇴근 시간을 넘기며 일을 하고, 주말은 아예 쉴 생각을 못한다. 올해 중2·고2 두 아들이 잘되는 게 삶의 낙이므로 힘든 줄 모른다. 엄마의 네트워크가 아이의 성적과 진로 결정에도 중요하다고 해서 요즘엔 아무리 힘들어도 학부모

모임에 참석하고, 아이의 시험 기간에는 함께 시험 범위를 요점 정리해서 문답을 하고, 아이의 친구관계를 위해 친구들을 집에 초대해서 요리를 해 주기도 한다. 고2 아들이 뒤늦은 사춘기로 방황해서 피곤하기도 하지만, '야자' 시간이 끝날 때쯤이면 차로 데리러 간다. — 43세, 대형 할인 마트 판매원

이 슈퍼맘들은 자신의 꿈이 무엇인지 알고 그 꿈을 이루기 위해 스펙을 쌓는 동시에 자녀의 스펙까지 철저히 관리하며 부단히 노력하고 있다. 이에 따른 교육비의 증가는 가계 부담으로 이어지고 중년 여성들이 재취업에 나서게 만든다. 다른 소비를 줄이고 먹는 것까지 아끼며 아이 교육에 소득의 절반 이상을 쓰고, 심지어는 대출까지 받는다. 이런 사회현상은 여성이 한 개인으로서 인정받는 것이 아니라, 자녀의 성취 여부를 통해 인정받는 데서 생긴다. 여성이 스스로 '양육자'로서만 삶의 이유를 찾을수록 아이에게 기대하고, 투자한 만큼 아이의 성취에 전전긍긍하며, 아이와 한 조가 되어 불안하고 힘겨운 경쟁에 휘둘리게 된다.

대학 졸업 20년 만에 동창회를 나갔는데, 다들 오랜만에 만나 반가워하며 서로의 근황을 묻다가 자연스레 아이들 교육 문제로 화제가 모아졌다. 처음엔 전업주부인 자기들보다 일하는 여성이 포스가 나고 멋있고 부럽다고 말했던 친구들이 한 친구가 휴대 전화에 저장된 아이 사진을 보여 주며 "우리 애야. 이번에 글로벌 전형에 합격했는데, 1년 장학금도 받는대."라고 말하자 다들 일순

간 침묵했다. 친구들이 모두 그 친구에게 성공했다며 축하를 건넸다. 그 분위기는 '엄마가 잘나면 뭔 소용 있어, 애들 잘 크는 게 최고지.' 라는 무언의 메시지였고, 그 순간 나 역시 위축되어 이상했다. — 46세, 대학 강사

저런 사람들은 무슨 팔자가 저리도 편할까요. 나처럼 뼈 빠지게 일해서 돈을 보태는 대신 집에서 남편이 주는 돈 받아 가며 남편이 떠받들고 옷도 사 주고, 애들도 순하게 잘 크고 알아서 공부도 잘하고. 난 명품 백은커녕 한 벌에 몇 만 원도 안 되는 거 한번 사지도 못하고, 애들 기죽을까 봐 신발에 휴대 전화에 학원비까지 뒷바라지를 그렇게 해 주는데도 애들은 공부도 못하고……. — 40세, 마트 계산원

이 여성들에게 일과 가정의 양립은, 생계 보조를 넘어서 치열한 경쟁에서 살아남고 양육과 교육 모두 성공하는 것을 포함한다. 좋은 엄마는 곧 '아이의 좋은 성적표'로 입증된다. 여성들은 소수의 여성 전문경영인이나 연예인의 자녀 성공 수기나 자녀 입시 성공기를 담은 각종 슈퍼맘 이야기를 탐독하며 자신도 사회적 일과 자녀 양육에 과도한 노력을 기울인다. 그럼에도 결국 이들에게 남는 것은 "나는 왜 아직도 모든 것을 가질 수 없을까?"라는 자괴감이다.

슈퍼맘 증후군이 의미하는 것

모성 이데올로기를 강화하다

슈퍼우먼은 성별 분업 이데올로기에 도전하는 긍정적 의미가 있는 한편 그것을 개편해 강화하기도 했다. 이는 슈퍼맘에게서도 확인할 수 있다. 오늘날 슈퍼우먼은 무엇보다 모성 이데올로기 앞에서 자유롭지 못하다. 입시생 자녀를 둔 여성이 집안 내 경조사나 갖가지 모임에 당당히 불참할 수 있는 것도 '살림은 못해도 눈감아 줄 수 있지만' 자녀 교육의 실패는 '절대 용서가 안 되기' 때문이다.

남편의 외도와 경제적 파탄을 이유로 이혼하고 혼자서 초등학교 5학년인 아들을 키운다. 은행에서 근무하는데, 전공이 담당 업무와 관련 없어서 야간대학 경영학과를 다니며 아들을 기숙형 사립학교에 전학시켰다. 남편은 아이를 키울 수 없는 형편이고, 나도 일과 학업을 병행하며 아이를 키우기 힘들고, 도움을 요청할 곳도 없고, 무엇보다 이혼녀의 아이라는 핸디캡을 주지 않도록 아이에게 최상의 교육을 시키기 위해서다. 연봉 50%를 아이의 학비와 기숙사비로 고스란히 내놓지만, 아이를 잘 키우지 못할 바에야 나는 일에 올인하고 아이는 학교에 맡기는 게 낫다는 생각이 들어 만족스럽다. — 43세, 취업 주부

> 나는 학창 시절 내내 전교 1등을 놓치지 않는 일명 엄친딸로 자라 국내 유명 연구소의 촉망받는 연구원이 되었다. 이공계 전공 분야에 여성 전문 인력이 소수여서 연구소와 학계에서 기대를 한 몸에 받았다. 그러나 연년생으로 남매를 출산하고 친정과 시댁의 도움을 번갈아 받으면서 아이를 양육하는 데 한계를 느끼고 퇴직했다. 연구에 집중할 수 없어 후배들에게 치이고, 아이가 아프거나 시험 기간이라도 되면 직장과 친정·시댁 모두의 눈치를 보는 것이 고달프고, 막대한 비용을 지출하며 아이들을 과외로 돌리는 것도 부담이 되었기 때문이다. — 44세, 전업주부

역사적으로 여성들을 집 밖으로 끌어내야 할 때는 약화되다가 집으로 쫓아 보내야 할 때 어김없이 강화되는 것이 '모성' 담론이다. 그런데 오늘날 모성 이데올로기는 '좋은 엄마'가 되는 데 경제활동이 필수가 되었다는 점에서 독특하다. 자녀에게 더 좋은 교육 환경을 만들어 주려면 사교육비를 마련해야 하기 때문이다. 반대로 경제적 문제가 어느 정도 해결되거나 비용 대비 효과가 떨어진다고 생각되면 여성들은 고학력의 전문직 종사자라도 전업맘이 되어 아이에게 투신한다. 경제활동을 해야 하는 경우도, 퇴직할 수밖에 없는 경우도 모두 아이를 위해서인 셈이다.

여기에 정보 통신 기술의 발달과 업무의 자동화로 '더 스마트한 세상, 더 스마트한 라이프'가 가능해지면서 새로운 업무가 늘어나고 있다. 또 예전 같으면 할 수 없었을 전방위적 엄마 구실을 워킹맘도 '스마트하게' 해낼 수 있다는 환상이 생겼다.

사실 밥은 밥솥이 하고 빨래는 세탁기가 하는 세상에 예전에 비해 여자들이 할 일이 뭐 있냐고 하는데, 그건 아니죠. 옛날에는 자동화가 안 되어 있으니까 일의 범위나 요구 사항도 적었죠. 요즘엔 스마트폰 때문에 일이 더 많아졌어요. 시도 때도 없이 이메일을 보내서 업무를 지시하죠. 스마트폰 있는 줄 뻔히 아는데, 인터넷 안 된다고 눙칠 수도 없죠. 출근하면서 스마트폰으로 송금도 하고, 퇴근해서는 직장 상사가 보내는 대화창에 응답도 해야 하고, 상사의 SNS에 글도 올려 줘야 하고……. — 37세, 대학 행정직원

올해 초등학교 1학년 아들을 둔 워킹맘이다. 학부모가 된다고 하니 선배 워킹맘들의 깨알 같은 조언이 이어졌다. 알림장 꼼꼼히 잘 챙기는 여학생 엄마랑 친해져라, 학부모 학교 봉사 일은 월차를 내서라도 맡아라, 엄마들 만나면 커피 값은 직장 맘이 눈치껏 내라 등. 그런데 막상 입학해 보니 세상이 변한 건지 엄마들이 변한 건지, 워킹맘이라고 꿀리거나 불편할 것도 없었다. 알림장이나 준비물 궁금증은 스마트폰으로 카톡 방으로 답변이 실시간으로 올라오고, 반 모임이나 번개팅도 워킹맘 수가 많아 토요일로 잡는다. 워낙 더치페이가 생활화되어 워킹맘이라고 더 내야 할 것도 없고, 그런 눈치 주는 전업맘들도 없다. 세상이 갈수록 스마트해지니 워킹맘도 스마트하고 당당하게 살 수 있다. —《2013 워킹맘 보고서》[6)]

시간의 덫에 걸리다

경제적인 문제 못지않게 슈퍼맘이 힘들어하는 문제는 시간 싸움이다. 오늘날 엄마 노릇은 전적으로 아이의 일정을 따라야 한다는 제약이 있다. 설거지나 빨래는 미루거나 몰아서 할 수 있지만, 자녀에 관해서는 선택권이 그다지 많지 않다. 엄마는 아이의 숙제가 끝날 때까지 곁에 앉아 있거나 아이의 주변을 맴돌아야 한다. "자녀에게 시간을 많이 투자하는 여성의 모습을 문화적으로 강조하는"[7] 사회에서 시간에 관한 한 워킹맘은 전업맘을 절대로 따라잡을 수 없다.

'세상이 스마트'해질수록 사회적 노동시간과 가족생활 시간은 뚜렷하게 분리되지 않는다. 따라서 짧은 시간에 많은 일을 해내야 하는 여성의 노동의 강도와 시간을 깊이 있게 들여다볼 필요가 있다. 집안일만 해도 남성과 여성의 일은 내용과 강도가 질적으로 다르다. 여성은 짧은 시간에 동시다발적으로 일을 해치우지만 남성은 한 가지 일을 오랫동안 붙들고 있기 때문이다.《기획된 가족》[8]에서 저자는 '여성들의 압축적인 시간 경험'이라는 개념을 도입해 여성의 삶을 분석했는데, 맞벌이 중산층 가족이 해체되지 않고 유지되는 동력도 결국은 여성들이 시간을 압축적으로 운용함으로써 직장과 가족생활에서 남성보다 더 많은 일과 과제를 수행했기 때문이라는 것이다.

실제로 워킹맘들이 가장 중시하는 것도 시간의 활용과 관리다. 그래서 워킹맘들에게 시간 활용법을 알려 주는 책들은 1년, 한 달, 1주일 단위로 심지어 하루를 1440분으로 쪼개서 1분까지 치밀하게 고려해 아이와 보내는 시간을 계획하라고, 출근 전·퇴근 후 시간을 활용하고 주말은 전적으로 아이에게 몰두하라고 권고한다. 즉 잠자는 시간도 없이 출근 전, 퇴근 후, 주말까지 7일 24시간이 일의 연속이다.

> 새벽 5시 30분. 정신없이 식사 준비하고, 24개월 된 둘째 씻기고, 초등학교 1학년 큰아이 등교 준비…… 화장은 지하철에서 대충 하고 서둘렀는데도 매일 지각이다. 점심시간에 회사 근처 마트에서 큰아이의 소풍 준비 장을 보고, 7시에 나는 집으로 다시 출근한다. 집에 오면 정신없이 빨래하고, 아이 챙겨 재우고 나면 12시다. 잠든 아이의 얼굴을 보며, 내가 무슨 영광을 보겠다고 이러나 하는 한숨뿐이다. —40세, 마트 계산원

이마저도 할 수 없을 때 여성들은 일을 포기해야 하는 길에 내몰린다. 최근 미국 사회에서 여성의 사회 진출과 승진을 가로막는 결정적 원인을 둘러싸고 벌어진 슬로터Anne-Marie Slaughter와 샌드버그의 논쟁에서 그 사례를 볼 수 있다. 슬로터는 오바마 정부 1기에 국무부 정책기획실장으로 2009년부터 2011년까지 근무하다가, 아들 문제로 그만두고 프린스턴대학으로 돌아갔다. 그녀는 한 기고문[9]에서 "정부 고위직 일과 10대 두 아들의 필요 사이에서 저글링하기란 불가능했다."라며, 사회 시스템이 바뀌지 않는 한 전문 직업인이면서 좋은 엄마가 될 수는 없다고 했다. 오후 5시 반에 퇴근해서 아이와 저녁을 먹고 컴퓨터로 야근을 하는

'페이스북'의 이사 샌드버그가 여성은 꿈과 야망이 적어서 고위직에 못 간다고 주장한 것에 대한 반격이었다. 슬로터는 국무부에 있는 동안 새벽 4시 20분에 일어나 열차로 출근하고, 주중에는 24시간 편의점밖에 이용할 수 없었으며, 사춘기 아들이 성적이 떨어지고 엄마와 말도 하지 않는 상황에서 엄마 구실을 제대로 할 수 없었다고 했다. 슬로터식으로 해결하는 대신 샌드버그식으로 접근할 수 있으려면, 워킹맘은 시간을 유연하게 쓸 수 있는 직업 환경을 찾아갈 수밖에 없다.

끝없이 추락하다

이러한 상황에서 여성에게 좋은 직업, 좋은 직장이란 일정을 조정할 수 있고 시간을 유연하게 쓸 수 있는 곳을 의미한다. 이런 점에서 이상적으로 직장 일과 가정일을 양립하는 방법은 탄력근무제, 노동시간 단축, 주 5일 근무, 육아휴직제 등 가족 친화적 노동환경을 지향하는 것처럼 보인다. 그러나 여성의 노동시간과 노동환경이 유연해서 아이를 돌볼 수 있는 것인지, 아니면 아이를 돌봐야 하니까 여성들이 유연한 근무 환경을 찾는 것인지는 마치 닭이 먼저냐 달걀이 먼저냐 하는 문제처럼 구별하기가 쉽지 않다. 원인이 무엇이건, 그 결과가 같다는 것은 분명하다.

남녀의 임금 차이는 동일 노동에 대한 동일 임금 원칙이 지켜지지 않아서라기보다 대개 여성이 몰려 있는 직종의 특성이 탄력제, 임시제, 계약제라서 생긴다. 유급 노동시간의 단축은 낮은 수입으로 이어지고, 줄어든 유급 노동시간은 다시 육아와 가사로

메워진다. 결국 여성에게 유연제 노동이란 장시간 노동에 지나지 않는다.

한국여성정책연구원의 '유연근무제와 가족생활의 변화 보고서'(2011)를 보면, 유연근무제 뒤에 여성은 75.8%가 남은 시간을 육아에 쓴 반면, 남성은 46.5%만이 할애했다. 유연 노동이 휴식으로 이어지지 않기 때문에 여성의 삶은 나아지지 않는 것이다.

통계청의 2009년 발표에 따르면, 맞벌이 부부의 경우 남성은 임금노동에 6시간 20분을 쓰고 여성은 5시간 6분을 쓰고 있다. 반면에 남성의 평일 가사 노동 시간은 24분, 여성은 2시간 38분으로 여성이 남성보다 여섯 배 이상 많다. 돌봄 노동 시간은 여성이 42분이고 남성은 13분으로 여성이 세 배 이상 많다(〈표 5〉). 가장 손이 많이 가는 돌봄 노동인 미취학 자녀를 보살피는 일에 여

〈표 5〉 맞벌이 부부의 임금·가사·돌봄 노동 소요 시간

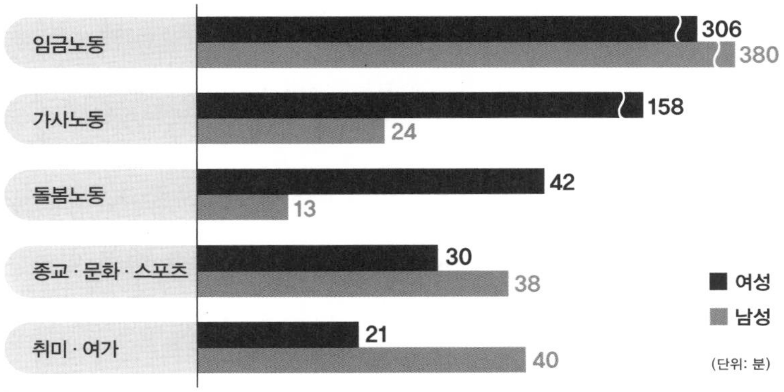

출처: 통계청, 2009.

〈표 6〉 맞벌이 부부의 가사 · 돌봄 노동 소요시간(출처: 통계청, 2009)

가사 노동	여성	남성
음식 준비 및 설거지 정리	1시간 28분	6분
청소 및 정리	30분	7분
빨래·옷 개기 등	21분	1분
가정 관리	14분	3분
집 관리 등 기타	5분	6분
합계	2시간 38분	24분

돌봄 노동	여성	남성
미취학 자녀 보살피기	21분	7분
초중고 자녀 보살피기	16분	3분
배우자 보살피기	3분	1분
그 외 가족 보살피기	2분	2분
합계	42분	13분

성이 21분, 남성이 7분을 쓴다. 그런데 미취학 자녀를 돌보는 노동에서도 여성은 주로 '씻기기·먹이기·재우기'(12분)에 시간을 투입하고 남성은 '놀아 주기'(4분)에 집중한다. 초·중·고등학생 자녀를 보살피는 일에는 여성이 16분, 남성이 3분을 사용한다. 또 취미·여가·종교·문화·스포츠 활동을 합한 휴식에 남성은 76분, 여성은 51분을 쓴다. 유급 노동과 무급 노동을 합쳐 일하는 시간이 남성은 약 7시간(417분), 여성은 약 8시간 30분(506분)이다(〈표 6〉). 여성이 더 일하고 덜 쉰다.[10]

다중 역할을 해야 하는 여성 가운데 특히 한 부모의 삶은 더욱 고통스럽다. 이들은 대체로 저소득층인 까닭에 경제적 어려움과 장시간 노동에 시달린다. 초등학생만 되어도 돌보는 어른 없이 혼자 시간을 보내는 경우가 흔할 정도로, 자녀들의 돌봄 공백 문제가 심각하다. 이들은 가족이나 주위의 도움 없이 혼자 생계와 돌봄을 감당하는 데서 오는 신체적·심리적·정신적 어려움을 호소한다.

> 나는 신혼 때부터 폭력에 시달리다 1년 전에 초등학교 5학년 아이를 키우는 대신 모든 재산은 남편이 갖는 조건으로 가까스로 이혼했다. 친정에서는 이혼했다는 이유로 절연했고, 남편은 내 명의로 된 집을 담보로 대출받아 빚까지 안기고 양육비도 주지 않았다. 집 때문에 기초생활수급자 대상에서도 탈락해, 새벽 5시부터 제과점에서 아르바이트를 하고, 늦은 오후에는 방문 피아노 지도로 생계를 이어 가고 있다. 퇴근 시간이 일정하지 않아 아들은 집에 혼자 있고, 컵라면 등으로 끼니를 때우는 게 마음에 걸려 한밤중에라도 밥을 꼭 챙겨 준다. 과외를 못 받는 아이와 숙제와 학습지 등을 함께 풀다 보면 12시가 넘는다. 폭력 후유증에다 수면 부족, 과로로 우울증 증세까지 있다. — 44세, 방문 피아노 교사

단순히 노동시간을 비교하는 것 못지않게 중요한 것은 노동강도를 살펴보는 것이다. 워킹맘의 노동에서 탄력근무제와 2교대 노동은 직장 내에서의 노동일 뿐 실제 일과를 보면 전일제 노동에 시달린다. 직장 내에서는 짧은 시간 안에 더 많은 일을 해야

하기 때문에 노동강도가 심해진다. 제한된 시간에 일을 해야 하기 때문에 슈우바라기들에게는 '완벽하려는 성향'이 높게 나타난다. 워킹맘은 다른 직장 여성처럼 일을 끝내고 적어도 자녀와 관련한 문제에서만큼은 전업맘처럼 아이를 지원하겠다는 생각이 있다.

그리스신화에 나오는 이카루스처럼 워킹맘은 밀납으로 만든 날개를 달고서 태양 가까이 날아도 안 되고 낮게 날아도 안 된다. 날개가 녹거나 굳지 않도록 중간을 유지해야 하듯 직장이나 집안일 중 어느 하나에 치중하지 않고 균형을 유지해야 하는데, 그것만으로도 상당한 스트레스다. 그렇게 애쓰는 동안 돌아오는 건 대개 전문가답지 못하다느니 '나쁜 엄마'느니 하는 비난이다.

나쁜 엄마 대 좋은 엄마

2012년에 개봉된 미국 영화 〈하이힐을 신고 달리는 여자 : I Don't Know How She Does It〉에는 잘나가는 펀드매니저이자 두 아이의 엄마인 여성이 등장한다. 주인공은 전업맘들에게 뒤지지 않으려고 늦은 밤 퇴근길에 유치원에 보낼 케이크 재료를 구하러 다니고, 출장길에서도 아이가 발레 수업에 신을 타이츠를 찾아다닌다. 그 시각, 남편은 아무 걱정 없이 일찍 퇴근해 집에 있다. 이런 장면은 새삼스럽지 않다. 워킹맘은 아이들이 학업이나 발달 면에서 뒤쳐질까 봐, 나쁜 엄마가 될까 봐 두렵고 불안하고, 그래서 더욱 '좋은 엄마'가 되기 위해 노력한다.

'좋은 엄마'는 어떤 사람일까? 2011년 EBS 〈다큐프라임〉에서는 여성 100명을 대상으로 엄마의 역할에 대해 조사하는 '모성 회복 프로젝트'를 진행했다. 이 프로젝트에서 자기 생각을 적는 문장 완성식 검사를 한 결과, 대다수 여성이 "나는 아이에게 슈퍼우먼이어야 한다."라는 강박에 시달리고 있었다. '좋은 엄마=완벽한 엄마'라는 도식 내에서, 문장은 대부분 '~하게 키워야 한다', '~를 할 수 있어야 한다'의 형식으로 끝난다. 이를테면 "엄마라면 자녀에게 비전을 제시해 주어야 한다.", "엄마라면 지혜로워야 한다.", "엄마라면 항상 편안하게 해 줘야 한다.", "엄마라면 힘들어도 내색을 하면 안 된다.", "엄마라면 자녀를 위해 뭐든지 해야 하고, 할 줄 알아야 한다." 등이다. 한국 엄마와 미국 엄마의 자녀 인식을 뇌 촬영 결과로 비교하기도 했다. 재미있는 것은 한국 엄마들은 자녀가 누군가와 경쟁해서 이겼을 때 더 큰 행복감을 느꼈다는 점이다. 아이에게 간단한 글자 맞추기를 시키고 지켜보게 한 실험에서는 미국 엄마는 옆에서 격려의 말을 한 반면, 한국 엄마는 조바심을 내고 도와주거나 아쉬워하거나 타박했다. 자녀와 자신을 동일시하는 것은 양국 엄마들이 비슷했지만 한국 엄마에게는 '자녀의 성공=나의 성공'이라는 현상이 있었다.

이 프로젝트에서 여성들은 자녀를 낳아 키우면서 대개 여성이 당연한 것으로만 알던 모성이 자기 안에 부재한다는 사실에 당황하거나 충격을 받았다. 그럴수록 여성들은 사회가 심어 준 '좋은 엄마'가 되어야 한다는 강박관념에 사로잡혀 괴로워하게 된다. 결국 이 프로젝트를 통해 확인한 사실은 '좋은 엄마'란 '특수한 목적으로 조작된 모성'일 뿐이라는 것이다.

아이를 낳으면 마냥 행복할 줄 알았습니다. 나는 좋은 엄마가 될 자질이 충분하며, 어머니에게서 보았던 희생과 헌신이 나의 유전자임을 믿었습니다. 하지만 현실은 그렇지 않았습니다.

한밤중 젖을 물리며 잠 좀 실컷 자고 싶다고 한숨을 내쉴 때, 아기를 업은 펑퍼짐한 아줌마의 모습이 쇼윈도에 비칠 때, 밥 먹을 짬조차 없어 식탁 앞에 서서 물에 만 밥을 마실 때, 고된 육아로 지친 밤 11시, 현관문을 바라보며 남편을 기다릴 때 나는 행복하지 않다고 생각합니다. 열 펄펄 끓는 아이에게 무엇부터 해 줘야 할지 몰라 허둥댈 때, 남들 다 있는 전집 교구, 아무리 큰맘 먹어도 장만하지 못할 때, 실수로 밥그릇을 엎은 아이의 등짝을 후려쳤을 때 나는 나쁜 엄마가 아닐까 자괴감이 듭니다. 이런 나의 눈에 다른 엄마들은 모두 좋은 엄마처럼 보입니다.

모유 수유에 성공하고, 이유식도 손수 만들어 먹이며 빈번한 아이의 장난이나 실수에도 능숙하게 뒤처리하는 엄마, 자식의 학업과 재능을 위해서라면 누구보다 전문가가 될 만한 엄마. 그들처럼 되기엔 나의 모성은 턱없이 부족하게 여겨집니다. 나는 진정 좋은 엄마가 될 수 없는 것일까요? 좋은 엄마가 되는 길은 이렇게 힘들기만 한 것일까요? — EBS 〈마더쇼크〉 제작팀, 《마더쇼크》[11]

신경숙의 소설 〈엄마를 부탁해〉는 앞의 글에서처럼 '내 안의 모성 없음'에 당황하면서도 '내 어머니의 희생과 헌신'에 대해서는 의심치 않는 딸들에게 한 번 더 '내 어머니 안의 모성 없음'을 알려 주는 작품이다. 엄마를 잃고 나서야 기억과 참회를 통해 엄마의 고통을 이해하고 엄마의 참모습을 복원해 가는 과정에서, 전통적인 어머니 역할을 충실히 수행하는 희생적인 어머니상 대신 욕망의 주체로서 엄마를 그려 낸다. '좋은 엄마'가 되려고 애쓰는 엄마가 아니라 엄마 스스로 '편안한' 그리고 '행복한' 사람이 되는 것, 그것이야말로 우리 모두가 엄마들에게 우선 '부탁해야 할 일'이라는 것을 말하고 있다.

무엇을 할 것인가

슈퍼맨의 짝꿍은 슈퍼우먼이 아니라 원더우먼이다. 원더우먼은 뱅글뱅글 돌면 초능력이 생기고 그 능력을 통해 정의를 실현하는 활약상을 펼치며 재미와 후련함을 안겨 준다. 가상계의 원더우먼과 달리 슈퍼우먼은 현실에 있음직한 존재로서 누구라도 될 수 있을 것 같은 환상을 불러일으킨다. 그래서 슈퍼우먼을 열망하는 슈우바라기들은 포기하지 않고 철인 3종 경기나 저글링과 다를 바 없는 다중역할을 기꺼이 수행한다.

멀티태스킹은 시대를 선도하는 능력이지만 동시에 육체적·정신적으로 악영향을 미친다. 초능력이 있을 리 없는 여성들은 자신에게 주어진 수많은 역할에 대한 부담에 짓눌리고 실패와 좌절로 추락하기 마련이다. 슈퍼우먼 증상을 가장 고통스럽게 채찍질하는 것은 모성 이데올로기를 벗지 못한 슈퍼맘이다. 여성의 절반을 차지하는 워킹맘은 자녀양육과 교육이라는 막중하고 절대적인 과업으로 인해 자신도 모르게 슈퍼우먼의 전철을 밟게 된다. 그리고 점점 더 슈퍼가 아니라 '울트라', '하이퍼'를 붙여야 할 정도로 엄마들에게 가중되는 부담은 커지고 있다.

그렇다면 지금 슈우바라기가 할 수 있는 일은 무엇일까. 당연히 슈퍼우먼에 대한 열망을 내려놓아야 한다. 계속해서 개편되고 강화되는 성역할에 대한 고정관념을 벗어던지는 혁명이 필요하다. 모두가 알고 있을 뻔하고 당위적인 해결책이어서 회의적일 수도 있다. 콤플렉스란 몰라서 벗어나지 못하는 것이 아니라 오히려 해박하리만큼 많은 것을 알고 있으므로 그에 대한 이중적인 태도를 버리지 못하는 데서 올 수도 있다. 슈퍼우먼과 슈퍼맘이 허상임을 알고 있어도 우리 시대와 사회를 휩쓴 치열한 경쟁의 물살에서 자기 가족을 구원해 줄 동아줄로 여기고 놓지 못하는 것이다. 실패가 두려워 콤플렉스에 더 깊이 빠져들어가는 것은 아닌지 돌이켜봐야 한다. 그러므로 우리는 원점에서 다시 시작할 수밖에 없다. 무엇을 할 것인지 다시 묻고 행동해야 한다.

한국 여성의 발자취
세대별 인터뷰
주
찾아보기

한국 여성의 발자취

정치경제 / 여성 / 사회문화

1970
- 새마을운동
- 〈아씨〉 유행
- 경부고속철도 운행

1972
- 10월 유신
- 생리대 시판
- 혼분식 장려운동

1973
- 석유파동
- 크리스찬 아카데미 여성문제 의식화 교육
- 61개 여성단체 연합 범여성 가족법 개정 촉진회
- 김일 프로레슬링붐
- TV드라마 〈여로〉 방영

1974
- 육영수 사망
- 민청학력 사건
- 영화 〈별들의 고향〉 상영
- 서울지하철 1호선 개통

1981
- 전두환 대통령 취임
- 칼라TV 방영
- 과외 금지
- 대학졸업정원제
- 해외여행 자율화

1982
- 야간통금 해제
- 프로야구 출범

1983
- KAL기 피격
- 아웅산 암살사건
- 유엔 여성 차별 철폐 협약 서명
- 교복 및 두발 자유화

1984
- 이산가족 찾기 운동

1989
- 임수경 밀입국
- 남녀고용 평등법 시행
- 가족법 제정

1990
- 탁아입법

1993
- 소련해체
- 지방자치제
- 남북한 유엔 동시가입
- 성폭력 특별법 제정

1994
- 대입본고사 부활
- 김일성 사망
- 성수대교 붕괴

1975	1976	1977	1978
월남전 종전	유엔 선포 세계여성의 해 직장여성 결혼 각서 폐지 양정모 올림픽 금메달 획득	100억 불 수출달성 동성동본 금혼 폐지 운동 대학에 여성학 개설 범여성단체 가족법 개정 운동 의료보험제 실시	YH 사건 〈영자의 전성시대〉 등 호스테스 영화 유행 최초의 시험관 아기 출생

1985	1986	1987	1988
국내 첫시험관 아기 탄생	아시안 게임 개최 박종철 치사 사건 여성단체 연합 창립 영유아보호법 제정 소비자보호법 제정	6·10항쟁 6·29선언 김현희 KAL기 폭파 사건 권인숙 성고문 사건 286컴퓨터 등장	서울올림픽 개최 5공 청문회 《여성신문》 창간

1995	1996	1997	1998
6·27 지방선거 전두환 노태우 전대통령 구속 남녀고용 평등법 제정 삼풍백화점 붕괴	월드컵 한일 공동개최 확정 가정폭렵법 제정 청원 여성기본법 개정	IMF 외환위기 동성동본 금혼 폐지 성폭력 특별법 개정	정권교체 가정폭력 방지법 시행

1999
- 씨랜드 청소년 수련원 참사

2000
- 6·15남북공동선언

2002
- 월드컵 한일 공동 개최
- 미군장갑차에 의한 여중생 사망 사건
- 규탄 촛불집회

2003
- 참여정부 출범
- 대구 지하철 화재 사건

2005
- 남녀차별 금지 및 규제에 관한 법률
- 여성부신설

2008
- 이명박 정부 출범
- 노무현 전대통령 자살
- 호주제 폐지
- 광우병소고기 수입 반대 촛불집회

2010
- 천안함 침몰

2011
- 김정일 사망

2012
- 성매매 방지 및 피해자 보호 등에 관한 법률 시행

2013
- 박근혜 정부 출범

2014
- 남녀고용 평등과 일·가정 양립 지원에 관한 법률
- 세월호 침몰

20대

약력 1990년 출생. 현재 미혼이며 취업 준비 중.

10대, 20대에 품었던 꿈 10대에는 해외유학을 꿈꾸며 진학에만 매달렸다. 대학 입학 이후 취업과 연애, 여행, 문화생활 등을 모두 이뤄 행복하려고 노력하며 표류 중이다.

자라면서 어머니한테 자주 들었던 말 "부모 욕먹지 않게 처신 잘해라.", "경험해 볼 수 있는 것 다 해 봐라.", "남들에게 뒤지지 않고 자신 넘치는 모범이 되라."

현재 나의 삶 취업 준비와 꿈을 탐색하며 겨우 생존 중이다. 학생과 백수의 경계선에서 중심을 잡고 있다.

나의 미래 하고 싶은 일을 하며 남에게 아쉬운 소리 하지 않고 살 수 있는 독립적인 삶을 원한다.

여성운동에 대한 생각 여성운동은 반드시 필요하다고 생각하며, 평소 여성운동을 지지하는 활동을 한다

30대

약력 1982년 부산 출생. 한국생명과학연구소에서 근무했으며, 결혼하여 남아 둘을 낳고 공군장교 남편과 전업주부로 살고 있다.

10대, 20대에 품었던 꿈 10대에는 미술 전공을 희망했으나 부모님의 부담으로 포기했다. 지금도 아쉽다. 의류학을 전공하고 임용고시를 준비하던 중에 연구소에 취직됐다.

자라면서 어머니한테 자주 들었던 말 개인주의적 성향의 엄마로부터 "너무 나서지 말고 남의 말 함부로 하지 말라."라는 말을 들었다.

현재 나의 삶 안정되고 행복한 생활을 하고 있다. 나를 의지하고 사랑해주는 아이들과 남편과 안정되고 행복한 생활을 영위하고 있다.

나의 미래 노후에 남편은 매실농장을 꾸리고 나는 제빵 실력으로 남에게 베풀고 싶다. 있는 만큼 누리고 건강하게 사는 것이 꿈이다.

여성운동에 대한 생각 페미니스트에 관심이 많아 여성의 권리와 불평등을 늘 생각한다. 적극 나서는 편은 아니나 긍정적으로 생각한다.

40대

약력 1973년 대구 출생, 대학 졸업 후 결혼해서 딸 둘을 두고 국방부 합참에 근무하는 남편과 서울에서 전업주부로 살고 있다.

10대, 20대에 품었던 꿈 10대 때 장래 희망은 교사, 간호사였으나 20대에는 독립과 멋진 남편을 만나길 희망했다.

자라면서 어머니한테 자주 들었던 말 "너 때문에 산다.", "더도 말고 덜도 말고 꼭 너 같은 딸 낳아봐라." 지금은 엄마에게 듣던 말을 딸들에게 하면서 엄마의 마음을 헤아리게 됐다.

현재 나의 삶 남편의 직업상 2, 3년마다 이사하는 생활로 새로운 환경에 적응하는 일이 나이를 먹을수록 힘들게 느껴진다.

나의 미래 성장하여 가정을 이룬 아이들과 퇴직한 남편과 편안하고 안정된 노후생활을 보내고 싶다.

여성운동에 대한 생각 구체적인 생각을 해 본 적은 없지만 이런 노력들이 여성권위신장과 차별을 완화하고 사회적 지위 상승에 기여하고 있다고 생각한다.

50대

약력 1960년 서울출생. 대학원까지 공부했고 1986년에 결혼하여 1988년에 첫 아이를, 1994년에 둘째 아이를 낳았다.

10대, 20대에 품었던 꿈 10대에는 30대 이전에 성공하여 짧고 굵게 살기로 작정했고 20대에는 사회의 전문인이 되고 싶었을 뿐 결혼은 생각하지 않았다.

자라면서 어머니한테 자주 들었던 말 어머니는 항상 "네 마음대로 자유롭게 살아라."라고 하셨다.

현재 나의 삶 전업주부로서 성취감을 그다지 느끼지 못하고 나만의 영역을 만들지 못해서 불안하다. 경제적 자립을 해야겠는데 재취업의 기회가 없다.

나의 미래 내가 할 수 있는 일을 찾고 싶다. 엄마 역할에도 최선을 다하려고 한다.

여성운동에 대한 생각 여성운동에 대해서는 바람직하다고 생각한다.

60대

약력 1954년 서울 출생. 대학졸업했고 교사로 재직했다. 1983년에 결혼하여 1985, 1986년 연년생으로 아이 둘을 낳았다.

10대, 20대에 품었던 꿈 젊은 시절 언론인, 특히 기자가 되는 것이 꿈이었다.

자라면서 어머니한테 자주 들었던 말 어머니는 늘 "많이 참아라.", "말조심해라.", "여자는 그저 집에서 살림하는 게 최고다."라고 말씀하셨다.

현재 나의 삶 대체로 모든 상황에 만족하려고 하고 자긍심도 가져 보지만, 자신감이 없어지고 허탈하다.

나의 미래 매사에 때와 장소를 분별하는 지혜를 잃지 않고 싶다. 소외된 자들과 불우한 이웃을 돕고, 자녀들이 직장생활 잘하고 보람 있게 사는 모습을 지켜보고 싶다.

여성운동에 대한 생각 여성 자신이 가정에서 자녀 교육에서부터 자연스럽게 남녀를 공평하게 대하여 차별하지 않는 것이 꼭 필요하다고 생각한다.

주

머리말

1. 콜레트 다울링, 홍수원 옮김,《신데렐라 컴플렉스》. 우아당, 1982. 마조리 핸스 새비츠, 홍수원 옮김,《슈퍼우먼 신드롬》, 우아당, 1986. 윌리엄 페즐러·엘레노어 필드, 백상창 옮김,《착한 여자 컴플렉스》, 문학사상사, 1992. 등이 있다.

1 21세기 초입에 선 여성의 삶

1. OECD, *How's Life?: Measuring Well Being*, 2013.
2. OECD, 앞의 책, 2013. 2013년 고등교육을 받는 남녀 비율과 여성의 취업률, 남녀 임금격차, 여성 고위직 진출 비율, 여성 의원직 비율 등 아홉 항목에 걸쳐 100점 만점으로 지수를 자체 산정함.
3. *The Economist*, Women and Work: The glass-ceiling index, 2014. 4.
4. 한상진, 위르겐 하버마스 교수와의 대담,《계간 사상》 봄호, 1996, 170쪽.
5. 피에르 부르디외, 김용숙·주경미 옮김,《남성 지배》, 동문선, 126쪽, 2003.
6. 존 판던, 류영훈 옮김,《이것은 질문입니까?》, 랜덤하우스코리아, 2011, 182쪽.
7. 선진국 여성들이 고민하는 문제는 세계의 다른 지역 여성들과는 너무 동떨어져 있다. 21세기에도 불법 할례와 강제 결혼, 강제 이혼을 당하거나 교육과 취업의 기회를 얻지 못하는 여성이 많은데 그들이 심각한 어려움을 겪게 내버려 두는 사회들이 여전히 존재한다.
8. 여성을 위한 모임,《일곱 가지 여성 콤플렉스》, 현암사, 2005, 20쪽.

9. 이재열, 《한국사회의 위험구조 변화》, 정보통신정책연구원, 2005, 81쪽.
10. 함인희, 〈베이비붐 세대의 문화와 세대 경험〉, 《한국의 문화 변동과 가치관》, 나남, 2002.
11. 한국여성정책연구원, 《2013 한국의 성인지 통계》, 2014.
12. 한국여성정책연구원, 앞의 통계보고서.
13. 국가인권위원회, 〈2013년 비정규직 여성 근로자 임금 실태 조사 결과〉, 2014.
14. England, P., *The Gender Revolution: Uneven and Stalled, Gender & Society*, V. 24, 2010, p. 155.
15. *The Wall Street Journal*, Male Nurses Make More Money, 2013, 2. 25. 미국에서 여성 간호사가 남성 간호사보다 훨씬 많지만, 소득은 남성 간호사가 여성 간호사보다 높다. 2011년 기준으로 여성 간호사의 연평균 소득은 5만 1100달러(약 5540만 원)로 남성 간호사의 6만 700달러에 비해 15% 정도 적었다. 시간제가 아닌 전일제 근무 간호사만을 비교해도 여성은 남성보다 평균 임금을 7%가량 덜 받았다. 전체 간호사 중 남성의 비율은 1970년에 3% 미만이었다가 2000년에 8% 미만까지 높아진 뒤 2011년에는 10% 선에 근접했다. 그러나 간호사의 성별 임금격차는 전체 업종의 평균 여성 임금이 남성의 77%에 불과했던 것과 비교하면 상대적으로 적었다. 또한 유리 에스컬레이터 현상은 유리천장과 반대되는 개념으로 사용한다.
16. 한국여성정책연구원, 앞의 통계보고서.
17. 한국여성정책연구원, 〈2012년 한국의 성 인지 통계〉, 2013.
18. 칼 유스타프 융, 유기룡·양선규 옮김, 《콤플렉스·원형·상징》, 경북대학교

출판부, 1986, 10~18쪽.

2 착한 여자 콤플렉스

1. 윌리엄 페즐러·엘레노어 필드, 백상창 옮김, 《착한 여자 컴플렉스》, 문학사상사, 1992.

3 신데렐라 콤플렉스

1. 영국의 수학자이자 동화 작가인 루이스 캐럴Lewis Carrol이 1865년에 발표한 동화 《이상한 나라의 앨리스Alice's Adventures in Wonderland》는 주인공 앨리스가 환상 속에서 낯설고 신비로운 이상한 나라에서 새와 짐승 들과 만나 이야기하며 그곳에서 겪는 기이하고 놀라운 모험을 재미있게 그렸다. 일곱 살 난 소녀 앨리스는 아이시스 강의 둑에서 졸다가 조끼를 입은 흰 토끼가 회중시계를 보며 무엇엔가 쫓기듯 안절부절못하는 것을 보고 그 토끼를 따라 지하 세계로 내려간다. 비현실적이고 부조리한 지하 세계에서 앨리스는 몸이 마구 커지기도 하고 자신이 흘린 눈물이 만든 웅덩이에 빠질 정도로 몸이 작아지기도 한다. 갑자기 목만 길어져서 발이 안 보이기도 하는 경험을 한 뒤에 버섯을 적당히 섞어 먹으며 마침내 자신의 몸 크기를 적당히 조절하는 방법을 알게 된다. "내가 제일 먼저 할 일은 다시 내 본래 몸 크기로 돌아가는 거야. 그

런 다음 그 아름다운 정원으로 들어가는 방법을 찾아야지. 그게 가장 좋은 계획이야." 앨리스는 늘 시계를 들고 '약속에 늦었다'고 중얼거리며 자신을 하녀 취급하는 흰 토끼와 울음을 그치지 않는 아기를 자신에게 맡기고 크로켓 경기에 가 버린 공작부인, 아무에게나 화를 내며 목을 치라고 명령하는 하트 여왕을 만나게 된다. 여왕의 파이를 훔친 범인을 잡기 위한 재판에서 증인으로 나선 앨리스는 왕과 왕비의 엉터리 재판을 반박하는 용기를 보여 주기도 한다. 비록 모든 것이 꿈이었지만 앨리스는 어린 소녀로서 불합리한 현실과 명령에 저항하며 매 상황에 잠시도 호기심 어린 질문을 멈추지 않는 똘똘함과 의지를 보여 준다.

2. Susan J. Douglas, *Enlightened Sexism*, The seductive message that feminism's work is done, Times books, NY, 2010.

3. 보건복지부, 〈2012년 결혼 출산 동향 조사〉.

4. 매경용어사전의 '줌마렐라' 정의 참고.

5. 여성가족부·통계청, 2014 통계로 보는 여성의 삶 〈성별·교육 정도별 경제활동참가율〉, 각 년《경제활동인구연보》.

6. 정이현,《낭만적 사랑과 사회》, 문학과지성사, 2003, 25쪽.

7. 김나정,《신데렐라가 백설공주보다 아름다운 이유》, 이끌리오, 2007, 15쪽.

8. 〈사랑만 보면 바보야, 돈이 깔려 있어야지〉,《한겨레》, 2013. 1. 4.

9. 〈골드미스·노총각 "날 울리지 말아줘"〉,《매일신문》, 2013. 2. 2.

10. 〈"사람이 가축?" 재산·연봉 따라 등급 매겨 논란〉, SBS, 2010. 10. 5.

11. 정이현, 앞의 책, 35쪽.

12.《한겨레》, 앞의 기사.

4 외모 콤플렉스

1. 푸코의 개념에서 규율의 방법과 교정 훈련의 수단에 대한 설명을 활용하려고 한다. 푸코는 근대사회 이후 몸을 규율하고 교정하는 대상으로 삼으면서 이를 둘러싼 지식을 통해 미시 권력이 형성됐음을 밝힌다. 규율의 방법에는 첫째, 공간의 분할(폐쇄, 분할, 체계화, 서열화), 둘째, 시간의 배분(시간표, 계획표로 시간과 행위의 배분), 셋째, 힘의 조립(부품의 유기적 배치, 사람 사이의 시간 연결) 개념이 있다. 일상의 생활을 세분화된 망 안으로 배치함으로써 문명화되지만 한편으로는 감시의 시선에 모두 포섭되는 시스템을 설명한다. 이 시스템은 교정 훈련의 수단을 통해 권력으로 작동하게 된다. 교정 훈련의 수단에는 위계질서적 감시(시선의 감시, 일망 감시, 피라미드형 감시), 규범화한 상벌 제도(처벌-보상, 서열-등급, 동질화-규격화), 시험(개인의 자료화, 계량 가능한 개인 만들기)이 있다. 특히 여성의 일상생활을 서구식으로 합리화한다는 신지식은 공간, 시간 분할 등이 세분화되어 진행된다는 점이나 낙후된 여성에 대한 계몽과 처벌의 담론을 통해 여성의 서열 등급이 매겨진다는 점에서도 이 개념의 적용이 유용할 것이라고 생각한다. - 미셸 푸코, 박홍규 옮김, 《감시와 처벌》, 강원대학교 출판부, 1993, 3장.
2. 이영자, 〈몸 권력과 젠더: 푸코적 분석 틀에서 본 '날씬한 몸' 관리〉, 《한국여성학》 22권 4호, 2006, 205쪽.
3. 여성가족부·한국 여성정책연구원, 《제4차 여성정책기본계획 1차 시안 검토를 위한 기본 계획 합동 워크숍》, 2012, 209쪽.
4. 크리스 쉴링, 임인숙 옮김, 《몸의 사회학》, 나남출판, 1999, 186~189쪽.

5. Susan J. Douglas, *Enlightened Sexism*, The Seductive Message that Feminism's Work Is Done, Times books, NY, 2010.

6. Susan J. Douglas, 앞의 책, p. 9.

7. 우리나라에서는 포스트페미니즘의 논쟁이 본격적으로 진행된 바 없으나 서구 영미비평계에서는 칙릿Chick-lit(〈섹스 앤 더 시티〉로 대표되는 여성 주인공 작품들)을 중심으로 여성성의 적극적 발현과 자기결정권을 강조하는 새로운 페미니즘의 경향에 대한 논의가 포스트 페미니즘이라는 용어로 논의된 바 있다.(이정연·이기형, 〈'칙릿' 소설, 포스트페미니즘, 그리고 소비자본주의 사회의 초상〉, 《언론과 사회 17》, 2009년, 88~90쪽.) 포스트페미니즘은 젊은 여성들의 이상적 여성상이 페미니즘과 페미니티의 합 즉, 성공이나 존경과 함께 여성성을 수락하는 방식으로 구성되고 있는 경향을 반영한다.

8. 캐서린 하킴, 이현주 옮김, 《매력 자본》, 민음사, 2013.

9. 앤 마리 발사모, 김경례 옮김, 《젠더화된 몸의 기술: 사이보그 여성 읽기》, 아르케, 2012. 이 책에서 저자는 '젠더화된 몸의 기술'이라는 용어를 제안하면서 '젠더는 기술적 배치를 결정하는 문화적 조건이자 동시에 기술적 배치의 사회적 결과'(28쪽)라고 말한다. 이는 과학기술이 몸을 새롭게 재구성하면서도 젠더화된 권력과 권위의 양식을 재강화하는 방식(29쪽)으로 발전한다는 것이다. 기술도 인간이 만들어가는 것이기 때문에 사회적 차별 체계를 강화하는 방식으로 진전된다는 분석인데, 실제 성형수술에서도 남성성·여성성의 표지는 기술을 통해 강화되어 몸에 다시 구현되는 방식으로 나타난다.

10. 이브 엔슬러, 이은정 옮김, 《굿 바디》, 웅진지식하우스, 2005, 22~23쪽.

11. 안나영, 〈외모에 대한 사회·문화적인 태도와 객체화된 신체의식이 외모

관리 행동에 미치는 영향〉, 전남대 석사 학위 논문, 2007, 2~3쪽. 모리슨Morrison 등의 연구에 따르면 여성들의 신체적 외모에 대한 불만은 마른 몸에 대한 이상화, 몸의 대상화, 마른 것이 좋은 것이라는 사회적 가정에서 비롯된다. 특히 외모를 대상으로 바라보는 태도는 외모에 대한 철저한 감시와 관리, 처벌로 이어진다고 분석하고 있다.

12. 자녀의 출산이 노동력, 즉 부를 형성하는 농경시대와 달리 자본주의 시대는 자녀의 양육과 교육 기간이 길어지면서 출산이 부로 연결되지 않는 시대가 됐다. 그리하여 자녀 출산이 줄어들었고, 여성은 출산에서 자유로워진 대신 집 안의 천사, 즉 가사와 양육 그리고 정서적 지원을 맡는 가정의 천사가 됐다. - 캐서린 홀, 〈홈 스위트 홈〉, 《사생활의 역사 4》, 새물결, 2002.

13. 백영옥, 《다이어트의 여왕》, 문학동네, 2009, 171쪽.

5 지적 콤플렉스

1. '우월성/열등성'과 '우월감/열등감'을 구별해서 쓴다. '우월성/열등성'은 사회 통념과 관련해 형성된 일종의 이데올로기를 언급할 때 쓰고, '우월감/열등감'은 구체적 상황에서 개인의 심리 및 감정을 언급할 때 쓴다.

2. 마이클 샌델, 안기순 옮김, 《돈으로 살 수 없는 것들》, 와이즈베리, 2012.

3. 김예슬, 《김예슬 선언: 오늘 나는 대학을 그만둔다, 아니 거부한다》, 느린걸음, 2010.

4. 역생산성이란 동일한 종류의 상품들이 서로서로 훼방함으로써 좌절이 발생

하는 것을 말하는데, 가령 빨리 가려고 모두 자동차를 끌고 나와 도로가 막혀 더 늦게 가게 되는 것, 치료 처방이 건강보다 병을 가져다주고 교육과정이나 뉴스가 우민화를 가져오는 것, 정치적·사회적 지도가 종속을 야기하는 것 등을 말한다. - 이반 일리치, 최효선·이승환 옮김, 《젠더》, 따님, 1996, 30쪽.

5. 한국여성정책연구원 성 인지 통계정보시스템gsis의 고등학교의 대학교 진학률 및 진로 현황, 학위 취득자 수 및 인구 1만 명당 학위 취득자, 석·박사 졸업자 현황을 보면 학업 기회는 남녀 간 차이가 줄어들거나 역전되기도 했다. 2013년에 고교 졸업 후 대학 진학률이 여학생은 74.5%, 남학생은 67.4%이고 학사 학위자의 50.3%, 석사 학위자의 50.2%, 박사 학위자의 33.9%가 여성이다. 그러나 여성의 경제활동 비율에는 큰 변화가 없고(1995~2013년 48.4%에서 50.2%) 대졸 여성의 취업률이 높아지긴 했어도(2000~2013년 58.3%에서 64%) 같은 기간 대졸 남성의 취업률(87.9%에서 88.4%)에 비하면 여전히 낮다(gsis, 도표로 보는 성 인지 통계). 남녀 간 임금 격차도 여전하고(2000~2013년 62.9%에서 64.6%) 같은 기간 대졸 이상 남녀 간 임금 격차는 71.4%에서 67.7%로 오히려 더 벌어졌다(gsis, 근로자의 평균임금). 이런 임금 격차는 과거보다 늘어난 여성 취업이 상당 부분 임시직(1990~2013년 74.3% 증가, 같은 기간 남성의 임시직 증가율은 32.4% - gsis, 종사상지위별 취업자)일 가능성과 무관하지 않다.

6. 지적 능력에는 지능지수IQ, 감성지수EQ, 학업 수행 능력, 문제 해결 능력 등 여러 가지가 있을 수 있지만, 여기서는 지적 자본으로 구체화되는 사회적 성취를 비교 대상으로 삼았다.

7. 한 여성 CEO는 여성들의 의식이 나약하다며 여성들도 군대에 가야 한다고

주장하고, 부실한 인력은 아예 뽑지 말거나 소수의 강한 여성만 남게 해야 한다고 이야기했다. — 〈김성주 "여성들 나약해, 군대 가야"…… 여성 비하 발언 논란〉, 《프레시안》, 2012. 10. 12. 참고.

8. 미국 하버드대학의 전 총장 로렌스 서머스Lawrence Summers는 한 강연에서 과학과 공학 분야에서 남녀 간에 선천적 소질 차이가 있다는 암시를 했다. 이에 강연을 듣던 MIT의 여자 교수가 자리를 박차고 나간 일이 있다.

9. 온정적 성차별은 전통적 역할을 유지하는 여성에 대해 보상을 하는 것을 말한다. 은혜를 베풀 듯 성평등을 옹호하는 동시에 여성스러움은 여전히 있어야 한다는 태도를 보인다.

10. 셰릴 샌드버그, 안기순 옮김, 《린인》, 와이즈베리, 2013, 219쪽.

11. 셰릴 샌드버그, 앞의 책, 220쪽.

12. Susan J. Douglas, *Enlightened Sexismi; The Seductive Message that Feminism's Work Is Done*, New York: Times Books, 2010, p. 18.

13. Susan J. Douglas, 앞의 책, p. 279.

14. 컨설팅 회사인 맥킨지의 보고서 〈고위직 여성 비율 확대의 중요성: 아시아의 시각〉(2012)에 따르면, 10대 아시아 증시 상장 기업 744곳의 이사회 구성원을 볼 때 한국은 여성의 비율이 이사회 중 1%, 최고 경영진 중 2%로 꼴찌였다.

15. "왔노라, 보았노라, 쇼핑했노라." 같은 문장처럼 진지하고 웅장하게 시작했다가 보잘것없는 것으로 끝내 강조하는 수사법이다. 반전을 통해 예기치 않은 웃음을 자아낼 수 있어서 오늘날 각종 연예 프로그램에서 자주 보인다.

16. Susan J. Douglas, 앞의 책, p. 14.

17. 2010년 7월에 열린 TEDxSeoul 강연 '지금 우리에게 필요한 것은'.

18. 셰릴 샌드버그, 앞의 책, 77쪽.

19. 프랭크 플린Frank J. Flynn과 카메론 앤더슨Cameron Anderson의 하이디/하워드Heidi/Howard 사례 연구(2003)에 따르면, 성공과 호감도에서 남성은 긍정적 관계에 있는 반면 여성은 부정적 관계에 있다. 즉 성공한 남성에 대해서는 남녀 모두 호감을 보이는 반면 성공한 여성에 대해서는 남녀 모두 호감을 덜 보인다. - 셰릴 샌드버그, 앞의 책, 66~67쪽.

20. 〈더 이상 여성들을 얕보지 마라〉, 《코리아리얼타임》, 2012. 4. 24.

21. 〈국내 전문직 드라마, 어디까지 진화했는가?〉, 한국콘텐츠진흥원 《포커스》 통권 제6호, 2010. http://www.kocca.kr/knowledge/publication/focus/__icsFiles/afieldfile/2010/09/15/Q6O44TfHc9KS.pdf

22. 셰릴 샌드버그, 앞의 책, 18~19쪽.

23. Crystal L. Hoyt and Stefanie Simon, 'Female Leaders: Injurious or Inspiring Role Models for Women?', Psychology of Women Quarterly, Vol. 35, No. 1, 2011, pp. 143~157, SAGE Publications.

24. 미국 흑인 사회에서 남성 롤모델의 부재가 매우 심각한 문제를 초래한다는 것은 익히 알려진 사실이다. 흑인 남자아이들은 범죄자가 될 확률이 높은 반면, 흑인 여성은 가정에서 부재하는 남성을 대신해 생계를 책임지는 여장부의 성격을 가지며 전반적으로 학력도 남성보다 높아 딸들에게 롤모델로서 아주 긍정적인 영향을 준다.

25. 여섯 가지 에피소드 중 네 가지는 세계의 전승담을 응용한 반면, '마녀'와 '왕자와 공주'는 오슬로의 창작물이기 때문에 특히 더 주목할 만하다.

6 성 콤플렉스

1. 성은 생물학적 성인 섹스와 사회적 성인 젠더로 나누어 이해한다. 여기서 성은 섹슈얼리티를 뜻하며, 남녀에게 부여된 사회적 성역할에서부터 성욕·성애의 대상·성적 매력·성교 등을 포함한다.

2. 2005년에 다국적 제약 회사 릴리가 한국·미국·일본·프랑스의 30~50대 기혼 남녀 1200명을 대상으로 부부 성관계 만족도를 조사한 결과 한국은 남성이 52.3%, 여성이 31.3% 만족하는 것으로 나타났다. 이에 비해 프랑스는 남성 92.7%, 여성 80%가 만족한다고 답했으며 미국 남녀는 각각 78%와 65.3%, 일본 남녀는 각각 47.3%와 30.7%가 만족한다고 했다. 한국 남성은 만족도가 낮은 이유로 적은 횟수(32%), 배우자의 테크닉 없음(24.7%), 배우자의 성적 무관심(23.3%)을 들었고, 여성은 배우자의 분위기 없음(26%), 배우자의 일방적 욕구 충족(20.7%), 배우자에 대한 싫증(12.7%)을 들었다. 〈한국 남편 '아내 테크닉이 없어서', 아내는 '욕구만 채우려 든다'〉(《헬스조선》, 2006. 2. 9.)에서 발췌.

3. 캐서린 하킴, 이현주 옮김, 《매력 자본》, 민음사, 2013, 102쪽.

4. 프랑스의 68혁명은 무엇보다 말의 혁명이며 '성'이 은유적·실질적 핵심이었는데, "행동은 충분, 이젠 말이다.", "혁명을 하면 할수록 더 섹스하고 싶어진다.", "열정을 해방하라.", "다른 세계는 가능하다.", "불가능을 요구하라.", "구속 없이 살고 구속 없이 즐기자." 등이 당시 구호였다.

5. 앨리 러셀 혹실드, 류현 옮김, 《나를 빌려드립니다》, 이매진, 2013.

6. 영국에서 고소득층의 결혼율은 올랐지만 저소득층은 떨어져 소득수준에 따

라 결혼 성향에 차이를 보였다. 영국의 통계청ONS 자료를 분석한 결과 2001년에 64.8%였던 '사회적 계층1'(고소득 전문직)의 결혼율은 2012년 66.3%로 올랐다. 반면, 같은 기간 '사회적 계층7'(청소부 등 저소득층)의 결혼율은 52%에서 44.5%로 떨어졌다. — 《한국일보》, 2013. 2. 25.

7. 〈레드 기획-내 남자의 로맨스?〉, 《한겨레21》, 2012. 4. 30, 908호.

8. 〈각방 쓴 지 5년, 나 혼자 지옥에 삽니다〉, 《한겨레》, 2011. 10. 14.

9. 통계청, 2010년 혼인이혼통계 보도 자료, 34쪽.

10. 〈이혼 사유, 성격차이? 성性적 차이겠죠〉, 《조선일보》, 2013. 3. 27.

11. 2011년 재혼 전문 사이트 온리-유와 결혼정보회사 비에나래에서 35세 이하 재혼 상담 신청자 329명(남자 141명, 여자 188명)의 이혼 배경을 분류한 결과 남자에게는 '처가의 간섭'과 '갈등'(26.2%), 여자에게는 '배우자의 부정행위'(27.1%)가 가장 큰 배경이었다. — 〈부부 생활 중 아내와 말다툼보다 무서운 건?〉, 《아시아경제》, 2012. 2. 3.

12. 마이클 샌델, 안기순 옮김, 《돈으로 살 수 없는 것들》, 와이즈베리, 2012, 80쪽 재인용.

13. 〈혼외출산의 증가, 비난으로 일관할 것인가?〉, 《시사뉴스피플》, 2013. 10. 7.

14. 〈"애들 키우기 힘든 나라" … 한국 출산율 세계 최하위〉, 《연합뉴스》, 2014. 6. 16.

15. 대리모는 대개 빈곤 여성들로, 유모와 함께 여성의 몸이 상품화된 대표적인 예다. 인도는 대리모를 찾는 서구 의료 관광객들에게 가장 인기 있는 나라로 제1세계 기술과 제3세계 가격을 결합한 '글로벌 닥터'라고 스스로 광고한다. 2002년에 대리 임신을 합법화했고, 재생산기술보조병원이 전국에 걸쳐 3000개로 추산되고 있으며, 2012년 이후 국내총생산에 연평균 23억 달러를

보탤 것으로 추정되었다. — 앨리 러셀 혹실드, 앞의 책, 4장 참고.

16. 성관계 경험이 있는 청소년들에게 성관계 시 임신에 대한 인지를 물었을 때 응답자 중 43.3%가 '알고 있지만 신경 쓰지 않는다'고 답했고, 11.5%는 '생각한 적도 없다'고 답했다. — 〈중고생 500명 조사 청소년 성 의식 실태〉, 《일요신문》, 2011. 7. 11.

17. 캐서린 하킴, 앞의 책, 51~52쪽에서 재인용.

18. 캐서린 하킴, 앞의 책, 2장 참고.

19. 〈70대 커플 주위 반대로 실버타운 떠나〉, 《연합뉴스》, 2002. 7. 31.

20. 한길리서치와 한국성과학연구소가 행한 '중고생 500명 조사 청소년 성 의식 실태', 《일요신문》, 2011. 7. 11.

21. 캐서린 하킴, 앞의 책, 292쪽.

22. '성의식 실태 국민 여론조사' 결과에 따르면 서울 시민 43.1%가 집창촌이 필요하다고 답했는데, 특히 40, 50대의 비율이 높았고 여성 응답자의 33.3%가 필요하다고 답했다. 2004년에 성매매특별법이 시행됐지만 변종 성매매 및 미성년자 성매매, 각종 성범죄 등 성매매 금지의 부작용에 대한 우려, 남성의 성욕에 대한 여성의 이해와 맞물려 대다수 선량한 여성을 보호한다는 차원에서 집창촌 허용을 찬성한 것으로 분석하고 있다. — 〈성인 남녀 1000명 특별 설문 2011 대한민국 성 의식 보고서〉, 《일요신문》, 2011. 7. 11.

23. 2010년 우리나라 성매매 추정 건수는 4699만 건, 성매매 여성 인구 추정치는 14만 2248명, 한국 남성 10명 중 4명이 성매매를 했다고 한다. - 김기태·하어영, 《은밀한 호황: 불 꺼지지 않는 산업, 대한민국 성매매 보고서》, 이후, 2012.

24. 〈'성매매'만 호황인 나라: 2012년 대한민국 성매매 실태 보고서〉, 《주간동아》 856호, 2012.
25. 캐서린 하킴, 앞의 책, 24쪽.

7 엄마딸 콤플렉스

1. 우에노 치즈코가 《여성 혐오를 혐오한다》(나일등 옮김, 은행나무, 2012, 153쪽)에서 쓴 표현을 가져왔다.
2. 김민서, 《나의 블랙 미니 드레스 2》, 휴먼앤북스, 2009, 260쪽.
3. 한병철, 김태환 옮김, 《피로사회》, 문학과지성사, 2012, 28쪽.
4. 주디스 워너, 임경현 옮김, 《엄마는 미친 짓이다》, 프리즘하우스, 2005, 226쪽.
5. 한기연, 《나는 더 이상 당신의 가족이 아니다》, 씨네21북스, 2012, 29~30쪽.
6. 한병철, 김태환 옮김, 《피로사회》, 문학과 지성사, 2012, 50쪽.
7. 〈마마 대학생 갈수록 늘어나는 이유는?〉, 《뉴시스》, 2013. 3. 17.
8. 이지영, 〈20대 중상층 미혼 여성의 계급주체형성에 관한 연구: 가족서사를 중심으로〉, 연세대 석사 학위 논문, 2002, 48쪽.
9. 우에노 치즈코·노부타 사요코, 정선철 옮김, 《결혼제국》, 이매진, 2008, 41쪽.
10. 낸시 초도로우, 김민예숙·강문순 옮김, 《모성의 재생산》, 한국심리치료연구소, 2008.
11. 사이버국가고시센터에 의하면 2013년 국가직 7급 공개경쟁채용에서 응시자 43,857명 중 남자는 22,376명이고 여자는 20,481명이었다. 최종합격자 628

명 중 여성은 271명으로 43%를 차지했다. 여성합격자 수는 증가하고 있지만 남녀 응시자 수가 비슷한 것에 비하면 여성의 합격률은 여전히 낮다.

12. 울리히 벡·엘리자베트 벡 게른스하임, 강수영·권기돈·배은경 옮김, 《사랑은 지독한, 그러나 너무나 정상적인 혼란》, 새물결, 1999, 125쪽.

13. 울리히 벡·엘리자베트 벡 게른스하임, 앞의 책, 232~235쪽.

14. 우에노 치즈코, 나일등 옮김, 《여성 혐오를 혐오한다》, 은행나무, 2012, 153쪽.

15. 울리히 벡·엘리자베트 벡 게른스하임, 앞의 책, 60쪽.

16. 손동우, 〈100년을 엿보다: 여성의 이름〉, 《경향신문》, 2010. 8. 1.

17. 우에노 치즈코도 딸의 선호도가 높아진 것은 성평등이 향상했기 때문이 아니라 아들보다 딸을 키우기 편한 시대로 바뀌었기 때문이라고 보았다. -우에노 치즈코, 앞의 책, 112쪽 참고.

18. 김영하, 《퀴즈쇼》, 문학동네, 2007, 193쪽.

19. 우에노 치즈코, 앞의 책, 162쪽.

20. 우에노 치즈코, 앞의 책, 112쪽.

21. 한기연, 앞의 책, 17쪽.

8 슈퍼우먼 콤플렉스

1. 사단법인 여성문화네트워크가 여성가족부와 여성신문 후원으로 2014년 5월에 한 조사. — 〈일-가정 병행 워킹맘 90.9% "고통스럽다"〉, 《동아일보》, 2014. 6. 30.

2. 《헤럴드경제》, 2013. 2. 11.

3. 앨리 러셀 혹실드, 류현 옮김, 《나를 빌려드립니다》, 이매진, 2013, 9~10장 참고.

4. 한국워킹맘연구소 주최로 국회 의원회관에서 열린 '입주 가사도우미 정책 제안 간담회'에서는 워킹맘들이 "흔히 조선족 이모(입주 육아도우미)는 '복불복'이라고 하고 좋은 이모 만나는 건 '오복' 중 하나라고 말한다."면서 '조선족 도우미는 신원 불확실의 불안함을 무릅쓰고 하는 워킹맘들의 최후 선택'이라며 대책 마련을 촉구했다. — 《여성신문》, 2012. 3. 16

5. 앨리 러셀 혹실드, 앞의 책, 1~2장 참고.

6. 《2013 워킹맘 보고서》(미즈내일, 2013)에서 재인용.

7. 셰릴 샌드버그, 안기순 옮김, 《린인》, 와이즈베리, 2013, 207쪽.

8. 조주은, 《기획된 가족》, 서해문집, 2013, 276~292쪽.

9. "Why Women Still Can't Have It All, *The Atlantic*", 2012 Jul-Aug.

10. '맞벌이 부부 가사·돌봄 노동, 아내는 하루 3시간 20분, 남편은 고작 37분', 〈왜 지금 '여성 일자리'인가〉, 《경향신문》, 2013. 5. 8.

11. EBS 〈마더쇼크〉 제작팀 엮음, 《마더쇼크》, 중앙북스, 2012, 18~19쪽.

12. 신경숙, 《엄마를 부탁해》, 창비, 2008.

찾아보기

ㄱ

가부장제 50, 117, 221

가사 노동 32, 33, 218, 233, 234, 241, 257, 259

각성된 섹시즘 81, 115, 116, 121

《감시와 처벌Surveiller et Punir》 109

객체화된 신체 의식 127

골드미스 65, 75

《굿 바디Good Body》 126, 127

《기획된 가족》 255

ㄴ

남녀차별금지법 22

《낭만적 사랑과 사회》 96, 97, 99

네오신데렐라 77, 80, 81

능력 콤플렉스 139

ㄷ

다울링Colette Dowling 77

《다이어트의 여왕》 129

더글러스Susan J. Douglas 115, 155

돌봄 노동 245, 256, 257, 259

동성애 111, 171, 197

ㄹ

로고스 147, 148, 151

로맨스 157, 158, 160

ㅁ

마마걸 206, 212, 213

맏딸 콤플렉스 35, 214

매력 자본 117, 118, 198, 199

《매력 자본erotic capital》 117

모성 251, 252, 261~263

《모성의 재생산The Reproduction of Mothering》 216

몸 객체 118

몸 권력 109, 110, 118

몸 주체 118

미스유니버스대회 107

미스코리아 107

ㅂ

바비 107
바토스bathos 154, 155
〈버자이너 모놀로그The Vagina Monologues〉 127, 183
버지니아 울프Adeline Virginia Woolf 93
베커Gary Becker 192
보부아르Simone de Beauvoir 21
부르디외Pierre Bourdieu 115, 117
분리불안장애 206, 207

ㅅ

사회적 시간표 24~28
샌델Michael J. Sandel 138
샌드버그 Sheryl Sandberg 156, 163, 256
성 산업 170, 197, 198
성 해방 175, 181, 183, 195
성관계 66, 172~176, 180, 181, 185, 190, 195, 197, 198, 201
성매매 110, 198, 199
성매매특별법 198
성별 분업 233, 239, 251
성별 직업 경계 31
성욕 21, 66, 171, 176, 184, 195~197
성차별 70, 81, 92
성차별주의 102
성평등 15~17, 22, 23, 26~28, 36, 137, 153, 183
섹슈얼리티 176, 198
《수사학Rhetoric》 147
순결 67~69, 173, 174, 178, 179, 182, 183, 199
숨은 교육과정 137
슈우바라기 234, 235, 241, 260, 263
슈퍼맘 증후군 251
슈퍼우먼 65, 214, 233~264
스펙 34, 56, 86, 98, 114, 128, 139, 165, 212, 247, 249
스펙 콤플렉스 139
슬로터Anne-Marie Slaughter 255, 256

ㅇ

〈아내가 결혼했다〉 170, 171, 201
알파걸 59, 75, 79, 216, 220
앨리렐라 81~83, 97, 101, 102
양성평등기본법 22
에로스 181, 200
에토스 147, 151
엔슬러Eve Ensler 126, 127, 183
엥겔스Friedrich Engels 171
여성발전기본법 22, 23
여성성 116, 117, 120, 151
여성운동 15, 17, 21~23, 182
《여성의 권리 옹호A Vindication of the Rights of Woman》 21
여성의 사회화 70
여성 취업률 15
여성할당제 217
여성해방운동 182, 183, 217
열등 콤플렉스 119
오슬로Michel Ocelot 164
온정적 성차별주의benevolent sexism 142
울스턴크래프트Mary Wollstonecraft 21
68혁명 21, 182, 183
워킹맘 243~245, 248, 253~256, 260, 261, 264
유리 에스컬레이터 현상 31
유리천장 17, 31, 34, 61, 88, 102, 183
유리천장지수 15
유연근무제 257
육체 자본 112, 115
이성애 33, 197

ㅈ

자기 계발 17, 76, 108, 115, 118, 120, 121, 208, 215
《자기만의 방A Room of One's Own》 93
자녀 양육 18, 32, 33, 83, 217, 218, 234, 246, 247, 250
자아실현 33, 86, 120, 207, 234
자아의 외주화 184, 244

재생산 22, 109, 183, 193~195
젠더 30, 93, 101, 112, 125, 129~131
젠더화된 몸 125, 130
줌마렐라 80, 82~85
지적 능력 135~146, 157~160
지적 열등성 136
지적 우월성 137

ㅊ
《착한 여자 콤플렉스》 45
초도로우Nancy Chodorow 216
취집 86, 88, 89

ㅋ
카산드라 142, 143, 146, 152, 157, 159, 164

ㅍ
파토스 147, 150~152, 154
포스트페미니스트 116, 120
푸코Michel Paul Foucault 109, 110
프로이트Sigmund Freud 21
〈프린스 앤 프린세스Princes et Princesses〉 164

ㅎ
하버마스Jurgen Habermas 15
하킴Catherine Hakim 117, 177, 199
한국여성정책연구원 25, 257
한국여성단체연합 23
한국여성단체협의회 23
현모양처 33, 44, 79, 135, 214, 218
혼전 순결 67, 68, 173, 174, 178, 179
《화성에서 온 남자 금성에서 온 여자》 149

내 안의 여성 콤플렉스 7

지은이 | 여성을 위한 모임

초판 1쇄 발행일 2014년 9월 15일
1판 2쇄 발행일 2015년 10월 19일

발행인 | 김학원
경영인 | 이상용
편집주간 | 위원석 황서현
기획 | 문성환 박상경 임은선 최윤영 조은화 전두현 최인영 이혜인 정다이 이보람
디자인 | 김태형 유주현 임동렬 최우영 구현석 박인규
마케팅 | 이한주 김창규 이선희 이정인 이정원
저자·독자서비스 | 조다영 채한을(humanist@humanistbooks.com)
스캔·출력 | 이희수 com.
조판 | 최원석 홍영사
용지 | 화인페이퍼
인쇄 | 청아문화사
제본 | 정민문화사

발행처 | (주) 휴머니스트 출판그룹
출판등록 | 제313-2007-000007호(2007년 1월 5일)
주소 | (03991) 서울시 마포구 동교로23길 76(연남동)
전화 | 02-335-4422 팩스 | 02-334-3427
홈페이지 | www.humanistbooks.com

ISBN 978-89-5862-726-5 03300

• 이 도서의 국립중앙도서관 출판시도서목록(CIP)은 e-CIP홈페이지(http://www/nl.go.kr/ecip)와 국가자료공동목록시스템(http://www.nl.go.kr/kolisnet)에서 이용하실 수 있습니다.(CIP제어번호: CIP2014025321)

만든 사람들

편집장 | 황서현
기획 | 정다이(jdy2001@humanistbooks.com) 전두현
편집 | 김정민 정다이 이영란
디자인 | 유주현